南水北调中线一期工程文物保护项目

河北省考古发掘报告第九号

方等与张家台

河 北 省 文 物 局

中国人民大学北方民族考古研究所　　编著

中山大学人类学系

文物出版社

图书在版编目（CIP）数据

方等与张家台／河北省文物局，中国人民大学北方

民族考古研究所，中山大学人类学系编著 . —北京：文物出版社，2017.12

ISBN 978 - 7 - 5010 - 5191 - 5

Ⅰ.①方… Ⅱ.①河… ②中… Ⅲ.①古城遗址（考古）

－临城县－汉代 Ⅳ.①K878.3

中国版本图书馆 CIP 数据核字（2017）第 192735 号

方等与张家台

编 著：河北省文物局

中国人民大学北方民族考古研究所

中山大学人类学系

责任编辑：李 睿 宋 丹

封面设计：程星涛

责任印制：张 丽

出版发行：文物出版社

社 址：北京市东直门内北小街 2 号楼

邮 编：100007

网 址：http：//www.wenwu.com

邮 箱：web@ wenwu.com

经 销：新华书店

印 刷：北京京都六环印刷厂

开 本：889mm × 1194mm 1/16

印 张：13.25

版 次：2017 年 12 月第 1 版

印 次：2017 年 12 月第 1 次印刷

书 号：ISBN 978 - 7 - 5010 - 5191 - 5

定 价：220.00 元

主编

魏　坚　郑君雷

副主编

曾祥江　肖达顺　任　冠

目　录

上篇　方等

下篇　张家台

插图目录

上篇 方等

下篇　张家台

前　言

一、缘起

南水北调工程是世界上调水量最大的跨流域水利工程，其中中线流经的燕赵大地，自古以来就是人类繁衍生息的中心区域，历史文化遗存十分丰富。南水北调中线工程河北段从徐水县西黑山村北穿京广铁路、京九铁路，向东至天津市外环河，全长130余公里。为了做好南水北调中线工程河北段流域范围内的文物保护工作，按照国家文物局的总体部署，在河北省文物局的领导下，文物部门于2002年7月开始，对中线干渠区域范围内进行了三次考古勘探调查，发现了一大批重要古遗址和古墓葬，抢救性考古发掘和文物保护工作也随之展开。

为配合南水北调工程文物保护工作，中国人民大学历史学院和中山大学人类学系受河北省文物局委托，在邢台市文物管理处和临城县文物管理所的配合下，分别对方等遗址和张家台遗址进行了抢救性考古发掘。由于发掘地点同处临城县境内，也同样在邢台市文物管理处和临城县文物管理所的配合下，从一开始，原地处神州南北两端的中国人民大学和中山大学所组成的考古队伍就已经展开了紧密无间的合作交流。无论在整个发掘整理工作中，还是学生田野考古实习教育等方面，双方的友好互助，都体现了"全国考古一家"的独特专业精神。此外，方等与张家台这两处遗址都出土了较为丰富的汉代遗迹和遗物，其中性质与内涵相近，因此，双方决定继续发掘过程中的紧密无间合作，把两遗址的发掘材料整合成一付印以飨业内外读者。

二、地理环境

临城县地处河北省西南部、太行山东麓，隶属邢台市管辖。北及西北与赞皇、高邑两县相接，南及西南与内丘县为临，东与柏乡、隆尧两县毗邻。区域范围为北纬37°20′～37°35′，东经114°03′～114°37′。东西长约50公里，南北宽约26公里，面积797平方公里，辖8个乡镇，220个行政村，人口19.6万。临城县人民政府驻临城镇，北距北京市350公里，距石家庄市78公里，南距邢台市54公里。

临城县地势西高东低，自西向东呈阶梯状分布，依次为山区、丘陵和平原，各占三分之一，平均海拔773米。西部属太行山系，多为原始次生林所覆盖，山峰层峦叠嶂，最高峰海拔达1508米。中部属低山丘陵区，低山连绵，沟谷纵横，土地贫瘠，海拔200～500米。东部边缘地带属平原区，土质肥沃，海拔100米左右，最低海拔为38.7米。

境内有泜河、午河和小槐河，均属海河水系子牙河的支流。其中泜河境内总长94.65公里，为三条河流中最长，自西向东贯穿全境，流域面积506.2平方公里。中游建有大型临城水库和中型乱木水库，为临城县的农业生产和水产养殖业的发展提供了便利的水源条件。地下水源也较为丰富，是工业、农业生产和城市用水的主要来源。

气候类型属于暖温带半干旱大陆性季风气候区，春、夏、秋、冬四季分明。年平均气温平原、丘陵为13.0℃左右，山区为12.0℃左右。最热月7月平均气温25℃～26℃，最冷月1月平均气温为－3℃～－4℃。年均日照总时长为2470～2650小时。年均降水量521～685毫米，并以山区为最多，平原最少。平原、丘陵、山区无霜期分别为192天、197天、177天。适宜的气候为农业发展提供了良好的条件，农作物种类较多。粮食作物主要有小麦、玉米、谷子、高粱、红薯、豆类等，其中小麦种植面积最大。经济作物以花生、芝麻、瓜菜以及棉花为主。果品以核桃、大枣、苹果、板栗等居多。

矿产资源分布较广，资源丰富。主要矿产资源可分为能源矿产、金属矿产、非金属矿产和水气矿产4大类，共计27种。其中煤、铁、铜和铝土储量丰富，其余为非金属矿产和水气矿产。

生物资源丰富。林木品种主要有柳、杨、松、槐、椿、桃、枣、榆、桑等。西部山区多杨、椿、柞树，中部丘陵一带多为杨柳，东部多枣树，村落周围，各类树种均有零星种植。畜禽主要有牛、马、驴、骡、猪、羊、鸡、鸭等10大种类，30多个品种。鱼类资源见有草鱼、青鱼、马口鱼、荷元鲤、镜鲤等种类。

临城县拥有众多文化遗存及人文景观，旅游资源丰富。仰韶文化遗址、龙山文化遗址、商周文化遗址、春秋时期晋临邑城遗址以及汉代柏畅侯城遗址等众多古代文化遗存引人注目；隋唐时代的瓷窑遗址和宋代的普利寺塔为全国重点文物保护单位；明代的护城石堤、息波亭以及三叉两孔蛤蟆桥，至今保存完好；崆山白云洞被誉为"溶洞博物馆"，另有天台山景区及岐山湖景区等众多的人文、资源景观[①]。

三、建置沿革

临城县历史悠久，自然环境较为优越，地貌类型齐全，是人类活动的优良场所。

五千年前的新石器时代中期，先民们就定居于临城县域内，创立了灿烂的古文化。临城县南盘石村北、解村村东发现有仰韶文化遗址，南三岐旧址发现了龙山文化遗址。

先商及商周之际曾为名城古郡，是古人活动的重要区域。春秋时期，县境属晋地，筑有临邑城，遗址位于今岗西乡南台村南。《左传·哀公四年》中"赵稷奔临"即在此地。战国初期，北部属中山国房子所辖域，南部为赵国属地。周赧王十九年（公元前296年），赵灭中山后，归为赵地。

秦代属邯郸郡。西汉建房子县，属恒山郡，故城位于今高邑县西南十五里的仓房村；文帝元年（公元前179年），恒山郡更名常山郡，仍辖房子县。东汉建武十七年（公元41年），常山郡并入中山国，房子县遂改属之，二十年（公元44年）复析置常山郡，仍辖房子县。三国魏初，房子县仍属常山郡，且为郡治，太和六年（公元232年）封赵国，治、辖房子县，房子为赵国都。晋代沿袭旧制，归

---

①　杨生林主编，临城县地方志编纂委员会编：《临城县志》，团结出版社，1996年。

属不变。北魏时，房子县属赵郡。北齐天保七年（公元556年），房子县并入高邑县，今临城县遂为高邑县地。

隋代开皇六年（公元586年），析高邑县于临城故城复置房子县，故城位于今岗西乡南台村南，属赵州。大业三年（公元607年）罢赵州为赵郡，仍辖房子县。唐代武德五年（公元622年），赵州更名为栾州，仍辖房子县；贞观初栾州复名赵州，房子县仍属之；天宝元年（公元742年），房子县更名为临城县，并将县治迁于今址，同年赵州更名为赵郡，辖临城县；至德二年（公元757年），罢郡复为赵州，临城县仍属之；天祐二年（公元905年）朱全忠晋封魏王，临城县因避朱全忠父亲名讳，复名房子县。五代后唐时，房子县又更名为临城县，仍属赵州。

宋代熙宁六年（公元1073年），隆平县为镇，并入临城县；元祐元年隆平镇析出复置县；宣和元年（公元1119年）赵州升为庆源府，仍辖临城县。金代天会七年（公元1129年），降庆源府为赵州，临城县仍属之；天德三年（公元1151年）赵州改名沃州，仍辖临城县。元代，临城县属中书省赵州。明代，属京师赵州。清代，属直隶省赵州。

民国二年（公元1913年），临城县属直隶省冀南道；三年（公元1914年）冀南道改名大名道，仍辖临城县；十七年（公元1928年）始属河北省；二十六年（公元1937年）属河北省第十三督察区。

抗日战争爆发后，1937年12月成立临城县抗日民主政府，属太行区；1941年改属冀西区，同年9月属晋冀鲁豫边区太行一专区，专属驻地先在赵庄村，后迁石窝铺村。解放战争时期，1945年9月9日临城县解放后，县民主政府迁临城，仍属太行一专区；1948年9月，华北人民政府成立后，临城县遂属华北行政区太行一专区；1949年8月1日河北省人民政府成立后，临城县划归河北省邢台专区。新中国成立后，临城县仍属河北省邢台专区。1958年4月28日，撤销邢台专区并入邯郸专区，临城县改属邯郸专区；同年11月，撤销临城县并入内丘县。1962年3月析内丘县复置临城县，还属邢台专区。1967年成立邢台地区革命委员会。1970年邢台专区改为邢台地区，临城县仍属之。1978年成立邢台地区行政公署，1984年升格为省辖市。1993年，经国务院批准，撤销邢台地区，实行地、市合并，邢台地区与邢台市合并，改称邢台市，临城与其他16县并归邢台市管辖，临城县属邢台市至今未变①。

四、既往工作

1. 新石器时期遗址

（1）仰韶文化遗址

北台遗址：1988年发现于临城县东南南盘石村北。遗址面积约37000平方米，文化层厚0.4～1.7米，暴露有半地穴式房屋、墓葬和灰坑。采集遗物有陶釜、鼎、钵、盆、瓶、彩陶片以及石斧、石磨棒等。

沙岗地遗址：1988年发现于临城县东南解村东。遗址面积约10000平方米，文化层厚0.8米，暴

---

① 杨生林主编，临城县地方志编纂委员会编：《临城县志》，团结出版社，1996年。

露有灰坑和红烧土。采集遗物有陶釜、鼎、盆、瓶及石斧等。

（2）龙山文化遗址

西台遗址：位于临城县水库区内，1960 年发掘。遗址面积约 5000 平方米，文化层厚 0.8 ~ 1.85 米。出土遗物有磨光黑陶和泥质夹砂灰陶等陶片，以及石磨盘、石磨棒、石斧和石刀等石器。

岗沿遗址：1989 年发现于临城县澄底村北。文化层厚 0.8 米，暴露有灰坑。采集有龙山文化泥质黑陶罐以及商代夹砂灰陶罐、陶甗等陶器。

2. 商代遗址

瓦岗遗址：位于临城县西南三岐村东北 600 米处，1959 年试掘。遗址面积约 5000 平方米，文化层厚约 1.5 米，出土遗物有陶鬲、石斧、石镰等。

柏良木遗址：位于临城县西南三岐村西北 1 公里处，1959 年试掘。遗址面积约 10000 平方米，文化层厚约 1 米，出土遗物有罐、盆、鬲等陶器以及刀、镰、斧等石器。

大坝遗址：位于临城县水库大坝下，1959 年试掘。遗址面积约 5500 平方米，文化层厚 1 米，出土遗物有罐、盆、鬲等。

西竖遗址：位于临城县水库东岸，1959 年试掘。遗址面积约 4000 平方米，文化层厚约 1 米，出土遗物有陶鬲和石镰等。

临城水库遗址：位于临城县水库北，1959 年试掘。遗址面积约 4000 平方米，文化层厚 1 ~ 2.8 米，暴露有灰坑和陶窑。出土遗物中陶器有陶罐、盆、鬲等，石器有石斧、镰和铲等。

三里桥遗址：1985 年发现于临城县东南古鲁营村西 1.5 公里处。遗址面积 21000 平方米，文化层厚 0.5 ~ 1.5 米，暴露灰坑及红烧土。采集有陶罐、盆、鬲、尊、模具等陶器以及石刀、斧和铲等石器。

南孟村遗址：1985 年发现于临城县东南孟村村南 1.8 公里处。面积约 15000 平方米，文化层厚 0.7 ~ 1.5 米，暴露灰坑。采集有陶罐、鬲、尊等陶器以及石斧、锛、铲等石器。

罗锅地遗址：1986 年发现于临城县城北侯家韩村东北 500 米处。遗址面积 8000 平方米，文化层厚 1 米。采集有陶罐、盆、鬲等陶器以及石斧、镰等石器。

水南寺遗址：1986 年发现于临城县城南水南寺村西 700 米处。遗址面积约 12000 平方米，文化层厚约 0.5 ~ 1.2 米，暴露有灰坑及红烧土。采集陶罐、鬲、石斧、骨匕等遗物。

冷库遗址：1986 年发现于临城县城东镇内冷库东南。遗址面积约 2400 平方米，采集有陶鬲、石刀、石铲等遗物。

屯院遗址：1986 年发现于临城县城西屯村西 1.5 公里处。遗址面积 6000 平方米，文化层厚约 1 米。采集有陶鬲和石斧等遗物。

东渎遗址：1986 年发现于临城县城北东渎村西南 60 米处。遗址面积约 6000 平方米，文化层厚约 0.5 米。采集有陶鬲、石斧等遗物。

寨前地遗址：1988 年发现于临城县东南解放村西 500 米处。文化层厚约 0.6 米，断崖处暴露有灰坑。出土遗物有陶罐、鬲以及石镰、石斧等。

杨树下遗址：1988 年发现于临城县澄底村西 1.5 公里处。遗址面积约 2500 平方米，文化层厚约 0.1 米，暴露有红烧土。采集有陶罐、鬲等遗物。

翻坡顶遗址：1988 年发现于临城县澄底村西 1 公里处。遗址面积约 30000 平方米，文化层厚约 0.5 米，暴露有灰坑及红烧土。采集有陶罐、鬲以及石铲等。

3. 周代遗址

西镇遗址：1985 年发现于临城县东西镇村西 150 米处。遗址面积 38000 平方米，文化层厚 1 米，暴露灰坑。采集有陶罐、鬲以及石斧等遗物。

塔顶木遗址：1985 年发现于临城县东南古鲁营村东 1 公里处。遗址面积 12000 平方米，文化层厚 0.5~1 米，暴露灰坑。采集有陶鬲、尊、模具等陶器以及石斧、石刀等石器。

贾家崇遗址：1986 年发现于临城县新那贾家崇村东。遗址面积约 25000 平方米，文化层厚约 0.8~1.5 米，暴露灰坑。采集有陶鬲及石斧等。

寺庄遗址：1986 年发现于临城县西南寺庄村东。遗址面积 5000 平方米，文化层厚 1 米，暴露灰坑。采集有陶罐、陶鬲等。

东双井遗址：1986 年发现于临城县城北东双井村南 1 公里处。遗址面积 4000 平方米，文化层厚 0.3~0.7 米，暴露灰坑。采集有陶罐、鬲等。

西双井遗址：1988 年发现于临城县西北西双井村南 500 米处。遗址面积约 15000 平方米，文化层厚 0.5~0.8 米，暴露灰坑。采集有陶罐、鬲、石铲以及骨镞等遗物。

庙沟沿遗址：1988 年发现于临城县西山南头村北。遗址面积约 5000 平方米，文化层厚 0.6 米，暴露灰坑。出土有陶罐、陶鬲等遗物。

北盘石遗址：1988 年发现于临城县东南北盘村东北 600 米处。遗址面积约 12000 平方米，暴露灰坑，采集有陶罐和陶鬲等。

南疙瘩遗址：1988 年发现于临城县西山南头村南 300 米处。遗址面积 1500 平方米，文化层厚 0.3 米，暴露灰坑。出土有陶罐、盆、鬲、盂、豆等陶器。

临邑城遗址：位于临城县县城西南 5 公里的东南台村南。据考证，该城建于春秋，废于唐代。

4. 汉代城址和冶铁遗址

柏畅城遗址：位于临城县城西 15 公里的东柏畅村西南山坡上。据《太平寰宇记》载：泜水东经柏畅亭，城在亭南，址犹存。《隆庆赵州志》亦载，汉武帝元朔五年封赵敬肃王之子为侯，在柏畅城建国。

白石沟冶铁遗址：位于临城县城西彭家泉村西南，1960 年发掘。冶铁遗址为汉代，现已被列为省级文物保护单位。

大西沟冶铁遗址：位于临城县城西的西竖村西南，1960 年发掘。冶铁遗址为汉代，现已被列为省级文物保护单位。

5. 隋唐邢州窑瓷系窑址

西双井窑址：1988 年发现于临城县西北 7.5 公里的西双井村村南 500 米处。遗址面积 15000 平方米，是典型的唐代邢州瓷系窑址，现已被列为国家级文物保护单位。

陈刘庄窑址：位于临城县城东南陈刘庄东侧。遗址面积 20 平方米，采集遗物有青瓷碗、瓶、盘、钵等。窑址为隋唐时期，现已被列为全国重点文物保护单位。

祁村遗址：位于临城县西北 6 公里的祁村。窑址为唐至五代时期，现已被列为全国重点文物保护单位。

岗头遗址：位于临城县西北3.5公里的岗头村北。遗址是典型的唐代邢州瓷系窑址，现被列为全国重点文物保护单位。

6. 宋元时期窑址

磁窑沟遗址：位于临城县城南磁窑沟村东。遗址面积10000平方米，文化层厚约4米。窑址为金至元代，现已被列为国家级文物保护单位。

解村遗址：位于临城县东南的4公里的解村西。遗址面积约1600平方米，窑址为金代，现已被列为全国重点文物保护单位。

南程村遗址：位于临城县西南1.5公里的南程村村北。遗址面积约90000平方米，窑址为金代，现已被列为全国重点文物保护单位。

澄底窑址：位于临城县城西3公里澄底村北部。遗址面积约50000平方米，窑址为五代至北宋时期，现已被列为全国重点文物保护单位。

山下窑址：位于临城县东南4.5公里的山下村东。分为两处，一处在南盘石到山下土路两侧，面积约20000平方米；一处在村东北南北沟的西坡断壁上，分布面积约200平方米。窑址为为金代，现已被列为全国重点文物保护单位。

射兽遗址：位于临城县城西1.5公里的射兽村。遗址面积200余平方米，出土遗物有黑瓷罐和碗等日常用品。窑址为金代，现已被列为全国重点文物保护单位。

造纸厂南窑址：位于临城县城西造纸厂南。遗址面积约20000平方米，窑址为金代，现已被列为全国重点文物保护单位[1]。

① 杨生林主编，临城县地方志编纂委员会编：《临城县志》，团结出版社，1996年。

上篇 方等

第一章 绪论

第一节 遗址位置

为配合南水北调工程文物保护工作，中国人民大学历史学院受河北省文物局委托，在邢台市文物管理处和临城县文物管理所的配合下，于2009年6月至8月对方等遗址进行了抢救性考古发掘，具体发掘工作由中国人民大学北方民族考古研究所的师生承担。

方等遗址位于河北省邢台市临城县鸭鸽营乡方等村西南约800米的午河台地之上。遗址南侧为东西流向的午河，北侧是一条乡间土路。地理坐标为东经114°31′36″，北纬37°32′30″，高程71.7米（图一）。

第二节 遗址概述

方等遗址以发掘区西南角为基点，正南北向布10米×10米探方20个，编号：2009LFT1～2009LFT20，在发掘过程中，2009LFT4、2009LFT8和2009LFT12分别向西扩方6、0.5和3平方米，实际发掘面积约2010平方米（图二；彩版四，2）。

本次发掘共清理各类遗迹99处（组），包括院落遗址1组（其中房址3处（编号F1～F3）、院墙2道（东墙和南墙））、水井2口（编号J1～J2）、墓葬7座（编号M1～M7）、灰坑和窖穴84个（编号H1～H84）、灰沟5条（编号G1～G5）。出土遗物按质地可分为陶器、铜器、铁器、骨蚌器和瓷器。其中，可复原陶器约30余件，完整瓷器5件，铜、铁、骨蚌器等共计100余件。陶器以泥质灰陶为主，有部分夹砂黑陶、夹砂褐陶，可分为生活用具、生产工具、建筑材料等三大类，生活用具主要为盆、罐、钵、釜、豆等；生产工具有陶纺轮、陶拍等，另有数量较多的锥形陶器，用途不明；砖瓦等建筑材料出土数量较多，3处房址上部均覆盖一层残瓦片。铜器包括铜箭头、铜镜、钱币等，钱币多为汉五铢钱，少量为熙宁元宝；铁器包括铁箭头、铁刀、铁钉、铁锄、铁犁铧等；骨蚌器包括骨簪2件、骨凿1件及蚌刀和带孔蚌饰等；瓷器包多为瓷碗，有少量瓷罐、瓷盆残片。

整个遗址时间跨度较大，所发现的文化遗存年代上可分为商、战国至汉、宋金等三个时期。其中，商周时期灰坑3座、战国至汉代房址3座、院墙2道、水井2口、墓葬5座、灰坑81个、灰沟5条，宋金时期墓葬2座，遗址以战国至汉代遗存最为丰富。

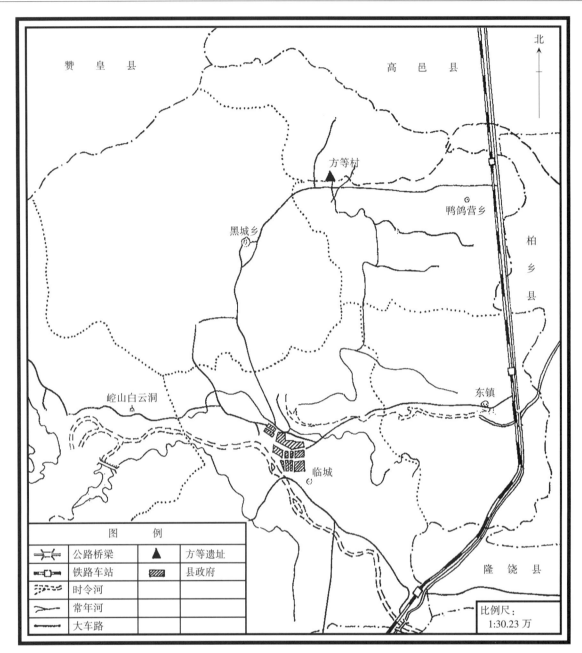

图一　方等遗址地理位置示意图

第三节　发掘经过与资料整理

　　中国人民大学历史学院于2009年6月下旬入点勘测，7月2日进入工地，7月6日开始对遗址进行发掘，8月30日完成田野发掘工作。发掘领队为魏坚教授，具体工作由杨春文负责，参加发掘人员包括博士研究生杨玥、毕德广，硕士研究生杨洋、高伟、陈姝婕、何京、曾祥江、杨思、李国华、李冀洁、苗轶飞、祝笋、白婷婷、王琳玮、伊萨、魏然，本科生任冠、巴依尔、杨帆，留学生罗勤，技工孙东文、佟有波、刘浩宇、申海珍等（彩版一，1）。

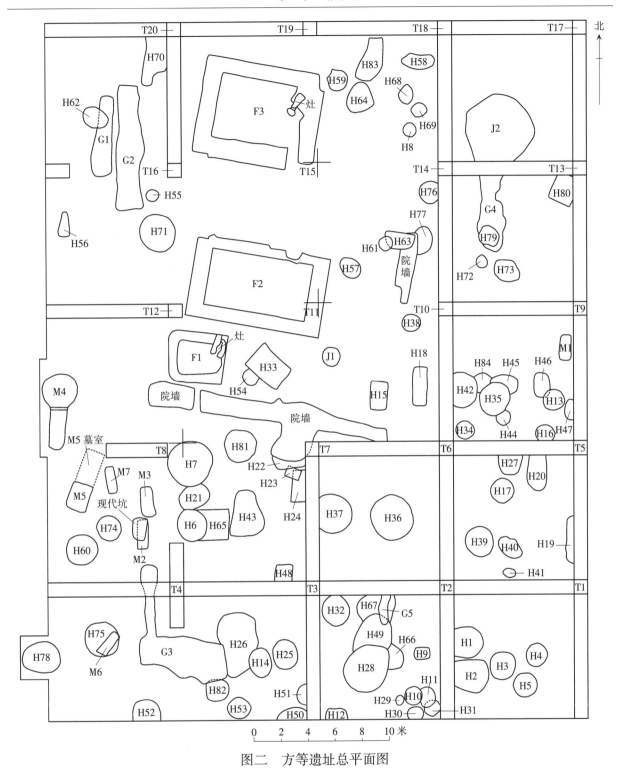

图二　方等遗址总平面图

田野发掘工作结束后，出土文物移至临城县文管所工作基地，后期资料整理工作随之展开。2010年4月，文物修复和资料整理工作初步完成；2012年，方等遗址发掘报告初稿基本完成，并进行了出土遗物的移交工作；2015年，由魏坚教授主持，任冠对报告内容进行了修改、补充、校订和排版。

资料整理工作由魏坚教授主持，参加人员有杨春文、张林虎、任冠、郝晓飞、曾祥江、李国华、李冀洁、祝笋、李雪欣、朱宽、常璐、王婷婷等。

第二章 地层堆积及文化分期

第一节 地层堆积

方等遗址地层堆积依据土质土色差异分为四层，其中 T3、T7、T11、T15、T19 等探方的西壁地层堆积情况最为典型，并且自南向北贯通整个发掘区，涵括的遗迹现象较为丰富，故以该条剖面为例进行介绍（图三、四）。

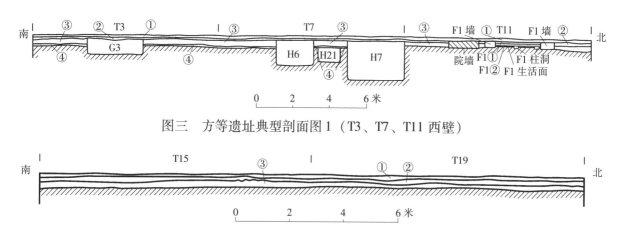

图三 方等遗址典型剖面图 1（T3、T7、T11 西壁）

图四 方等遗址典型剖面图 2（T15、T11）

①层，现代耕土层，厚约 5~15 厘米，灰黑色土，土质疏松，包含有大量植物根须及炭粒，遍布整个发掘区，出土遗物包括近现代陶瓷残片、早期陶瓷残片、砖瓦片等。

②层，宋金时期堆积，厚约 5~20 厘米，黄褐色土，土质松软，略带沙性，包含较多炭粒及小石块，遍布整个发掘区，出土遗物以瓦片、灰陶片、白瓷片等为主，见有少量的红陶、黑陶残片，可辨器形主要为白瓷碗、灰陶罐、灰陶盆、灰陶豆等。

③层，战国至汉代堆积，厚约 15~40 厘米，黑褐色土，土质致密，黏性较大，遍布整个发掘区，出土遗物以砖瓦残片、灰陶片、红陶片、黑陶片为主，可辨器形主要为灰陶盆、灰陶罐、灰陶豆、红陶钵等。

④层，商时期堆积，厚约 5~15 厘米，红褐色土，土质较硬，主要分布于发掘区南部，自南向北逐渐变薄，出土遗物以绳纹夹砂灰陶、绳纹泥质灰陶残片为主，可辨器形主要为鬲、罐等。

④层下为生土，黄灰色土，土质细腻，夹杂有小颗粒料礓石。

需要说明的是，部分战国至汉代遗迹单位开口于②层宋金时期地层下，推测其原本开口层位已被现②层破坏，故产生这一现象。

第二节　文化分期

根据遗迹的层位关系和出土遗物特征，可将方等遗址内发现的文化遗存划分为三个时期，由早至晚分别为商周时期、战国至汉代以及宋金时期。

商时期遗存：

主要为开口于④层下的 3 座灰坑，包括 H21、H25、H78，出土商中晚期的绳纹夹砂陶器、绳纹泥质陶器等。④层也出土相近的遗物，也应属于这一时期。

战国至汉代遗存：

开口于②层、③层下的遗迹多出土战国至汉代的各种泥质灰陶、砖瓦残件等，应属于战国至汉代遗存，主要遗迹为：

墓葬 5 座，均开口于②层下，包括 M1、M2、M3、M6、M7；

灰坑 81 个，开口于②层下 48 个，包括 H1、H2、H3、H4、H5、H6、H7、H8、H12、H13、H14、H16、H19、H20、H22、H23、H26、H27、H33、H36、H37、H47、H50、H52、H53、H54、H55、H56、H57、H58、H59、H61、H62、H63、H64、H68、H69、H70、H72、H73、H74、H75、H77、H79、H80、H81、H82、H83，开口于③层下的 33 个，包括 H9、H10、H11、H15、H17、H18、H24、H28、H29、H30、H31、H32、H34、H35、H38、H39、H40、H41、H42、H43、H44、H45、H46、H48、H49、H51、H60、H65、H66、H67、H71、H76、H84；

灰沟 5 条，均开口于②层下，包括 G1、G2、G3、G4、G5；

水井 2 口，均开口于②层下，包括 J1、J2；

房址 3 座，均开口于②层下，包括 F1、F2、F3；

院墙 2 道，均开口于②层下，包括东墙和南墙。

此外，③层也出土相近的遗物，也应属于这一时期。

宋金时期遗存：

墓葬 2 座，均开口于②层下，包括 M4、M5。

开口于②层的 2 座墓葬（M4、M5）内主要出土北宋时期的白瓷碗、黑釉碗、酱釉碗等，应为北宋时期遗存。②层也出土相近的遗物，归属于宋金时期。

第三章 商中晚期文化遗存

第一节 遗迹

遗址内发现商中晚期文化遗存为灰坑3处，位于发掘区西南部。灰坑均开口于④层下，平面形状为椭圆形，以直壁平底居多，坑壁、坑底多见加工痕迹，出土遗物主要有陶鬲、陶罐等。

下面依次对各灰坑进行介绍：

H21 位于T7西部，部分叠压在T8东隔梁下，开口于④层下，被H6、H7打破，打破生土。灰坑平面近椭圆形，直壁平底，长径2.25、短径1.66、坑深0.75米。填土为黑褐色，土质较疏松。出土陶片以夹砂黑陶为主，多饰绳纹，可辨器形有鬲和罐（图六）。

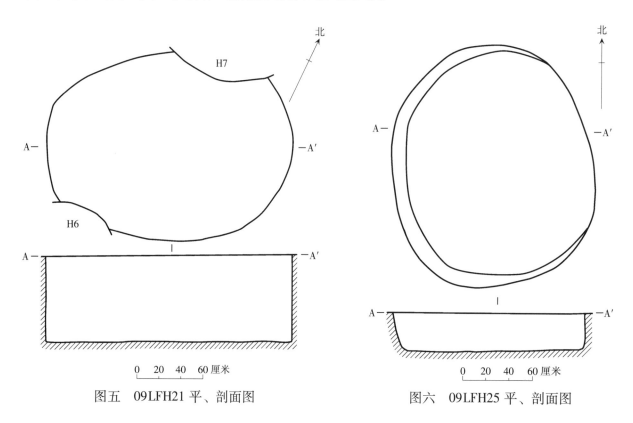

图五 09LFH21平、剖面图   图六 09LFH25平、剖面图

H25 位于T3东部，开口于④层下，打破生土。灰坑平面近椭圆形，西壁略弧，东壁直壁，平底。坑口长径2.14、短径1.86、坑底长径2.14、短径1.66、坑深0.34米。填土为黑土夹杂黄色土粒，土质较硬。出土遗物种类较多，包括陶器、骨器、石器等。陶器以泥质灰陶为主，也有少量黑陶和红

陶，多为轮制，可辨器形包括罐、盆、鬲等。可复原器物包括陶罐 1 件，陶尊 1 件，陶碗 1 件，骨镞 1 件，石刀 1 件（图七；彩版七，3）。

　　H78　位于 T4 西部及向西扩方范围内，开口于④层下，打破生土。灰坑平面近椭圆形，直壁平底。长径 2.7、短径 2.24、坑深 0.62 米。填土为黑褐色，土质疏松，包含少量红烧土块。出土遗物主要为陶器，多泥质灰陶，少量夹砂陶和黑陶，多压印方格纹、细绳纹、指甲纹、压印纹等，可辨器形有鬲和罐（图八）。

第二节　遗物

　　商中晚期遗物按质地不同可分为陶器、石器和骨器等三类，其中陶器出土数量最多，石器和骨器出土数量较少，下面对各类器物依次进行介绍。

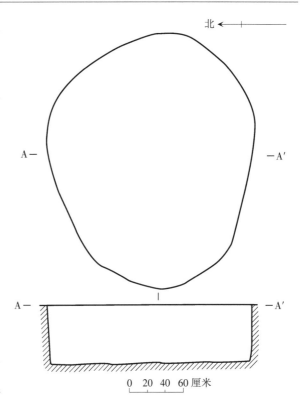

北 ←——

图七　09LFH78 平、剖面图

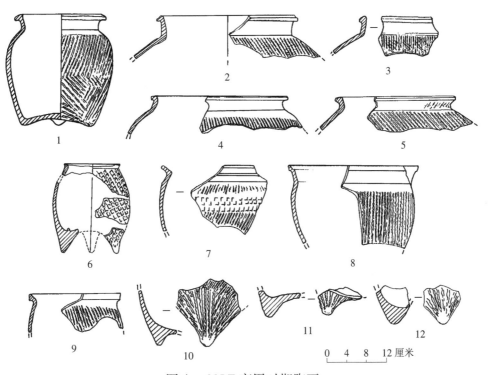

图八　09LF 商周时期陶鬲

1～4. B 型鬲（H78∶3、H21∶2、H21∶3、T3④∶3）　5～7. 鬲足（T1④∶5、T1④∶6、T3④∶7）

一 陶器

出土遗物中以陶器数量最多，通过完整器和复原器可以看出，器物种类主要有鬲、罐、盆、钵、尊、碗、杯、鬶等，均为生活器具。

1. 陶鬲 数量较多，陶质主要为夹砂灰陶或夹砂黑陶，敞口，束颈很短，从完整器看通高大于口径。

标本 H78：3，泥质红褐胎黑皮陶。唇部残，沿面向上斜折，弧腹内收，实心尖足，最大径在腹部中间位置。器身饰压印网格纹。口径 11.2、腹径 17.2 厘米（图八，1）。

标本 H21：2，夹砂黑陶。方唇，溜肩，下腹部弧腹内收。器底残缺。肩部饰弦纹数周，上腹、下腹部饰刻划纹，腹中施方格纹。口沿残长 6、残高 13.5 厘米（图八，2）。

标本 H21：3，器形较粗胖。夹砂黑陶。尖唇，溜肩，腹微鼓，下腹弧收，底部残缺。肩部饰弦纹一周，以下施纵绳纹。口径 26、残高 15.5 厘米（图八，3）。

标本 T3④：3，夹砂红陶。尖唇较厚，唇部有一周凹槽，溜肩，腹微鼓。腹下残缺。颈部素面抹光，肩部饰有斜绳纹。口径 18、残高 7.2 厘米（图八，4）。

鬲足标本，3 件。

标本 T1④：5，夹粗砂灰陶。鬲足短小，实足平底，饰粗绳纹。烧制火候不高。足直径 3、高 2.2 厘米（图八，5）。

标本 T1④：6，夹粗砂黑陶。袋足，足根不明显，饰粗绳纹。烧制火候不高，制作比较粗糙。直径 1.8、高 1.9 厘米（图八，6）。

标本 T3④：7，夹砂灰陶。袋足，实足根，裆部低矮，器表饰有粗绳纹，印痕深刻。残高 10 厘米（图八，7）。

2. 陶罐 数量较多，依据口沿形态可分为四型。

A 型 斜折沿，束颈。根据肩部不同，分两个亚型。

Aa 型 折沿，广肩，均为口沿残片。

标本 T3④：9，泥质灰陶。方圆唇，折沿明显，广肩。肩以下残缺，素面。口径 18、残高 4.6 厘米（图九，1）。

标本 H25：11，泥质黑陶。方圆唇，广肩。肩以下残缺。肩部饰弦纹数周，以下施平行线纹。口径 17、残高 4 厘米（图九，2）。

Ab 型 折沿，溜肩，均为口沿残片。

标本 H21：1，泥质灰陶。方唇，溜肩，腹微鼓，腹壁略弧。腹上加一小鋬手。器底残缺。通体素面。口径 27、残高 13.5 厘米（图九，3）。

标本 T3④：1，口沿残片，泥质黑陶。方唇，溜肩，鼓腹，外壁饰有斜绳纹。口径 25、残高 7 厘米（图九，4）。

B 型 短折沿，沿面平直或略向下倾斜。束颈较长，斜直。

标本 T1④：1，器形较大。夹砂灰陶。尖圆唇，折沿斜向下，颈斜直较长，鼓肩。肩以下残缺。肩

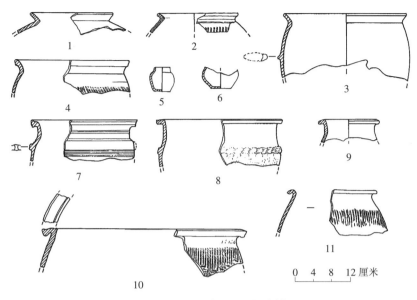

图九　09LF 商周时期陶罐

1、2. Aa 型陶罐（T3④：9、H25：11）　3、4. Ab 型陶罐（H21：1、T3④：1）
5、6. E 型陶罐（H25：1、H25：6）　7～9. B 型陶罐（T1④：1、T1④：2、T2④：
1）　10、11. C 型陶罐（H25：7、T1④：3）　12. D 型陶罐（T8④：1）

部饰纵绳纹，内壁有一周折棱，折棱明显。口径 28、残高 8 厘米（图九，7）。

标本 T1④：2，夹砂灰陶。直口微敛，圆唇，颈竖直，广肩明显。肩以下残缺。肩部饰交错绳纹。口径 10.4、残高 7.6 厘米（图九，8）。

标本 T2④：1，夹砂灰陶。方唇，平折沿，颈略弧，肩微鼓，肩以下残缺。肩部饰纵绳纹。口径 27、残高 7.5 厘米（图九，9）。

C 型　平折沿，直口微敞，颈部较高。

标本 H25：7，泥质黑陶。平沿外凸，外端微上折。颈部下端略弧。敞口，方唇，唇上见有两周凹槽。口沿也见有凹槽一周，颈部偏下有一周折棱，折棱明显。腹微鼓，腹部见一个錾耳，錾耳中间穿孔。底部残缺。颈部和腹部饰弦纹数周。口径 23、残高 9.2 厘米（图九，10）。

标本 T1④：3，夹砂灰陶。方唇，侈口，平沿外凸，长颈竖直略弧，鼓腹，下腹略弧。器底残缺。颈腹间施一周附加堆纹，以下饰戳印纹。口径 28、残高 9.5 厘米（图九，11）。

D 型　敛口、溜肩、弧腹。

标本 T8④：1，泥质灰陶。尖唇，卷沿，溜肩，弧腹略鼓，中腹以下残缺。颈部抹平，以下饰细绳纹。口径 19、残高 9.4 厘米（图九，12）。

E 型　直口，器形很小。

标本 H25：1，泥质灰陶。直口微敛，尖圆唇，鼓肩，弧腹，最大径在上腹部，下腹斜直内收接平底。通体素面。口径 3.8、腹径 5.5、底径 3.6、高 5.2 厘米（图九，5）。

标本 H25：6，泥质黑陶。仅有腹部、器底残片。鼓腹，最大径近中，下腹斜直内收接器平底。通体素面。底径 4.2、残高 4.6 厘米（图九，6）。

3. 陶盆　数量较少，依据腹部形态可分为两型。

A 型　深腹盆。

标本 T3④：8，口沿残片，泥质灰陶。敛口，尖圆唇，斜折沿，器底残缺，外壁饰有平行凸弦纹。口径 20、残高 5.2 厘米（图一〇，1）。

标本 H78：2，泥质黑陶。尖唇，溜肩，弧腹，下腹部弧腹内收。通体饰细绳纹。口沿残长 4、残高 11.2 厘米（图一〇，2）。

B 型　浅腹盆。

标本 T3④：5，泥质黑陶。器形较宽大。口微敞，宽平沿，尖唇，曲腹，下腹斜直内收，底部残缺。口沿有两周凹槽，肩部也见凹槽两周，通体素面。口径 46、残高 5.5 厘米（图一〇，3）。

4. 陶钵　1 件。标本 T3④：6，泥质黑陶。敛口，平沿，方唇内凸，平沿。腹部圆滑，无凹槽。弧腹内收，底残。腹部饰凹弦纹三周，内壁饰弦纹。口径 16.5、残高 7.8 厘米（图一一，1）。

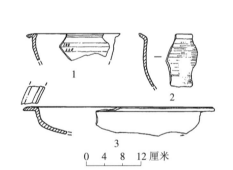

图一〇　09LF 商周时期陶盆
1、2. A 型深腹盆（T3④：8、H78：2）
3. B 型浅腹盆（T3④：5）

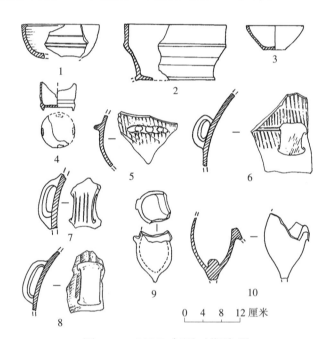

图一一　09LF 商周时期陶器
1. 陶钵（T3④：6）　2. 陶尊（H25：5）　3. 陶碗（H25：9）
4. 四足杯（H25：10）　5～8. 器耳（H21：11、H25：12、H21：12、H25：13）　9、10. 斝足（H21：7、H25：8）

5. 陶尊　1 件。标本 H25：5，泥质磨光黑陶。直口，平沿，长颈，折腹，下腹内弧接平底。通体素面。口径 22、底径 16、残高 11.5 厘米（图一一，2）。

6. 陶碗　1 件。标本 H25：9，泥质灰陶。微敞口，方唇，唇面有凹槽，斜直腹内收，平底。素面。口径 12.5、高 5、底径 5 厘米（图一一，3；彩版二三，2）。

7. 四足杯　1 件。标本 H25：10，器底残片，泥质灰陶。器壁极薄，器身呈圆柱体形，直腹微弧，平底，器底有小足，足平面似长方形，素面。底径 7.5、器底胎厚约 0.1、器壁胎厚 0.25、残高 5 厘米（图一一，4）。

8. 器耳残片　数量较少，有鸡冠状鋬耳、桥耳两类。

标本 H21：11，泥质灰陶，仅存腹片，其上有一鸡冠状鋬耳，饰菱形方格纹。残长 12.8、残高 10

厘米（图一一，5）。

标本 H21∶12，泥质黑陶。桥耳，较宽大，耳面饰有条纹六道。长 10、宽 4.8 厘米（图一一，7）。

标本 H25∶12，泥质黑陶，仅存腹片。其上有一桥耳，腹片外壁饰弦断绳纹。残长 12、残高 16 厘米（图一一，6）。

标本 H25∶13，泥质黑陶，仅存腹片。其上有一桥耳，较宽大，器体饰弦断绳纹。残长 8、残高 12.4 厘米（图一一，8）。

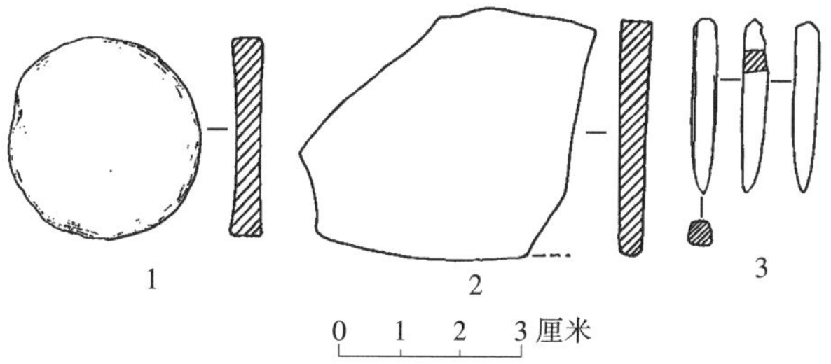

9. 鬶足　2 件。

标本 H21∶7，泥质黑陶，胎中心呈红褐色。乳状袋足，中空。足根较尖。通体素面。直径 7.2、高 10 厘米（图一一，9）。

标本 H25∶8，夹砂夹蚌灰陶。袋足，浑圆饱满，裆较高，足内有实足根，足尖残，素面无纹饰。直径 11、残高 13.2 厘米（图一一，10）。

10. 陶饼　1 件。标本 H25∶3，泥质红陶，圆饼形。器身边缘经过磨制，微残。通体素面。直径 3.1、厚 0.4 厘米（图一二，1）。

图一二　09LF 商周时期陶、石、骨器
1. 陶饼（H25∶3）　2. 石刀（H25∶4）　3. 骨镞（H25∶2）

二　石器

石刀　1 件。标本 H25∶4，已残，曲刃，呈内弧形，刃较钝。直背圆钝，端部已残。残长 4.3、宽 3.8、厚 0.5 厘米（图一二，2）。

三　骨器

骨镞　1 件。标本 H25∶2，横截面呈菱形。前锋经过磨制，较为锋利，铤部残缺。长 2.7、宽 0.4、厚 0.4 厘米（图一二，3）。

第四章　战国至汉代文化遗存

第一节　遗迹

遗址内发现战国至汉代遗迹94处（组），其中院落房址1组（院墙2道、房址3座）、井2口、墓葬5座、灰坑81个、灰沟5条。遍布整个发掘区，该时期遗迹多开口于②层下，部分灰坑开口于③层下，下面依次对各类遗迹进行介绍。

一　院落遗址

清理战国至汉代房址3座，呈南北方向排列，在房址的南侧和东侧，发现2道残存的夯土墙，据分布位置和范围判断，夯土墙和3座房址均属于一处院落遗址，2道夯土墙分别为院落的南墙和东墙，但由于未发现北墙和西墙，无法划定院落的准确范围。清理的3座房址和院墙跨T7、T10、T11、T12、T14、T15、T18、T19等8个探方，均开口于②层下，并保存有部分地面建筑（图一三）。

1. 院墙，残存2道，为南墙和东墙，开口于②层下。

南墙，残存部分跨T7、T10、T11、T12等4个探方，呈"T"字形条带状，分东西两段，东段长约13.9、西段长约3.4、南北宽约1.5米，东西段之间有宽约0.5米的缺口，东段中部院墙向南延伸至T7，延伸部分长约3、宽约2.5米。墙基深约0.2~0.3、墙体高约0.15~0.2米。墙体土质混杂，包括黄、青、红色胶泥土，夹杂有小石块。

东墙，残存部分分布于T14东部，被H63打破，呈条带状，南北长约5、东西宽约1.25米。墙基深约0.2~0.3、墙体高约0.1~0.2米。墙体为红色胶泥土，夹杂有

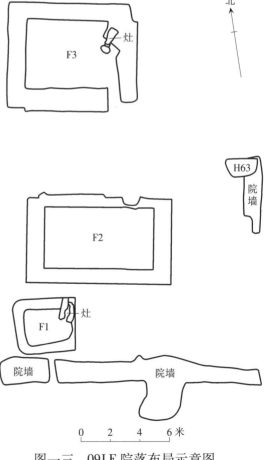

图一三　09LF 院落布局示意图

小石块。

2. 房址，3 座，开口于②层下，平面近方形或长方形。

F1　位于 T11 内，处于院落中 3 座房址的最南端，南侧为院落南墙，北侧为 F2，开口于②层下，打破③层及生土，保存有部分地上建筑。

F1 平面近弧角长方形，东西长约 4.1、南北宽约 3.4 ~ 3.7 米，墙基深约 0.2 米，墙体宽约 0.2 ~ 0.7、残高约 0.3 米，墙体上有夯窝痕迹。未发现门道。活动面厚约 0.05 ~ 0.10 厘米，红褐色土，土质坚硬板结。

房址内对称分布的大小相近的 4 个柱洞，南北相隔约 0.8、东西相隔约 1.44 米。柱洞平面呈圆形，洞壁平整，底部略不平，直径约 0.25、深约 0.15 ~ 0.2 米，内填黄色土，土质较疏松。房址东北角发现 1 处灶址，灶膛平面近椭圆形，长径 0.4 米、短径 0.3、深 0.2 米，灶台为砖石垒砌，长约 1.2 ~ 1.4、宽约 0.2 ~ 0.4、高约 0.3 米。灶内烧结面较为厚硬，灶膛内堆积有较多的草木灰与炭渣。灶口北侧有一块边长 41 厘米的青方砖，方砖下发现 1 处小灰坑，出土陶釜 1 件（彩版一六，1）。

F1 堆积分二层：①层为红褐色土，土质较松散，分布于残瓦堆积之下，厚约 0.1 米；②层为黑土，土质较硬，厚约 0.2 米。填土中出土 1 件"8"字形铁器；西墙内出土 1 件楔钉（图一四；彩版一六，2）。

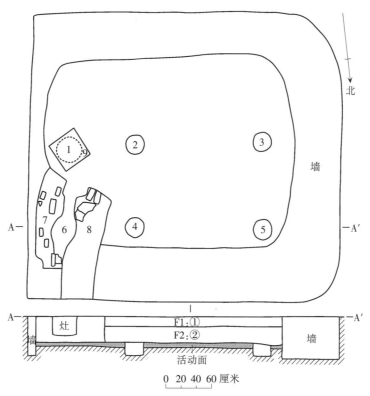

图一四　09LFF1 平、剖面图

1. 灰坑　2 ~ 5. 柱洞　6. 灶膛　7、8. 灶台　9. 方砖

F2　主要分布于 T15 内，部分位于 T11 北隔梁内，处于院落的中部，北侧为 F3，南侧为 F1，开口于②层下，打破③层及生土，保存有部分地上建筑。

F2 平面近长方形，长约 9.8、宽约 6 米。墙基由黄土夯筑而成，深约 0.15 ~ 0.2 米，墙体由青砖砌筑，青砖规格约为 30 × 20 × 7 厘米，北墙厚约 0.8、南墙厚约 1、东、西墙厚约 1.2、残高约 0.1 ~

0.2 米。北墙发现有豁口，疑似为门道所在。活动面厚约 0.05 ~ 0.1 米，红褐色土，土质坚硬板结。

F2 未发现灶址、柱洞等遗迹。房址内堆积分二层：①层为瓦片堆积，推断为屋顶坍塌后的瓦片，厚约 0.1 ~ 0.15 米；②层土色灰黑，土质黏密，为房内倒塌堆积，厚约 0.10 ~ 0.15 米，主要分布于房址中部、东部。房址内清理出大量残瓦片，另见有少量陶盆口沿、铁器、铁镢等遗物（图一五；彩版一六，3）。

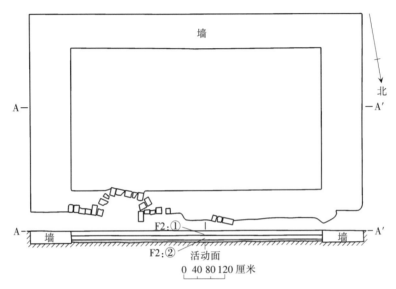

图一五　09LFF2 平、剖面图

F3 主要分布于 T19 内，少部分位于 T18 内，处于院落的北部，南侧为 F2，开口在②层下，打破第③层及生土，保存有部分地上建筑。

F3 平面形状呈长方形，东西长 8.9、南北宽 7 米。墙基由黄土夯筑而成，有直径 0.05 ~ 0.08 米的夯窝，深约 0.1 ~ 0.15 米，墙体由青砖砌筑，青砖规格约为 30 × 20 × 7 厘米，南墙厚约 1.5，北、东、西墙厚度约 1.2，残高约 0.1 米。门道位于房址东南角，宽约 1.4 米。活动面厚约 0.02 ~ 0.05 米，黄褐色土，土质较硬。

灶址位于房址内东北角，平面呈长方形，长 2.4、宽 1 米，为砖石混砌。灶门宽 0.36、火膛长 1.06 米。灶门前有一灰坑，内存放灰烬，长 0.66、宽 0.46、深 0.38 米。灶北部与火膛相连处见有一长 0.46、宽 0.34、深 0.37 米的椭圆形坑，判断应为烟囱。房址中部偏东活动面上发现 1 柱础石，长 34、宽 26 厘米。

F3 堆积为一层，灰黑色土，土质坚硬，夹杂红烧土块及灰烬，厚约 0.15 ~ 0.18 米。房址内出土大量的陶片和瓦片，可辨器形有陶釜、陶盆、陶钵、筒瓦和板瓦等（图一六；彩版一六，4）。

二　井

清理战国至汉代水井 2 口，开口于②层下，平面近圆形。

J1 位于 T10 西北部，开口于②层下，打破③层及生土。井口平面近圆形，井壁上半部竖直，下半部斜收，平底。井口直径 1.34、井底直径 0.7、井深 3.45 米。距井口 1.3 米处向下至井底涂有 0.1 ~

0.18 厘米厚的红胶泥。井内填土呈灰褐色，土质疏松，包含有大量红烧土块，出土遗物有陶片、瓦片及动物骨骼等。陶片以泥质灰陶为主，纹饰多为绳纹，可辨器形有罐、筒瓦等，另见 2 件瓦当残块拼合后有"央"字样，并有残损陶井圈出土（图一七；彩版一七，1、2）。

　　J2　位于 T17 的南部，部分位于 T13 北隔梁，开口于②层下，打破③层及生土。平面形状近圆形，口大底小，井壁上部竖直，中部斜收，下部较直，由于深度较深，出于安全考虑未清理至底部。井口处直径约 5.15 米，清理深度为 4.16 米。距井口 3 米以上不规则井壁推测为坍塌所致。井内出土器物杂乱，推测废弃后曾作垃圾坑用。J2 内堆积分二层：①层为黑灰色土，土质黏湿，夹杂石块等，厚约 3 米，出土大量陶片、砖瓦、兽骨及蚌片等；②层为黄褐色土，土质较致密坚硬，厚度不明，出土陶片、陶支座、蚌壳和铜钱等，其中复原陶盆 1 件（图一八）。

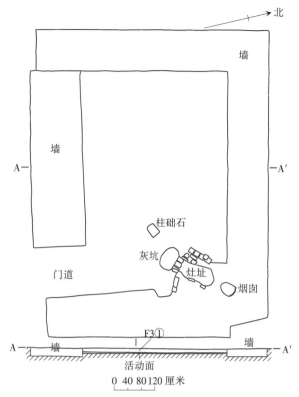

图一六　09LFF3 平、剖面图

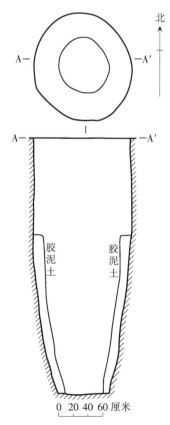

图一七　09LFJ1 平、剖面图

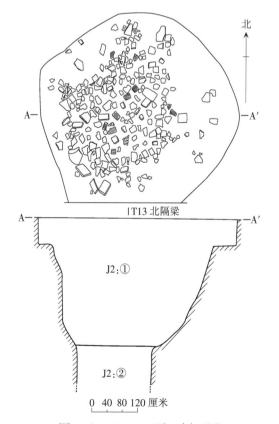

图一八　09LFJ2 平、剖面图

三　墓葬

清理战国至汉代墓葬 5 座，开口于②层下，均为长方形土坑竖穴墓，1 座未见人骨，4 座存有人骨的墓葬均为单人葬，2 座头向北，2 座头向南，未发现有葬具，出土随葬品数量较少。

M1　位于 T9 东北部，开口于②层下。长方形土坑竖穴墓，方向 195°，墓口距地表 0.2 米。墓圹长 1.8、宽 0.8、深 0.45 米。单人仰身直肢葬，头向西南，面向上。填土为红褐色五花土，土质较疏松，出土 1 件陶罐、1 件残石环。未见葬具及其他随葬品（图一九；彩版一八，1）。

M2　位于 T8 东南部，开口于②层下。长方形土坑竖穴墓，方向 175°，墓口距地表 0.2 米。墓口长 2.15、宽 0.65、墓底长 2.15、宽 0.65~0.75 米，墓底北高南低，深 0.6~0.7 米。墓室四壁及底部砌有少量残砖，垒砌 1~5 层，西侧被现代坑打破。未见人骨。填土为红褐色五花土，土质较疏松。见有棺钉和蚌器各 1 件，未见葬具，（图二〇；彩版一八，2）。

M3　位于 T8 东北部，开口于②层下。长方形土坑竖穴墓，方向 355°，墓口距地表 0.3 米。墓口长 2.1、宽 0.95、墓底长 2.05、宽 0.9、深 1.2 米。单人侧身屈肢葬，人骨保存较差，头向北，面向东。填土为红褐色五花土，土质较疏松。未见葬具及随葬品（图二一；彩版一八，3）。

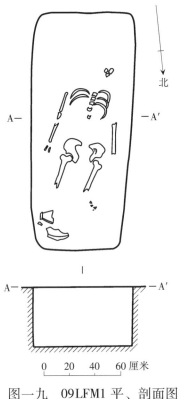

图一九　09LFM1 平、剖面图

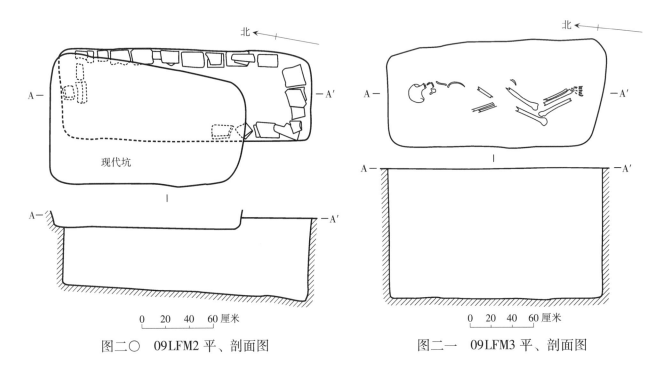

图二〇　09LFM2 平、剖面图　　　　　　　图二一　09LFM3 平、剖面图

M6　位于 T4 中部，开口于②层下，打破 H75。长方形土坑竖穴墓，方向 215°。墓圹长 1.74 ~ 1.9、宽 0.58 ~ 0.82、深 0.38 ~ 0.56 米。单人侧身屈肢葬，头向西南，面向东，人骨保存状况较好。填土为红褐色五花土，土质较疏松。未见葬具及随葬品（图二二；彩版一八，4）。

M7　位于 T8 中北部，开口于②层下。长方形土坑竖穴墓，方向 350°。墓圹长 1.95、宽 0.68、深 0.7 米。单人仰身葬，上下肢均交错摆放，头向西北，面向东。填土为红褐色五花土，土质较疏松。未见葬具及随葬品（图二三）。

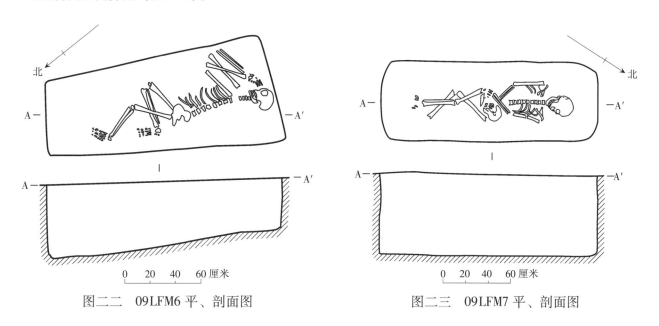

图二二　09LFM6 平、剖面图　　　　　　　　　图二三　09LFM7 平、剖面图

四　灰坑

清理战国至汉代灰坑 81 个，平面形状可分为圆形、椭圆形、长方形（长条形）和不规则形等四类，坑壁可分为直壁、斜壁和弧壁等三类，坑底可分为平底和圜底两类。其中圆形灰坑 39 个，椭圆形灰坑 24 个，长方形（长条形）灰坑 15 个，不规则形灰坑 3 个。

81 个灰坑中，开口于②层下 48 个，开口于③层下 33 个，灰坑内填土多为灰褐色土，部分灰坑填土中夹有红烧土块及炭粒，出土遗物分布不平衡，半数以上灰坑仅出土几片陶器残片或没有出土遗物，仅十余座灰坑出土遗物较多。遗物以陶器为主，另有少量石器、骨器、蚌器、铜器、铁器等。根据灰坑形制判断，形状较规整的灰坑可能为窖穴之用，余下灰坑可能为生活垃圾坑或取土坑。

下面按平面形状依次对各类灰坑进行介绍：

1. 圆形灰坑，39 个，开口于②层下 22 个，开口于③层下 17 个。

开口于②层下的圆形灰坑 22 个：

H3　位于 T1 中部，开口于②层下，打破③层、④层及生土。灰坑平面近圆形，直壁平底。坑口直径约 1.82 ~ 2、坑深 0.76 米。填土为灰褐色，土质较疏松。出土陶片以泥质灰陶为主，也见少量夹砂红陶和夹砂灰陶，纹饰主要有绳纹和附加堆纹（图二四；彩版五，1）。

H4　位于 T1 中部，开口于②层下，打破③层、④层及生土。灰坑平面近圆形，直壁平底。坑壁、坑底有加工痕迹。坑口直径约 1.65～1.68、坑深 0.72 米。填土为灰褐色，土质疏松，包含大量白色的植物根系。出土少量泥质灰陶片，多饰绳纹或篮纹，可辨器形主要为豆，出土 4 件锥形陶器（图二五）。

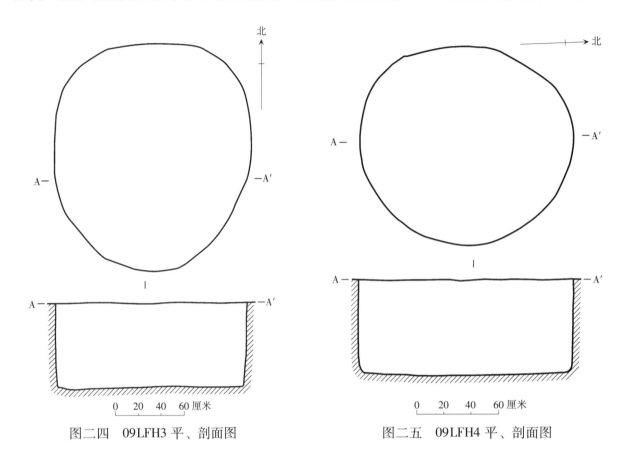

图二四　09LFH3 平、剖面图　　　　　　　　　　图二五　09LFH4 平、剖面图

　　H5　位于 T1 南部，开口于②层下，打破③层、④层及生土。灰坑平面近圆形，直壁平底。坑壁、坑底加工较为规整。坑口直径约 1.78～1.68、坑深 0.74 米。填土为灰褐色，土质较紧密，包含大量白色的植物根系。出土少量泥质灰陶片，多饰绳纹，可辨器形有鬲、豆等，出土 4 件锥形陶器（图二六；彩版五，2）。

　　H6　位于 T7 西部及 T8 东部，开口于②层下，打破③层、H21、H65、④层及生土。灰坑平面近圆形，直壁平底。灰坑直径 2.3、坑深 1.3 米。填土为灰白色土，土质较疏松，包含较薄的一层草木灰。出土大量陶片及瓦片，陶片多为泥质灰陶，少数饰有绳纹、网格纹、戳点纹及压印纹，另出土有少量夹砂红褐陶片，皆素面。瓦片瓦腹饰布纹，瓦背素面，均残。还出土陶纺轮 1 件、锥形陶器 1 件、陶球 1 件、铜器 1 件、铁器 2 件及动物残骨等（图二七；彩版五，3）。

　　H7　位于 T7 西北角、T8 东北角及 T11 西南角，开口于②层下，打破③层、H21、④层及生土。灰坑平面近圆形，直壁平底。坑口直径约 3.2～3.3、坑深 2 米。填土分两层，①层为红褐色，土质疏松，厚约 0.4 米；②层为浅灰色，土质松软，厚约 1.6 米。H7 出土遗物较为丰富，其中陶片多为泥质灰陶，以素面居多，少数饰网格纹和压印纹，另出有少量素面夹砂红陶片，瓦片多饰绳纹。另出土有石滚子 1 件、陶纺轮 1 件、锥形陶器 1 件、陶瓦当 1 件、骨簪 3 件、铁蒺藜 1 件、铁钉 1 件、铁犁铧 1 件、铁刀 1 件、铁镢 1 枚、铁柄铜镞 1 枚以及动物残骨等（图二八）。

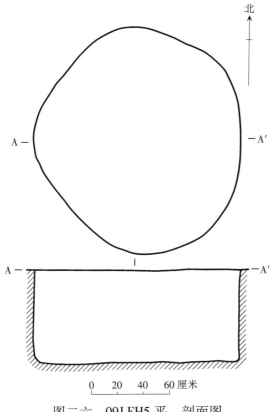

北

图二六　09LFH5 平、剖面图

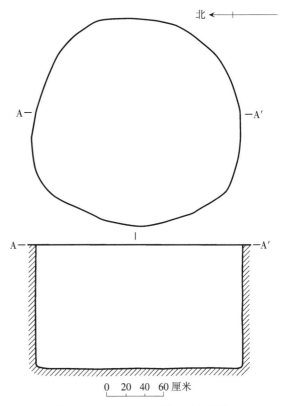

北

图二七　09LFH6 平、剖面图

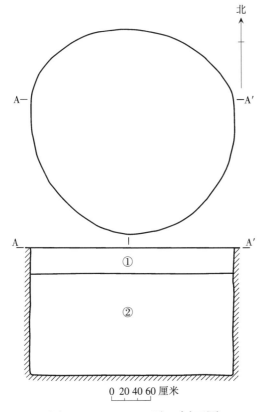

北

图二八　09LFH7 平、剖面图

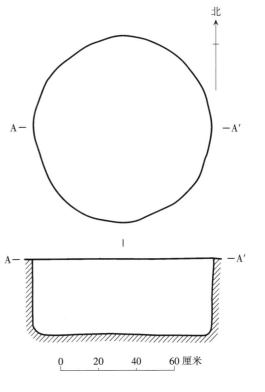

北

图二九　09LFH8 平、剖面图

H8　位于 T18 南部，开口于②层下，打破③层及生土。平面形状近圆形，直壁平底。坑口直径为 1、坑深 0.4 米。填土呈黑褐色，土质疏松略有黏性。填土中出土少量泥质灰陶残片，器形较大，多饰以压印菱形纹（图二九）。

H13　位于 T9 东南部，开口于②层下，打破第③层、H46 及生土。灰坑平面近圆形，斜直壁平底，袋状。坑口直径 1.57、坑底直径 1.8、坑深 1.22 米。坑内填土分二层，①层填土为黄褐色，土质较硬，厚约 0.5 米；②层填土为黑褐色，土质较松软，包含少量红烧土和石块，厚约 0.72 米。出土物包括陶片、瓦片、动物骨骼等，另出土铁器 2 件（图三〇；彩版六，1）。

H16　位于 T9 南部，开口于②层下，打破③层及生土。灰坑平面呈圆形，直壁平底。坑口直径 1.44、坑深 1.16 米。坑内填土分二层，①层填土为黄褐色，土质较硬，厚 0.68 米；②层填土为黑褐色，土质较松软，厚 0.48 米。出土少量瓦片、动物骨骼（图三一）。

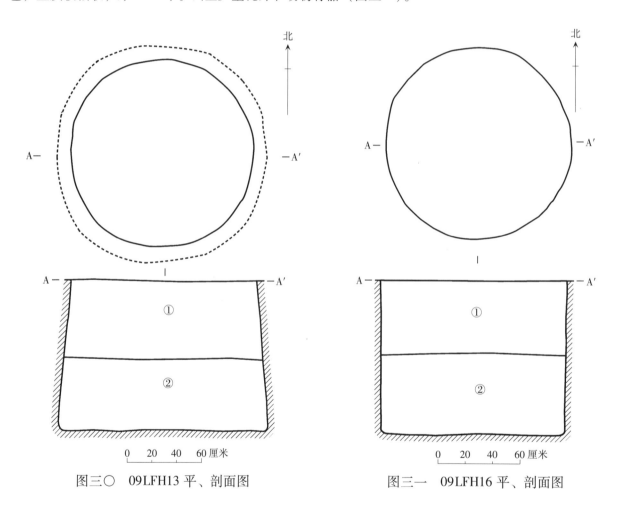

图三〇　09LFH13 平、剖面图　　　　　图三一　09LFH16 平、剖面图

H36　位于 T6 中部，开口于②层下，打破③层、④层及生土。灰坑平面近圆形，坑壁稍外弧，平底。坑壁、坑底有加工形成的竖槽痕迹，宽 3～5 厘米。坑口直径 3.2、坑底直径 3.3、坑深 1.9 米。填土为黄褐色，土质略硬。出土少量泥质灰陶、红褐陶残片，可辨器形有陶炉、陶罐等（图三二；彩版九，3）。

H37　位于 T6 西部，部分叠压在 T7 东隔梁下，开口于②层下，打破③层、④层及生土。灰坑平面呈圆形，直壁平底。坑壁、坑底有加工的竖槽痕迹，宽 3~5 厘米。坑口直径为 2.9、坑深 1.6 米。填土为黑褐色，土质略硬。仅出土少量泥质灰陶片（图三三）。

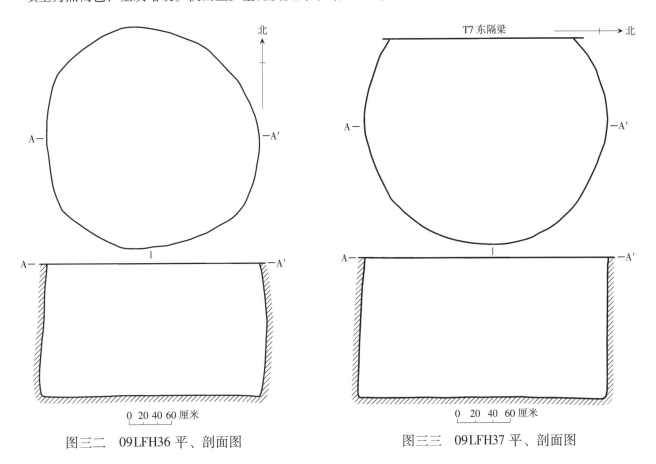

图三二　09LFH36 平、剖面图　　　　　　图三三　09LFH37 平、剖面图

H50　位于 T3 东南部，部分叠压在东隔梁和南壁下，开口于②层下，打破③层、④层及生土。平面已揭露部分呈拱弧形，西壁略弧，平底。揭露部分长 2.16、宽 0.82、坑深 1.2 米。填土为红褐色，土质疏松。出土陶片、瓦片、兽骨、蚌壳等遗物。陶片多为素面泥质灰陶，可辨器形有豆、罐、布纹板瓦等（图三四）。

H52　位于 T4 东南部，部分叠压在南壁下，开口于②层下，打破③层、④层及生土。已揭露部分近半圆形，直壁平底。灰坑直径 2.12、坑深 0.84 米。填土为红褐色，土质疏松。出土有陶片、板瓦残片、兽骨等遗物。陶片主要为泥质灰陶，可辨器形有罐、豆、布纹板瓦等（图三五；彩版一二，1）。

H53　位于 T3 南部，开口于②层下，打破③层、④层及生土。灰坑平面近圆形，西壁略外弧，东壁较直，平底。坑口直径 1.54~1.74、坑深 1.04 米。填土为浅黄色，土质疏松。出土遗物以陶片居多，多泥质灰陶，少量夹砂陶。另出有 1 件铁钩和 1 件铜器（图三六；彩版一二，2）。

H59　位于 T18 西部，开口于②层下，打破③层及生土。平面形状近圆形，上壁竖直，下壁弧收，圜底。坑口直径约 1.36~1.44、坑深 0.4 米。填土为黄褐色，土质较硬。无遗物出土（图三七；彩版一三，2）。

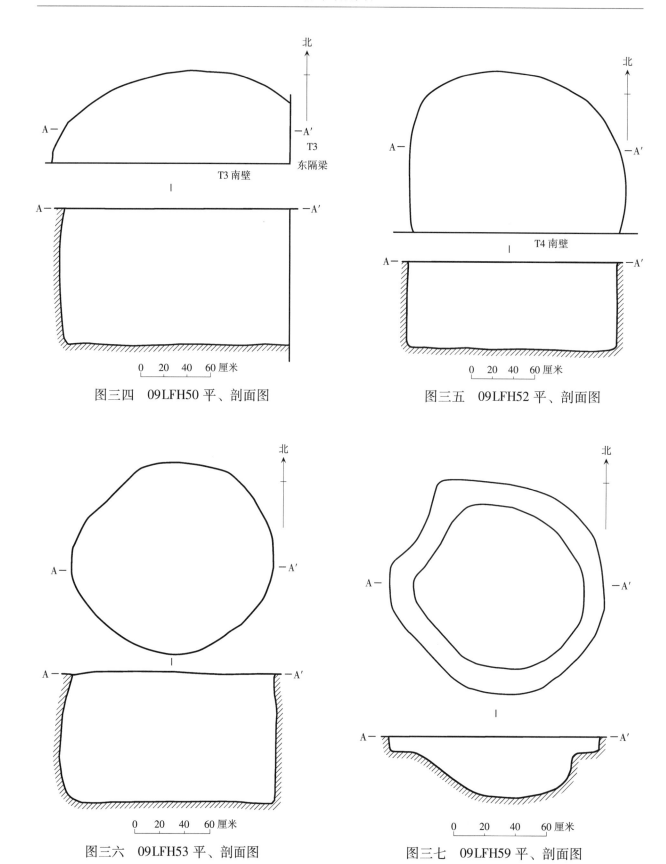

图三四　09LFH50 平、剖面图

图三五　09LFH52 平、剖面图

图三六　09LFH53 平、剖面图

图三七　09LFH59 平、剖面图

H61　位于 T14 中部，开口于②层下，打破 H63、③层及生土。灰坑平面近圆形，斜壁平底。坑口直径 1、坑底直径 0.6、坑深 0.65 米。填土为黄褐色，土质疏松，包含红烧土块及炭粒。无遗物出土（图三八；彩版一四，2）。

H64　位于 T18 中部，开口于②层下，打破③层及生土。灰坑平面近圆形，直壁平底。坑口直径 2.04~2.08、坑深 0.6 米。填土为黑褐色，土质较硬。填土中出土少量泥质灰陶、板瓦及筒瓦残片，部分板瓦背面饰网格纹，正面饰细绳纹。可辨器形有罐、算（图三九；彩版一五，1）。

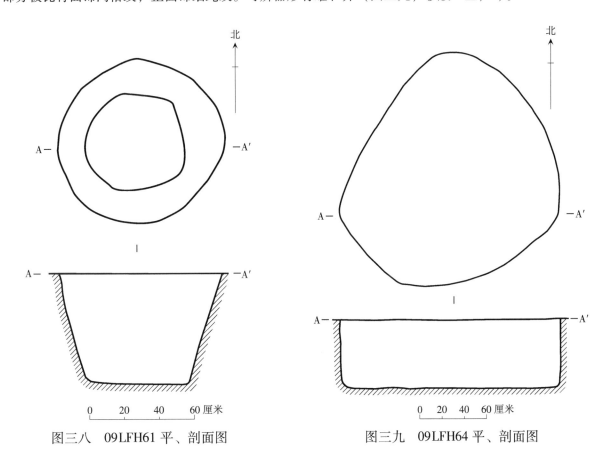

图三八　09LFH61 平、剖面图　　　　　图三九　09LFH64 平、剖面图

H69　位于 T18 东南部，开口于②层下，打破③层及生土。平面形状近圆形，直壁平底。坑口直径约 1.05~1.2、坑深 0.7 米。填土为黑褐色，土质疏松。未出土遗物（图四〇）。

H72　位于 T13 西南部，开口于②层下，打破③层及生土。灰坑平面近圆形，直壁平底。坑口直径 0.91、坑深 0.75 米，填土呈黑灰色，土质较紧密，包含大量红烧土和炭粒。出土少量陶器残片（图四一）。

H74　位于 T8 中部，开口于②层下，打破③层、④层及生土。灰坑平面近圆形，直壁斜收，近平底。坑口直径 1.75、坑底直径 1.4、坑深 0.3 米。填土为浅灰色，土质疏松。出土少量泥质灰陶残片，可辨器形有陶豆（图四二）。

H75　位于 T4 中部，开口于②层下，被 M6 打破，打破③层、④层及生土。灰坑平面近圆形，直壁平底。坑口直径 2.56、坑深 1.06 米。填土为红褐色，土质疏松，包含较多红烧土块。出土陶器以泥质灰陶为主，少量黑陶，可辨器形有陶鬲、陶罐、陶豆等，另出土 1 件较完整陶杯（图四三）。

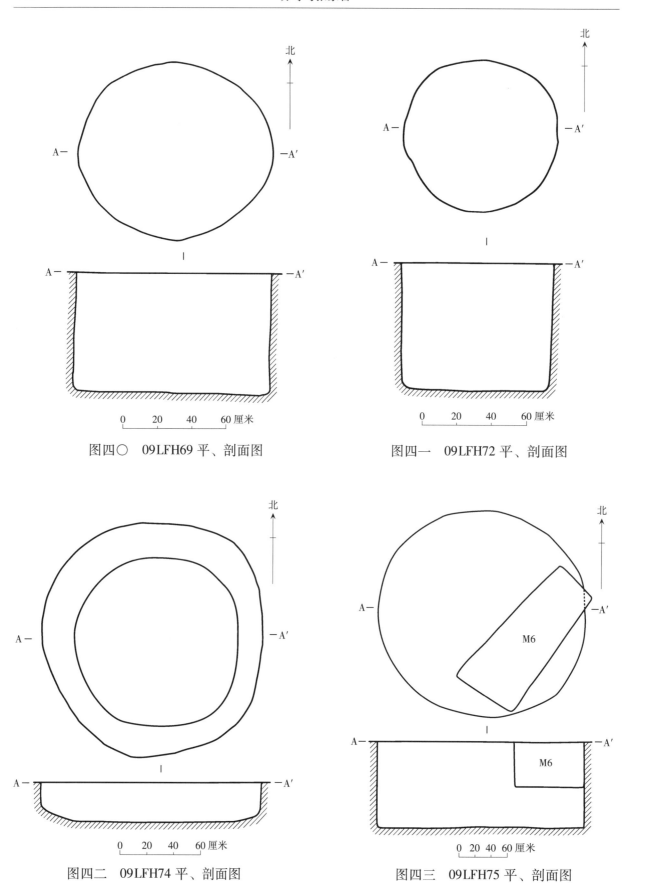

图四〇　09LFH69 平、剖面图

图四一　09LFH72 平、剖面图

图四二　09LFH74 平、剖面图

图四三　09LFH75 平、剖面图

H81 位于 T7 北部和 T11 南部，开口于②层下，打破③层、④层及生土。灰坑平面近圆形，直壁平底。坑口直径 2.3、坑深 1.3 米。填土为浅灰色，土质疏松。出土有少量泥质灰陶残片，多为素面，少数饰绳纹。另出土有少量动物残骨（图四四）。

H82 位于 T3 西南部，开口于②层下，被 G3 打破，打破③层、④层及生土。灰坑平面近圆形，直壁平底。坑口直径 1.6、坑深 0.64 米。填土为青灰色，土质疏松。出土少量陶片，泥质灰陶居多，也有夹砂黑陶，纹饰多为绳纹。另出土 1 件可复原陶豆和 3 个锥形陶器（图四五）。

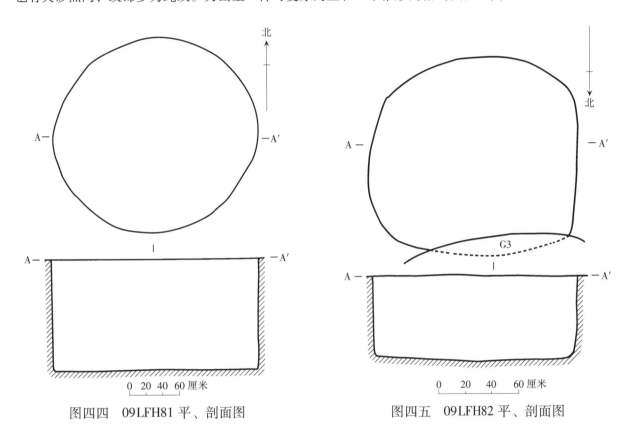

图四四 09LFH81 平、剖面图   图四五 09LFH82 平、剖面图

开口于③层下的圆形灰坑 17 个：

H10 位于 T2 东南部，开口于③层下，打破 H11、④层及生土。灰坑平面近圆形，直壁平底。坑壁、坑底有加工痕迹。坑口直径 1.35、坑深 0.76 米。填土为黄褐色，土质疏松，包含有少量不规则形石块。出土有少量夹砂黑陶和蚌壳残片，陶片多为素面（图四六）。

H17 位于 T5 北部，开口于③层下，打破④层及生土。灰坑平面近圆形，斜壁内收，平底。坑壁、坑底加工较规整。坑口直径约 1.70～1.82、坑底直径 1.5、坑深 0.7 米。填土为黑褐色，土质疏松，包含炭粒。出土遗物较为丰富，包括陶器、铜器、蚌器等，陶器可辨器形有鬲、罐、豆等，多泥质灰陶，纹饰多见绳纹。还见有 1 件锥形陶器，2 件铜带钩（图四七；彩版七，1）。

H30 位于 T2 东南部，部分叠压在南壁下，开口于③层下，打破④层及生土。灰坑平面近圆形，直壁弧收接平底。坑口直径约 1.24、坑深 0.2 米。填土为黄褐色，土质较硬，包含少量不规则形石块。出土少量素面泥质灰陶片（图四八）。

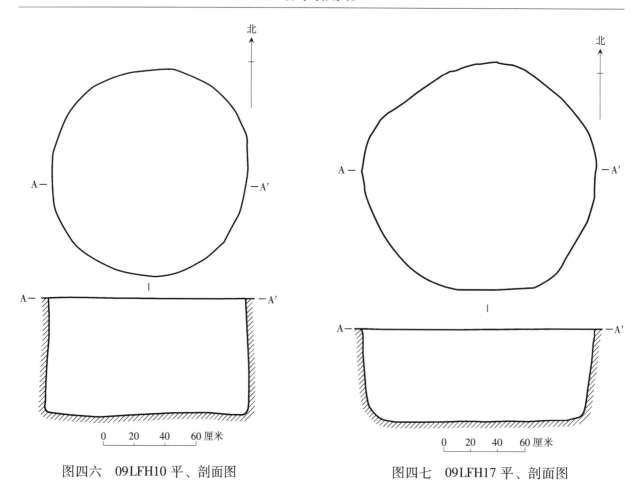

图四六　09LFH10 平、剖面图

图四七　09LFH17 平、剖面图

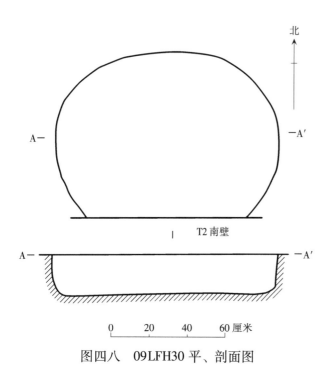

图四八　09LFH30 平、剖面图

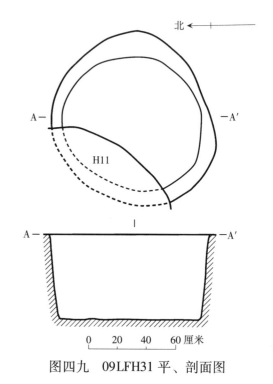

图四九　09LFH31 平、剖面图

H31　位于 T2 东南部，开口于③层下，被 H11 打破，打破④层及生土。灰坑平面近圆形，斜壁平底。坑口直径约 1.16～1.2、坑底直径 1、坑深 0.6 米。填土为灰黑色，土质疏松，包含少量石块。出土少量素面夹砂灰陶片，可辨器形有鬲足（图四九）。

H32　位于 T2 西北部，开口于③层下，打破④层及生土。灰坑平面近圆形，直壁微斜，平底。坑壁、坑底有较规整加工痕迹。坑口直径约 2.1～2.3、坑深 1.1 米。填土为黄褐色，土质疏松。出土陶片、瓦片、砖块、动物骨骼等遗物。可辨器形有陶罐、陶盆、陶钵、陶炉等，另出土 1 件可复原陶盆（图五〇）。

H34　位于 T9 西南部，开口于③层下，打破生土。灰坑平面呈圆形，弧壁圜底，底部中心有一小凹坑。坑口直径 1.38、坑深 0.64 米，底部小凹坑直径 0.36、深 0.08 米。坑内填土呈黄褐色，夹杂少量红烧土。出土遗物有少量陶片、瓦片，陶片大部分为灰陶，兼杂少量红陶。出土遗物主要为灰陶片、瓦片等，可辨器形有陶罐（图五一；彩版九，1）。

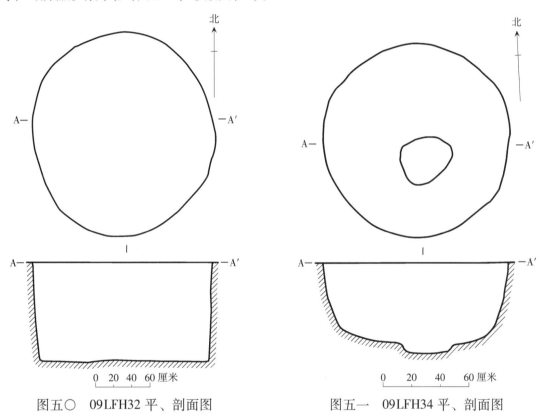

图五〇　09LFH32 平、剖面图　　　　图五一　09LFH34 平、剖面图

H38　位于 T10 东北部，开口于③层下，打破生土。灰坑平面呈圆形，斜壁内收，平底。坑口直径 1.36、坑底直径 1.1、坑深 1.16～1.18 米。填土呈黄褐色，土质疏松，包含有烧土块、炭粒等。出土少量陶片（图五二；彩版九，4）。

H39　位于 T5 西南部，开口于③层下，打破④层及生土。灰坑平面近圆形，直壁平底。灰坑直径 2.17～2.2、坑深 0.94 米。填土为黑褐色，土质较疏松，包含少量炭粒。出土夹砂和泥质灰陶片，可辨器形包括陶豆、陶鬲等（图五三；彩版一〇，1）。

H42　位于 T9 西部，部分叠压于 T10 东隔梁下，开口于③层下，打破生土。灰坑平面呈圆形，直壁平底。坑口直径 2.54、坑深 0.74 米。填土为黄褐色，土质较松软。出土遗物主要为少量陶片、瓦片，另出土有 1 件蚌刀（图五四）。

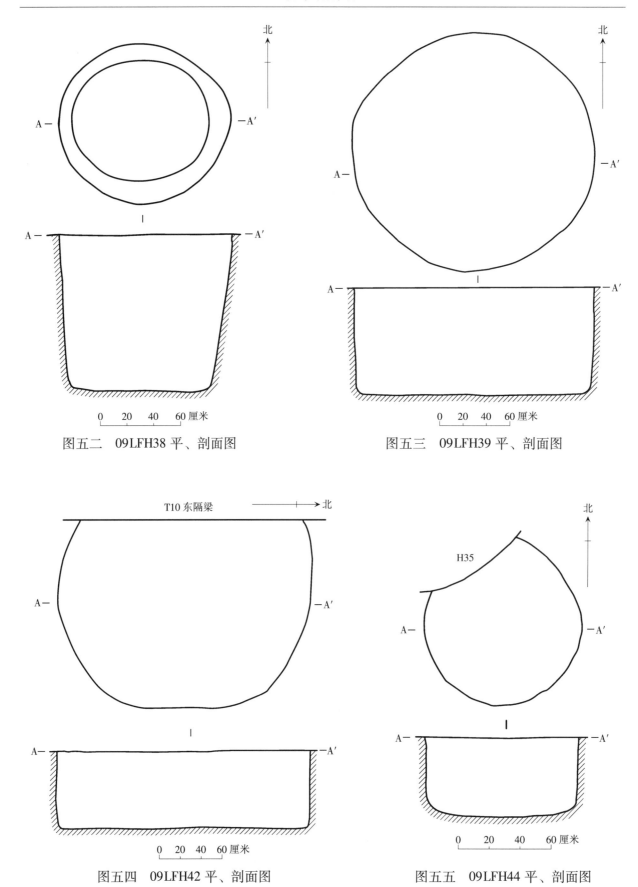

图五二　09LFH38 平、剖面图

图五三　09LFH39 平、剖面图

图五四　09LFH42 平、剖面图

图五五　09LFH44 平、剖面图

　　H44　位于 T9 西南部，开口于③层下，被 H35 打破，打破生土。灰坑平面呈圆形，直壁弧收，平底。坑口直径 1.06、坑深 0.52 米。填土呈黄褐色，土质较硬。无遗物出土（图五五；彩版一一，1）。

　　H51　位于 T3 东南部，部分叠压在东隔梁下，开口于③层下，打破④层及生土。已揭露部分为半圆形，直壁平底。坑壁、坑底有较规整的加工痕迹。灰坑直径 1.5、坑深 1.05 米。填土为灰褐色，土质疏松，包含少量木炭灰烬。出土遗物主要为陶片、瓦片。陶片多为泥质灰陶。瓦片内侧饰布纹。另出土 1 截铁刀残片（图五六）。

　　H60　位于 T8 西南部，开口于④层下，打破生土。灰坑平面近圆形，直壁平底，直径 2.3、坑深 0.9 米。填土为浅灰色，土质松软。出土遗物主要为泥质灰陶残片，出土 1 件可复原绳纹陶鬲（图五七；彩版十四，1）。

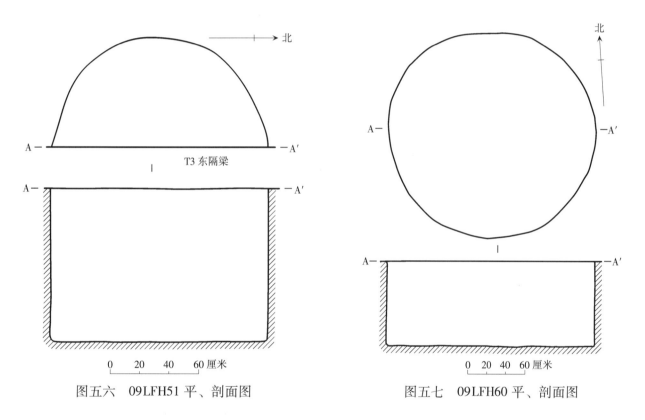

图五六　09LFH51 平、剖面图　　　　　图五七　09LFH60 平、剖面图

　　H66　位于 T2 中部，开口于③层下，被 H28、H49 打破，打破④层及生土。灰坑平面近圆形，斜壁平底。坑口直径 1.9~1.96、坑底直径 1.83、坑深 0.6 米。填土为黄褐色，土质疏松，包含物较少。出土有少量灰陶片、瓦片、砖块、骨块及蚌壳等。陶片主要饰以绳纹和方格纹（图五八；彩版一五，3）。

　　H67　位于 T2 北部，部分叠压在北隔梁下，开口于③层下，被 G5、H49 打破，打破④层及生土。灰坑平面近圆形，直壁平底。坑口直径 2.76、坑深 0.4 米。填土为黄褐色，土质较疏松。出土大量的灰陶、板瓦和砖块残片。可辨器形包括陶罐、陶盆、陶炉、陶钵等（图五九；彩版一五，4）。

　　H71　位于 T16 东部，开口于③层下，打破生土。平面形状近圆形，直壁平底。坑口直径 2.6、坑深 1.08 米。填土为灰黑色，土质疏松。填土中出土少量陶片，多为泥质灰陶，纹饰多为绳纹，可辨器形有陶豆、陶罐、陶盆等（图六〇）。

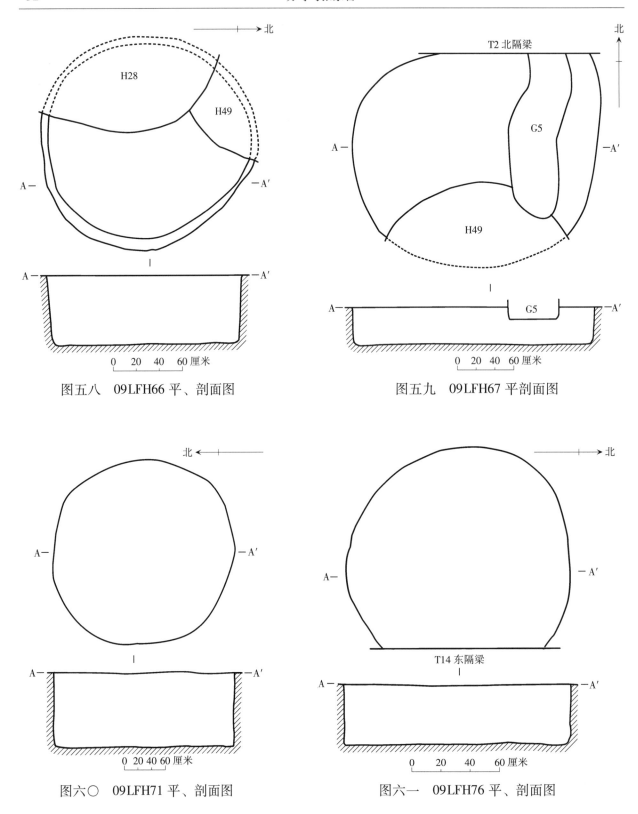

图五八　09LFH66 平、剖面图

图五九　09LFH67 平剖面图

图六〇　09LFH71 平、剖面图

图六一　09LFH76 平、剖面图

　　H76　位于 T14 东北部，部分叠压于东隔梁下。开口于③层下，打破生土。平面形状近圆形，直壁平底。坑口直径 1.65、坑深 0.42 米。填土为黄褐色，土质疏松，包含较多炭粒、红烧土块及石块。填土中出土大量陶片，主要为泥质灰陶，纹饰多为绳纹，可辨器形有陶罐（图六一）。

H84　位于 T9 西部，开口于③层下，被 H35、H42、H45 打破，打破生土。从保留下来的部分看，灰坑平面近圆形，直壁平底。坑口直径 1.5、坑深 0.42 米。填土呈黑褐色，土质疏松。出土少量泥质灰陶片，可辨器形有陶豆（图六二）。

2. 椭圆形灰坑，24 个，开口于②层下 13 个，开口于③层下 11 个。

开口于②层下的椭圆形灰坑 13 个：

H1　位于 T1 西部，部分叠压在 T2 东隔梁下，开口于②层下，打破③层、④层及生土。灰坑平面近椭圆形，直壁平底。坑口长径 2.3、短径 2.24、坑深 0.8 ~ 0.82 米。填土为灰褐色，土质较疏松，包含红烧土块和大量白色的植物根系。出土有少量泥质灰陶片，纹饰以绳纹居多，可辨器形有罐（图六三）。

H2　位于 T1 西南部，部分叠压 T2 东隔梁下，开口于②层下，打破③层、④层及生土。灰坑平面近椭圆形，直壁平底。坑口长径 3.1、短径 2.2、坑深 0.85 ~ 0.9 米。填土为灰褐色，土质疏松，包含红烧土块和大量白色的植物根系。出土少量夹砂灰陶和夹砂黑陶残片，多饰绳纹和弦纹，可辨器形包括陶鬲、陶豆。另出土 5 件锥形陶器、少量动物碎骨和蚌壳残片（图六四）。

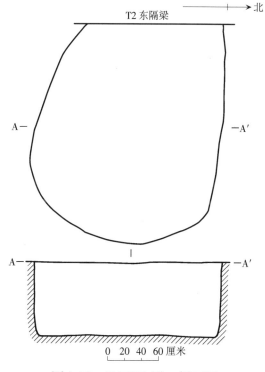

图六二　09LFH84 平、剖面图

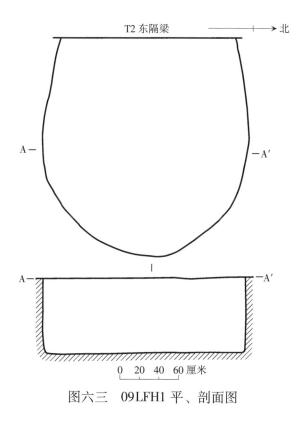

图六三　09LFH1 平、剖面图

图六四　09LFH2 平、剖面图

H14　位于 T3 中部，开口于②层下，打破 H26、③层、④层及生土。灰坑平面近椭圆形，上壁较直，下壁斜收，平底。坑壁、坑底有较规整加工痕迹。坑口长径 2.14、短径 1.7、坑底长径 1.46、短径 1.2、坑深 1.42 米。填土深黑色，土质较硬。出土有陶片、瓦片、砖块、兽骨、铁钉等遗物。陶片以灰陶为主，有少量黑陶和红陶，多为泥质陶，纹饰有弦纹、压印纹、粗绳纹等，制作方式以轮制为主，可辨器形主要为罐、钵、盆、鬲等。出土可复原红陶钵 1 件（图六五；彩版六，2）。

H20　位于 T5 北部，部分叠压在北隔梁下，开口于②层下，打破③层、④层及生土。灰坑平面呈椭圆形，斜壁平底。坑口长径 2.6、短径 1.56、坑底长径 2.4、短径 1.26、坑深 0.55 米。填土为黑褐色，土质较硬，夹杂少量炭粒。出土少量泥质灰陶片，可辨器形有陶鬲（图六六；彩版七，2）。

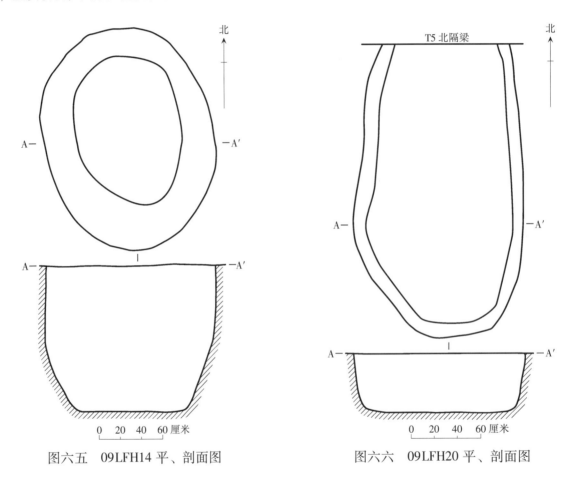

图六五　09LFH14 平、剖面图　　　　　　图六六　09LFH20 平、剖面图

H22　位于 T7 东北部，部分叠压在东隔梁下。开口于②层下，北侧被院墙打破，打破 H23、③层、④层及生土。灰坑平面近椭圆形，直壁平底。坑口长径 2.4、宽 1.1、坑深 0.3 米。填土为浅灰色，土质疏松。出土少量陶片，可辨器形包括陶炉和陶盆（图六七）。

H26　位于 T3 中部，开口于②层下，被 H14 和 G3 打破，打破③层、④层及生土。灰坑平面近椭圆形，直壁平底，坑底中东部有一小坑。坑口长径 4.55、短径 2.9、坑深 0.54 米，中部小坑直壁平底，深 0.24 米。填土为青灰色，土质较紧密。出土有大量陶片、砖瓦残片，并有少量骨骼残片。陶片以红陶和灰陶居多，瓦片背面多为布纹，正面饰绳纹或素面，砖块大多素面，少量单面饰绳纹。可辨器形包括深腹盆、陶盆、陶钵、陶饼、陶釜、陶器盖、鬲足等（图六八；彩版八，1）。

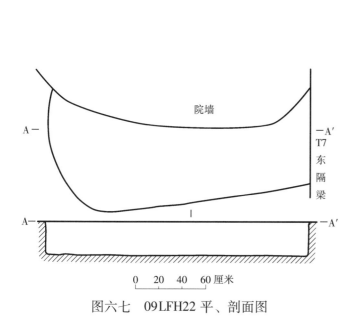

图六七　09LFH22 平、剖面图

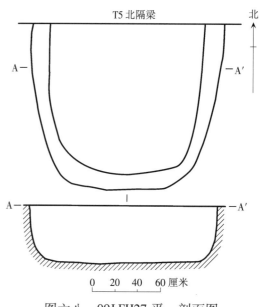

图六八　09LFH27 平、剖面图

　　H27　位于 T5 北部，部分叠压在北隔梁下，开口于②层下，打破③层、④层及生土。灰坑揭露部分平面近半椭圆形，弧壁平底。揭露部分坑口长 1.74、宽 1.46、坑底长 1.4、宽 1.32、坑深 0.5 米。填土为黑褐色，土质较硬，包含少量炭粒。出土少量陶片，可辨器形有鬲足（图六九；彩版八，2）。

　　H55　位于 T16 东北部，开口于②层下，打破③层及生土。灰坑平面近椭圆形，斜壁平底。坑口长径 0.94、短径 0.79、坑底长径 0.88、短径 0.75、坑深 0.18 米。填土为黑褐色，土质疏松，包含较多红烧土块。填土内出土大量陶片、瓦片，陶片多为泥质灰陶，兼有少量泥质红陶，纹饰多为绳纹、篮纹及弦纹，可辨器形有陶盆等（图七〇；彩版一二，4）。

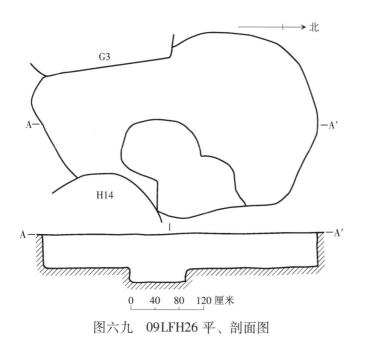

图六九　09LFH26 平、剖面图

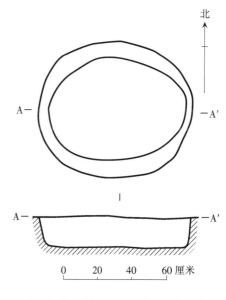

图七〇　09LFH55 平、剖面图

H57　位于 T14 西南部，开口于②层下，打破③层及生土。平面形状近椭圆形，斜壁平底。坑口长径 1.72、短径 1.36、坑底长径 1.2、短径 1.05、坑深 0.92 米。填土为灰黑色，土质疏松，包含较多炭粒、红烧土块等。填土中出土有少量陶片，纹饰多为绳纹，可辨器形有陶盆、陶钵等（图七一；彩版一三，1）。

H62　位于 T20 南部，开口于②层下，打破 G1、③层及生土。灰坑平面近椭圆形，直壁平底。坑口长径为 1.96、短径为 1.48、坑深 0.47 米。填土为黄土沙石，土质疏松。填土中未见遗物（图七二；彩版一四，3）。

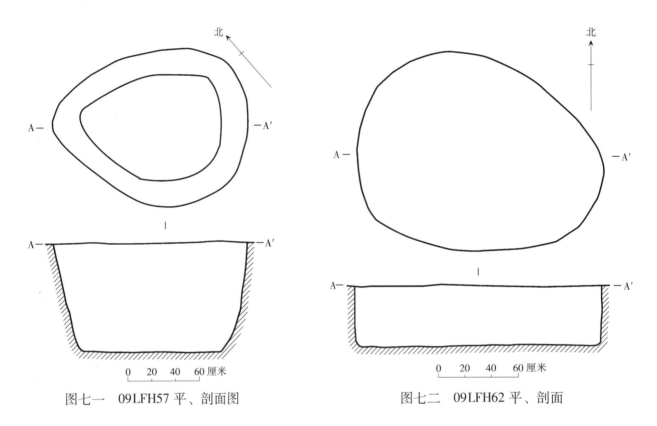

图七一　09LFH57 平、剖面图　　　　　　　　图七二　09LFH62 平、剖面

H68　位于 T18 东部，开口于②层下，打破③层及生土。平面形状近椭圆形，直壁平底。坑口长径 1.38、短径 1.1、坑深 0.5 米。填土为黑褐色，土质疏松。填土中出土少量泥质灰陶残片，饰有压印菱形纹（图七三）。

H73　位于 T13 西南部，开口于②层下，打破③层及生土。灰坑平面近椭圆形，直壁弧收，圜底。坑口长径 2.2、短径 1.6、坑深 0.85 米。填土呈红褐色，土质疏松，包含大量红烧土和炭粒。出土遗物有大量陶器残片、少量动物骨骼和蚌壳。可辨器形包括陶罐、陶豆等（图七四）。

H77　位于 T14 东部，开口于②层下，西侧被院墙打破，打破③层及生土。灰坑平面近椭圆形，直壁平底。坑口长径 1.95、短径 1.1、坑深 0.6 米。填土为灰褐色，土质疏松，包含较多炭粒。填土中出土少量陶片，可辨器形有陶豆（图七五）。

开口于③层下的椭圆形灰坑 11 个：

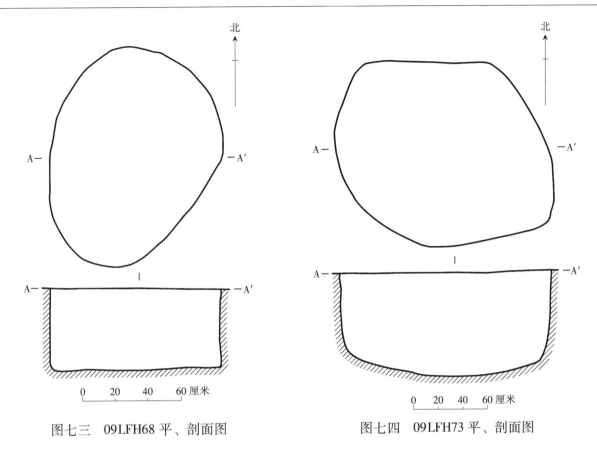

图七三 09LFH68 平、剖面图

图七四 09LFH73 平、剖面图

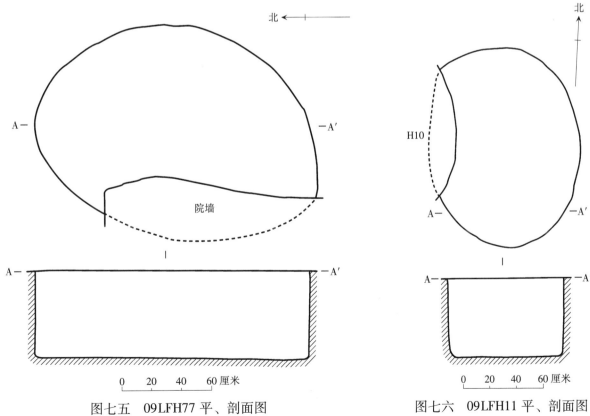

图七五 09LFH77 平、剖面图

图七六 09LFH11 平、剖面图

H11　位于 T2 东南部，开口于③层下，被 H10 打破，打破 H31、④层及生土。灰坑平面近椭圆形，直壁平底。坑口长径 1.5、短径 1.2、坑深 0.6 米。填土为灰黑色，土质较坚硬，包含有少量石块。出土有少量绳纹夹砂陶片和蚌壳残块（图七六）。

H28　位于 T2 中部偏西，开口于③层下，打破 H49、H66、④层及生土。灰坑平面近椭圆形，直壁略向内弧，平底。坑口长径 3.66、短径 3.12、坑深 0.8 米。填土为黄褐色，土质较硬。出土大量的泥质灰陶片、瓦片及砖块，还见有大量蚌壳、骨块等遗物。可辨器形包括陶豆、陶鬲、陶罐、陶钵、陶盆、陶炉等，饰有绳纹、压印纹、网格纹等。瓦片多筒瓦残片。另出土 1 件石斧、1 件石杵、1 件蚌刀、2 件锥形陶器（图七七；彩版八，3）。

H29　位于 T2 东南部，开口于③层下，打破④层及生土。灰坑平面近椭圆形，直壁平底。坑口长径 0.7、短径 0.6、坑深 0.2 米。填土为黄褐色，土质较硬，包含物很少，仅见几块不规则形石块，未出土遗物（图七八；彩版七，4）。

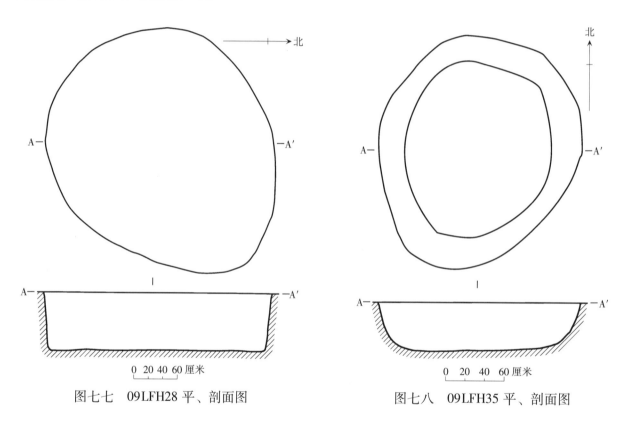

图七七　09LFH28 平、剖面图　　　　　　　　图七八　09LFH35 平、剖面图

H35　位于 T9 西南部，开口于③层下，打破 H44、H45 及生土。灰坑平面近椭圆形，弧壁内收，平底。坑口长径 2.52、短径 2.2、坑底长径 2.3、短径 1.85、坑深 0.52 米。坑内填土黄褐色，夹杂红烧土块和炭粒。出土遗物有少量陶片、瓦片及蚌壳。陶片大部分为灰陶，可辨器形有陶罐，另出土有 2 件锥形陶器（图七九；彩版九，2）。

H41　位于 T5 南部，开口于③层下，打破④层及生土。灰坑平面近椭圆形，直壁平底。坑口长径 0.94、短径 0.66、坑深 0.34 米。填土为黑褐色，土质较硬，包含少量炭粒和小碎石块。无遗物出土（图八〇；彩版一〇，3）。

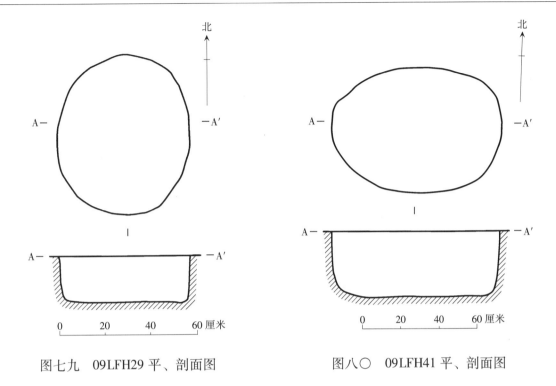

图七九　09LFH29 平、剖面图　　　　　　图八〇　09LFH41 平、剖面图

　　H40　位于 T5 南部，开口于③层下，打破④层及生土。灰坑平面近椭圆形，弧壁平底。坑口长径 1.86、短径 1.4、坑底长径 1.7、短径 1.3、坑深 0.2 米。填土为黑褐色，土质较硬。出土有少量泥质灰陶片，可辨器形有陶罐（图八一；彩版一〇，2）。

　　H45　位于 T9 西南部，开口于③层下，被 H35 打破，打破生土。灰坑平面近似椭圆形，直壁平底略弧。坑口长径 2.04、短径 1.35、坑底长径 2、短径 1.36、坑深 0.48 米。填土呈红褐色，土质较松软。出土少量陶片，可辨器形有豆（图八二；彩版一一，2）。

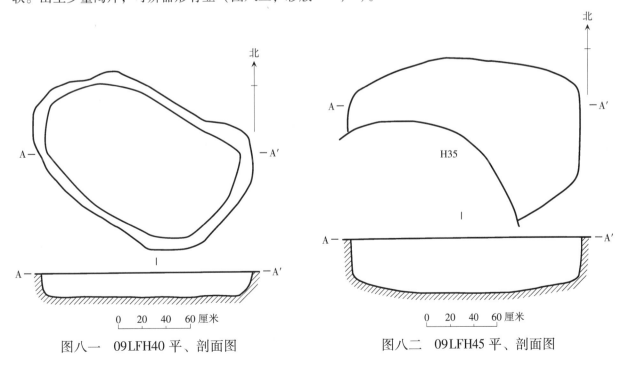

图八一　09LFH40 平、剖面图　　　　　　图八二　09LFH45 平、剖面图

H46　位于 T9 东南部，开口于③层下，被 H13 打破，打破生土。灰坑平面近椭圆形，斜壁，略呈圜底。坑口长径 1.74、宽 1.2、坑深 0.68 米。填土呈灰褐色，土质较松软，包含有少量红烧土及炭粒。无遗物出土（图八三；彩版一一，3）。

H49　位于 T2 中部，开口于③层下，被 G5、H28 打破，同时打破 H66、H67、④层及生土。灰坑平面近椭圆形，直壁平底。坑口长径 3.32、短径 2.66、坑深 0.7 米。填土为灰褐色，土质疏松。出土少量泥质灰陶片，纹饰以绳纹、压印纹居多。另见有砖瓦残片。可辨器形包括深腹盆、陶钵、陶豆（图八四；彩版一一，4）。

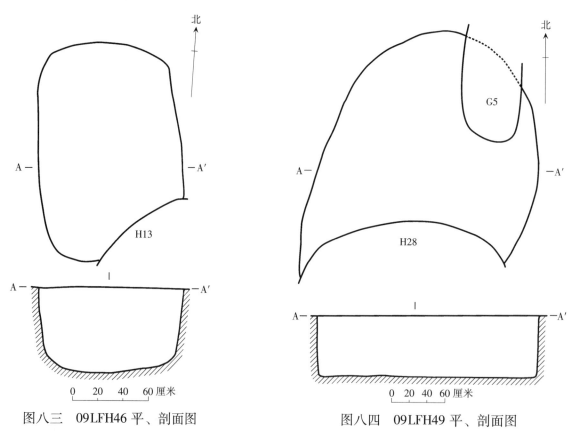

图八三　09LFH46 平、剖面图　　　　图八四　09LFH49 平、剖面图

H47　位于 T9 东南部，开口于②层下，打破③层及生土。灰坑平面近椭圆形，微斜壁弧收，平底。坑口长径 1.4、短径 0.8、坑底长径 1.28、短径 0.66、坑深 0.75 米。填土呈红褐色，土质较松软，包含有大量红烧土及炭粒。无遗物出土（图八五）。

H54　位于 T11 中部，开口于②层下，被 H33 打破，打破③层及生土。灰坑揭露部分平面近半椭圆形，弧壁内收，圜底。坑口残长 0.9、宽 1、坑深 0.52 米。填土呈黑灰色，土质较疏松。出土少量陶片，可辨器形有陶豆（图八六；彩版一二，3）。

3. 长方形（长条形）灰坑，15 个，开口于②层下 9 个，开口于③层下 6 个。

开口②层下的 9 个长方形（长条形）灰坑：

H12　位于 T2 西南部，并向南延伸出发掘区外。开口于②层下，打破③层、④层及生土。清理部分灰坑平面近圆角长方形，直壁平底。坑口长 1.7、宽 0.8、坑深 0.8 米。填土为灰黑色，土质较硬，包含较多灰色炭粒和少量石块。无遗物出土（图八七）。

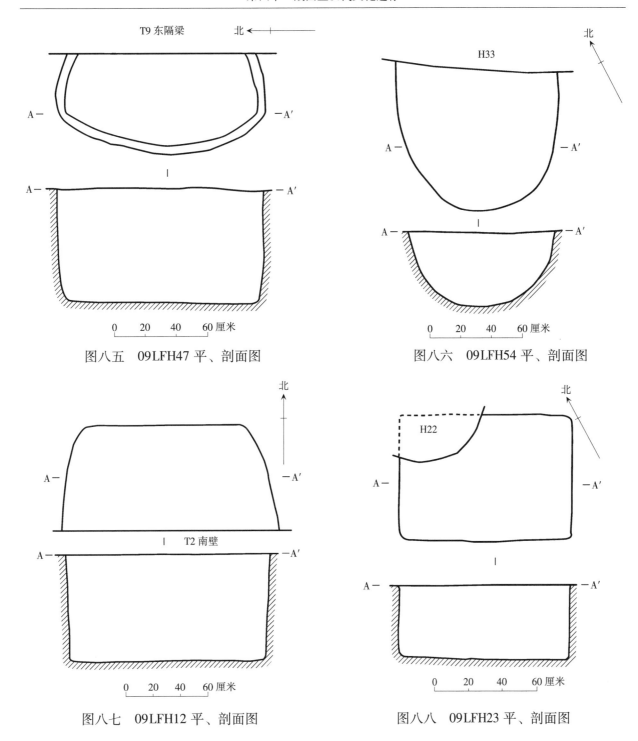

图八五　09LFH47 平、剖面图　　　　　图八六　09LFH54 平、剖面图

图八七　09LFH12 平、剖面图　　　　　图八八　09LFH23 平、剖面图

　　H19　位于 T5 东部，部分叠压在东隔梁下，开口于②层下，打破③层、④层及生土。清理部分灰坑平面呈长条形，直壁微斜，底部南高北低略呈斜坡状。坑口长 3.4、宽 0.66、坑深 0.5 米。填土为黑褐色，土质较硬。出土陶片以泥质灰陶为主，可辨器形包括陶鬲、陶豆，另出土 8 个锥形陶器（图八八）。

　　H23　位于 T7 东北部，开口于②层下，被 H22 打破，打破 H24、③层、④层及生土。灰坑平面近长方形，直壁，底西高东西略呈斜坡状。坑口长 1.05、宽 0.75、坑深 0.45 米。填土为浅灰色，土质疏松。无遗物出土（图八九）。

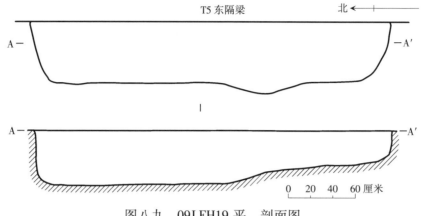

图八九　09LFH19 平、剖面图

H33　位于 T11 东部，开口于②层下，打破 H54、③层及生土。灰坑平面近长方形，直壁平底。坑口长 2.88、宽 2.04、坑深 0.48～0.52 米。坑内填土为黄色胶泥土，夹杂大量石块和炭粒。出土遗物有铁铲 1 件、五铢钱 3 枚及少量陶片（图九〇；彩版八，4）。

H56　位于 T16 西部，开口于②层下，打破③层及生土。灰坑平面呈长条形，直壁平底。坑口长 1.78、宽 0.78、坑深 0.32 米。填土为黑褐色，土质疏松。出土少量泥质灰陶片，纹饰多为绳纹（图九一；彩版一三，3）。

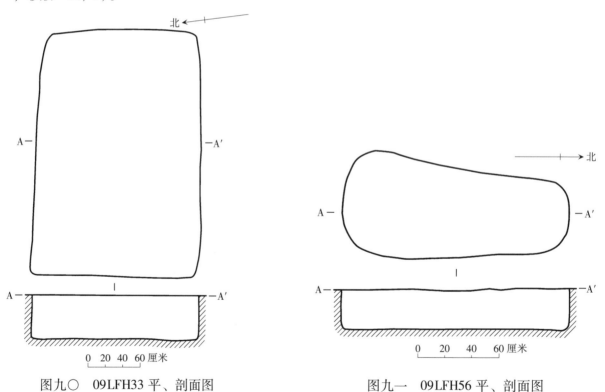

图九〇　09LFH33 平、剖面图　　　　　　　图九一　09LFH56 平、剖面图

H58　位于 T18 北部，开口于②层下，打破③层及生土。灰坑平面呈长条形，斜壁平底。坑口长 2.38、宽 1、坑底长 1.96、宽 0.9、坑深 0.58 米。填土为黑褐色，土质较硬，包含少量炭粒。出土少量泥质灰陶片及板瓦残片，瓦片饰以细绳纹（图九二；彩版一三，4）。

H63　位于 T14 中部，开口于②层下，被 H61 打破，打破院墙、③层及生土。灰坑平面呈长条形，斜壁平底。坑口长 2.2、宽 1.2、坑底长 1.7、宽 1.15、坑深 1.12 米。填土为灰褐色，土质疏松，包含较多炭粒、烧土块。填土中出土少量陶片，多为泥质灰陶，纹饰多为绳纹，可辨器形有深腹盆（图九三；彩版一四，4）。

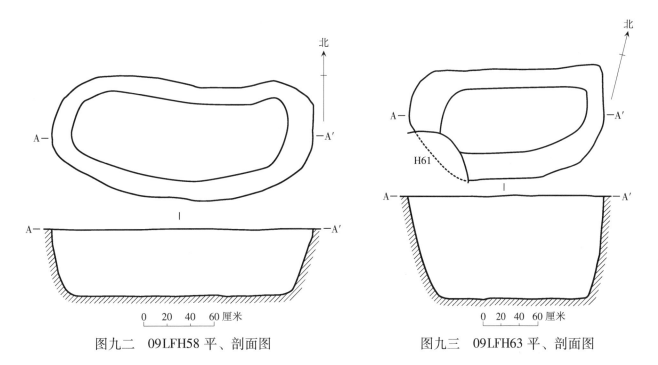

图九二　09LFH58 平、剖面图　　　图九三　09LFH63 平、剖面图

H80　位于 T13 东北角，部分叠压于东隔梁及北隔梁下。开口于②层下，打破③层及生土。灰坑平面近长方形，直壁平底。坑口长 2、宽 1.7、坑深 0.74～0.76 米。填土为红褐色，土质疏松，包含大量红烧土和炭粒。出土遗物包括大量陶器残片、少量动物骨骼及蚌壳等。陶片纹饰有绳纹、方格纹等，可辨器形有陶盆和陶豆，其中有 1 件可复原陶盆（图九四）。

H83　位于 T18 北部，开口于②层下，打破③层及生土。灰坑平面呈长条形，直壁平底。坑口长 3、宽 1～1.72、坑深 0.34 米。填土为黑褐色，土质疏松。填土中出土少量泥质灰陶残瓦，饰以绳纹（图九五）。

开口③层下的长方形（长条形）灰坑 6 个：

H9　位于 T2 东部，开口于③层下，打破④层生土。灰坑平面近圆角长方形，直壁平底。坑口长 1.24、宽 0.7～0.85、坑深 0.8 米。填土为黄褐色，土质疏松，填土内包含有少量石块。出土零星蚌壳碎块，未发现其他遗物（图九六；彩版五，4）。

H15　位于 T10 中部，开口于③层下，打破生土。灰坑平面近长方形，直壁平底。坑口长 2.06～2.08、宽 1～1.26、坑深 0.96 厘米。坑内填黄褐色土，土质疏松。无遗物出土（图九七；彩版六，3）。

H18　位于 T10 东部，开口于③层下，打破生土。灰坑平面近弧角长方形，斜壁平底。坑口长 2.68、宽 1.12、坑底长 2.42、宽 0.94、坑深 0.43 米。填土呈黄褐色，土质疏松，包含有红烧土块和炭粒。出土少量陶片（图九八；彩版六，4）。

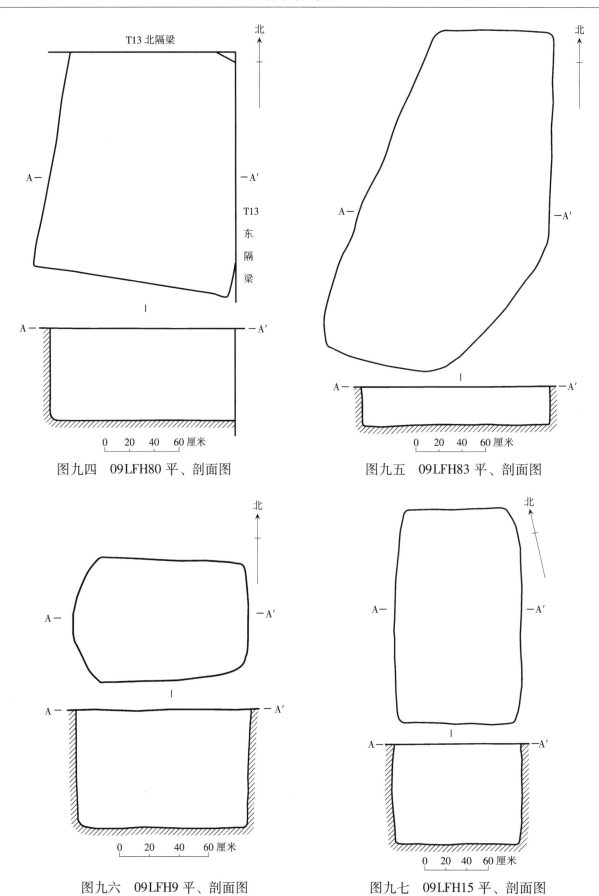

图九四　09LFH80 平、剖面图

图九五　09LFH83 平、剖面图

图九六　09LFH9 平、剖面图

图九七　09LFH15 平、剖面图

　　H24　位于 T7 东北部，部分叠压在东隔梁下。开口于③层下，被 H23 打破，打破④层及生土。清理部分灰坑平面为近长方形，斜壁平底。坑口长 2.3、宽 0.85～1.05、坑底长 2.24、宽 0.76～0.97、坑深 0.6 米。填土为浅灰色，土质疏松。无遗物出土（图九九）。

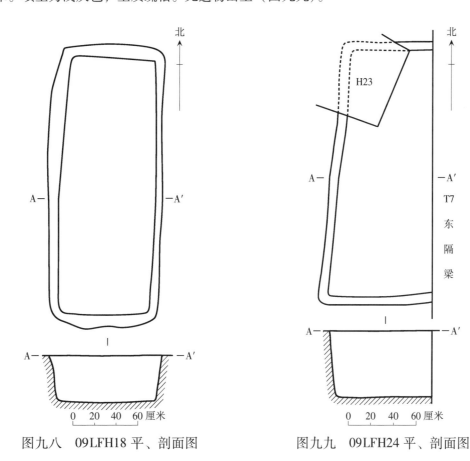

图九八　09LFH18 平、剖面图　　　　　　　图九九　09LFH24 平、剖面图

　　H48　位于 T7 东南部，部分叠压在 T3 北隔梁下，开口于③层下，打破④层及生土。灰坑平面近长方形，直壁，底部南低北高。坑口长 1.25、宽 1.2、坑深 0.42 米。填土为红褐色，土质疏松。出土少量泥质灰陶片，可辨器形有陶豆（图一〇〇）。

　　H65　位于 T7 西部，开口于③层下，被 H6 打破，打破④层及生土。灰坑平面近长方形，直壁平底。坑口长 2.5、宽 2.2、坑深 0.8 米。填土为深褐色，土质疏松。出土有少量泥质灰陶片，多为素面，少数饰绳纹。另出土 1 件锥形陶器和 1 件蚌刀（图一〇一；彩版一五，2）。

　　4. 不规则形灰坑 3 个，开口于②层下 2 个，开口于③层下 1 个。

　　开口②层下的 2 个不规则灰坑：

　　H70　位于 T20 东北部，开口于②层下，打破③层及生土。灰坑平面形状不规则，直壁平底。坑口最长 3.45、最宽 1.8、坑深 0.7 米。填土为黄褐色，土质疏松。填土中出土陶片、筒瓦残片及砖块。陶片多为饰绳纹泥质灰陶残片，并有少量泥质红陶残片，出土可复原陶盆 2 件（图一〇二）。

　　H79　位于 T13 西南部，开口于②层下，打破③层及生土。灰坑平面形状不规则，直壁平底。坑口长 1.66、宽 1.49、坑深 0.72～0.78 米。填土呈红褐色，土质疏松，包含大量红烧土和炭粒。出土少量陶片，可辨器形有陶豆（图一〇三）。

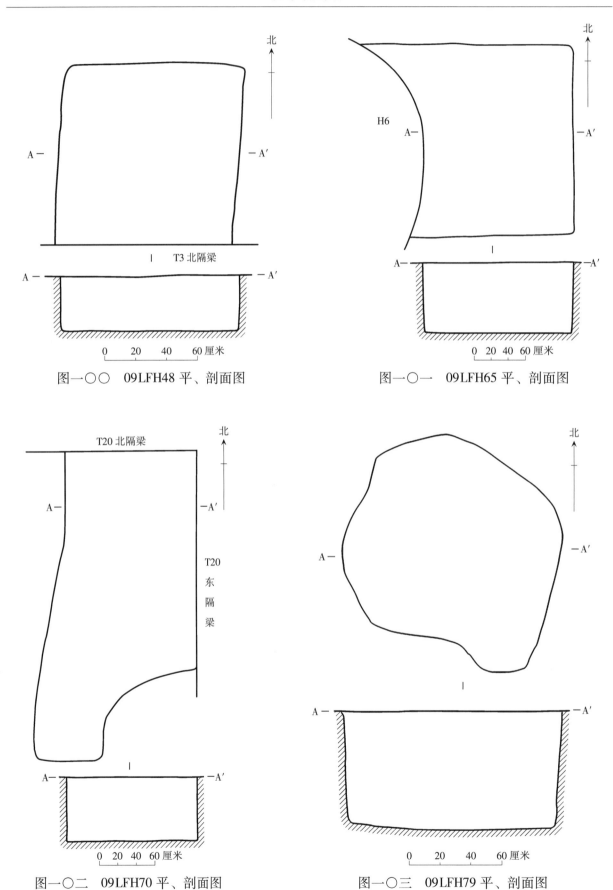

图一〇〇　09LFH48 平、剖面图

图一〇一　09LFH65 平、剖面图

图一〇二　09LFH70 平、剖面图

图一〇三　09LFH79 平、剖面图

开口③层下的不规则灰坑 1 个：

H43　位于 T7 中部，开口于③层下，打破④层及生土。灰坑平面形状不规则，斜壁，底部凹凸不平，北部深南部浅。坑口长 3.3、宽 2.4、坑深 0.4 米。填土为红褐色，土质疏松。出土有少量泥质灰陶片，可辨器形有陶鬲和陶豆（图一〇四；彩版一〇，4）。

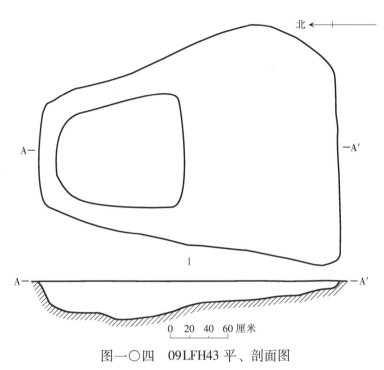

图一〇四　09LFH43 平、剖面图

五　灰沟

清理战国至汉代灰沟 5 条，平面形状呈长条形，均开口于②层下。灰沟形状不规整，沟底多凹凸不平，出土遗物较少，推测用途多为排水沟或取土形成的灰沟。

下面依次对各条灰沟进行介绍：

G1　位于 T16 北部和 T20 南部，南北走向。开口于②层下，被 H62 打破，打破③层及生土。灰沟平面呈长条形，南宽北窄，直壁，底部不平整，西高东低。沟口长 5.7、宽 0.75～1.53、沟深 0.46～0.5 米。填土呈黑灰色，土质疏松，包含有少量红烧土块及炭粒。出土遗物有泥质灰陶残片和砖瓦残片，多饰以绳纹、网格纹及压印纹（图一〇五）。

G2　位于 T16 北部和 T20 南部，南北走向。开口于②层下，打破③层及生土。灰沟平面呈长条形，南宽北窄。直壁，底部不平整，西高东低。沟口长 8.9、宽 1.3～2.2、沟深 0.51～0.67 米。填土为黄褐色，土质疏松，包含大量红烧土、炭粒及石块。出土遗物包括陶片、铜钱、铁箭镞等。陶片多为泥质灰陶，少量为泥质红陶和夹砂陶片，可辨器形有陶盆、陶罐，出土铜钱为五铢钱（图一〇六；彩版一七，3）。

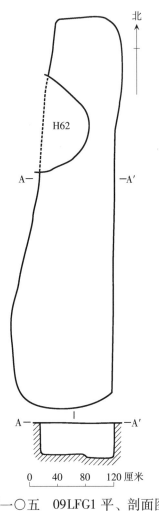

北

H62

A —   — A′

A —   — A′

0 40 80 120 厘米

图一〇五 09LFG1 平、剖面图

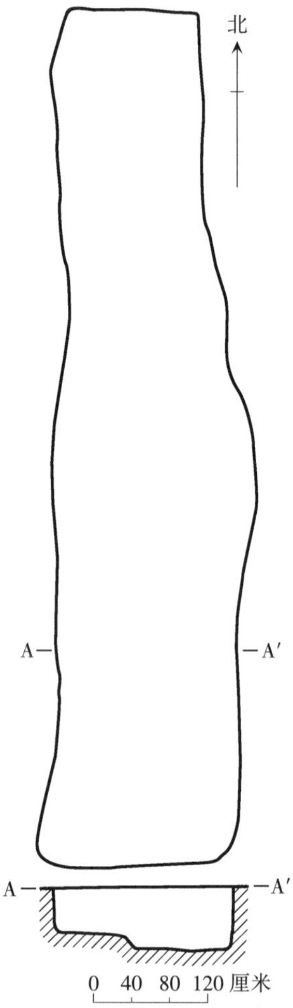

北

A —   — A′

A —   — A′

0 40 80 120 厘米

图一〇六 09LFG2 平、剖面图

G3 位于 T3 西部、T4 东北部及 T8 东南部。开口于②层下，打破 H26、H82、③层、④层及生土。灰沟平面呈不规则曲尺形，直壁，沟底不平整，南北向部分西侧有一生土台，东西向部分南侧有一生土台，中部较为低洼。沟口长 6.24、宽 0.58 ~ 2.84、沟深 0.3 ~ 1.2 米。填土为黑褐色，土质疏松。出土遗物较为丰富，有陶片、蚌壳及兽骨等。陶片以灰陶为主，有少量黑陶，多素面，可辨器形包括陶豆、陶盆、陶鬲、锥形陶器等（图一〇七）。

G4 位于 T13 中部，南北走向。开口于②层下，被 H79 打破，打破③层及生土。灰沟平面呈不规则长条形，直壁平底。清理部分长 5.45、宽 0.9 ~ 2.2、深 0.64 米。填土为黑褐色，土质疏松，包含少量红烧土和炭粒。出土遗物有陶片、蚌壳等，陶片多为素面，少数有绳纹，无可辨器形（图一〇八）。

G5 位于 T2 北部，南北走向。开口于②层下，打破③层、H49、H67 及④层。灰沟平面呈长条形，直壁近平底，沟口长 2.12、宽 0.3 ~ 0.6、沟深 0.16 米。填土为黑灰色，土质较疏松，沟内铺有叠压状排列的板瓦，板瓦规格为 31 × 42 厘米，正面饰有布纹或绳纹（图一〇九）。

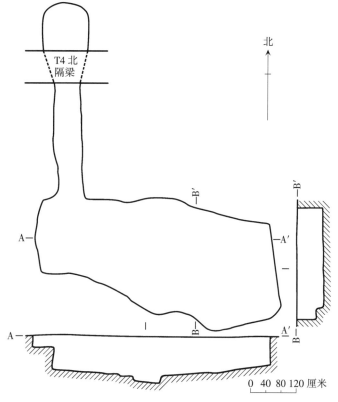

图一〇七　09LFG3 平、剖面图

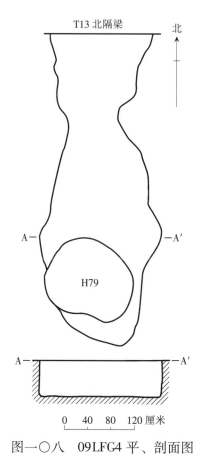

图一〇八　09LFG4 平、剖面图

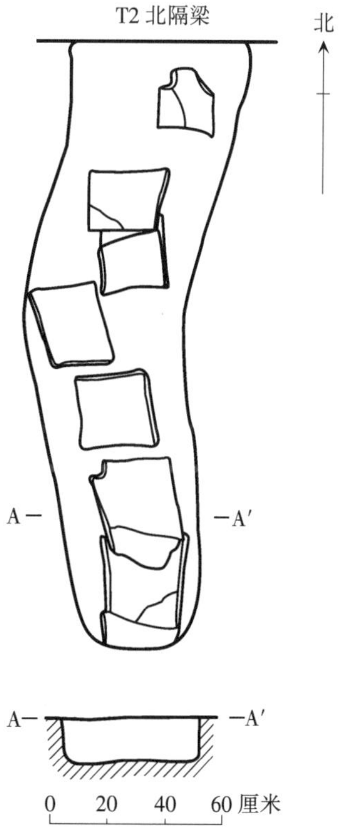

图一〇九　09LFG5 平、剖面图

第二节　遗物

战国至汉代文化遗存是方等遗址的主体部分，出土遗物最为丰富，按质地可分为陶器、石器、骨器、蚌器、铜器、铁器等六类。其中陶器数量最多，石器、骨器、蚌器、铜器、铁器等数量均较少，下面对各类遗物依次进行介绍。

一　陶器

该时期出土陶器可分为生活用具、生产工具、建筑材料等三大类，大多出土于灰坑中，少数发现于地层、房址、水井、灰沟及墓葬中。

生活用具的器物种类主要有罐、盆、鬲、钵、豆、釜、瓮、杯等。质地可分为泥质、夹砂、夹蚌等三类，泥质陶数量最多。陶色可分为灰陶、红陶、黑陶等三类，灰陶数量最多，红陶数量较少，仅有个别黑陶。陶质、陶色与陶器功能相关，陶釜多为夹蚌红陶，陶炉多为夹蚌或夹砂红陶，陶钵多为泥质红陶，少量为夹蚌红陶，其余器类以泥质灰陶占绝大多数。器体以素面为主，纹饰以绳纹最为普遍，另见有部分弦纹、篮纹、刻划纹、戳印纹等。盆下腹常施斜向绳纹，罐、深腹盆、瓮类器物上纹饰较为丰富，多呈带状环绕肩部、腹部，有各式梳齿纹带、弦纹带、网格纹带、针刺纹带、菱形纹带等。大多数器类，如盆、瓮、釜等，都是轮制。多数器物都有轮制弦纹，或特意加修的沟状弦纹等。

生产工具主要有陶纺轮、陶拍，数量很少，纺轮均用泥质陶片磨制而成，陶拍仅一件，上有密集凹点纹，应是制陶工具。另有不明用途的陶饼、陶球、锥形陶器等也在此节进行介绍。

建筑材料主要是瓦、瓦当和青砖，房址发现有大量砖瓦，灰沟、灰坑、水井内也发现少量建筑材料。瓦均为泥质灰陶，板瓦发现较多，筒瓦很少，瓦面饰有绳纹、刻划纹、布纹、弦纹及箆点纹等纹饰。瓦当也为泥质灰陶，多为云纹瓦当，模制，另发现一块文字瓦当，可见"央"字。方砖同样为泥质灰陶，少数饰有细绳纹。

（一）生活用具

1. 陶罐数量较多。大多数为泥质陶，个别为夹砂陶；灰陶最多，少数为红陶或黑陶。多饰有绳纹。均为残片，无可复原器物。根据器物口沿及器体差异，可分为五型。

A 型　平折沿或折沿略向下斜，直口微敞，颈部较高。

标本 H17：11，泥质灰陶。直口微敞，方唇，斜折沿外倾，较为宽平，束颈斜直，鼓肩。肩以下残缺。颈部素面抹光，肩部饰有细绳纹。残长 8、残高 10 厘米（图一一〇，1）。

标本 H28：8，泥质灰陶。直口微敞，尖圆唇，宽平折，沿面有凹槽，直颈略弧，鼓肩。肩以下残缺。颈部抹平，以下饰细绳纹。口径 25、残高 11.2 厘米（图一一〇，2）。

标本 H35：3，夹砂灰陶。直口，方唇，平沿，沿面上有二周凹槽，直颈，微鼓肩。肩以下残缺。颈部抹平，以下饰细绳纹。口径 28、残高 8 厘米（图一一〇，3）。

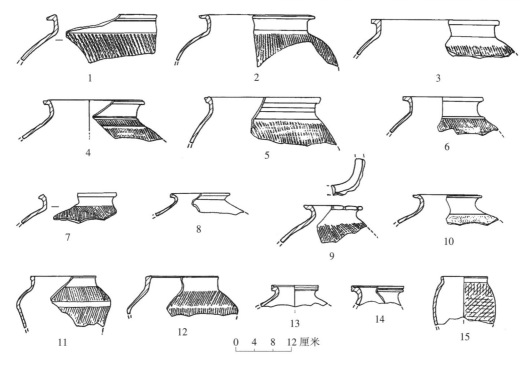

图一一〇　09LF 战国至汉代陶罐

1~7. A 型罐（H17∶11、H28∶8、H35∶3、H36∶1、H71∶3、H75∶3、T5③∶2）　8~10. B 型
罐（H28∶15、H67∶2、H75∶4）　11、12. C 型罐（M1∶2、H17∶12）　13、14. D 型罐（G2∶
9、T12③∶5）　15. E 型罐（H7∶22）

标本 H36∶1，泥质灰陶。敞口，方唇，折沿中间有凹槽一周，束颈细长，广肩明显。肩以下残
缺。肩上部饰凹弦纹一周，以下饰弦断绳纹。口径 22、残高 7.5 厘米（图一一〇，4）。

标本 H71∶3，夹砂灰陶。直口微敞，平折沿，方唇，直颈微斜，溜肩，肩以下残缺。颈部抹平，
饰弦纹两周，以下饰细绳纹。口径 25、残高 10.5 厘米（图一一〇，5）。

标本 H75∶3，泥质灰陶。直口，方唇，直颈，鼓肩。肩以下残缺。肩部饰弦纹一周，以下饰绳
纹。口径 18、残高 7 厘米（图一一〇，6）。

标本 T5③∶2，泥质灰陶。直口微侈，方唇，束颈，鼓肩。颈部抹平，以下饰细绳纹。肩以下残
缺。残长 8.4、残高 5.6 厘米（图一一〇，7）。

B 型　斜折沿，敞口，束颈。

标本 H28∶15，夹蚌红陶。敞口，方唇，束颈内弧，颈较短，广肩。肩以下残缺。通体素面。口
径 13、残高 4.8 厘米（图一一〇，8）。

标本 H67∶2，泥质灰陶。花边口，口外敞，尖圆唇，束颈内弧，广肩，肩以下残缺。颈部抹平，
以下饰细绳纹。口径 12.5、残高 9 厘米（图一一〇，9）。

标本 H75∶4，泥质灰陶。敞口，尖唇，束颈内弧，广肩较甚。肩部饰篮纹，肩以下残缺。口径
15.2、残高 6 厘米（图一一〇，10）。

C 型　直口，高领，肩腹部有明显曲折。

标本 M1∶2，泥质黑陶。直口，窄沿微凸，方唇，直颈微弧，鼓肩，斜腹，肩腹处折曲，最大径在肩
腹处。器底残缺。肩腹折曲处饰弦纹，余部饰有细绳纹。口径 14、残高 11.2 厘米（图一一〇，11）。

标本 H17:12，泥质灰陶。直口微敛，方唇，颈部素面抹光，直颈微弧，肩斜平，肩腹处折曲，最大径在肩腹处，肩以下残。颈部、肩腹折曲处素面抹光，余部饰有断绳纹。口径 16、残高 8 厘米（图一一○，12）。

D 型　盘口，口沿较窄，唇部有凹槽。

标本 G2:9，泥质红陶。方唇，唇部有凹槽，颈较短，广肩较甚。肩以下残缺。通体素面。口径 10、残高 5.4 厘米（图一一○，13）。

标本 T12③:5，泥质红陶。口微敞，方唇，唇部有凹槽，平沿微折，束颈，颈以下残缺。通体素面。口径 11.6、残高 4 厘米（图一一○，14）。

E 型　器形较小。标本 H7:22，夹砂红褐胎黑皮陶。尖唇，侈口，束颈，溜肩，弧腹内收。器底残缺。器身饰网格纹。口径 10、腹径 13.6、残高 10 厘米（图一一○，15）。

2. 深腹盆　数量较多。多为泥质灰陶，少量为泥质黑陶和夹砂灰陶。敞口，折沿，束颈。根据腹部形状可以分为三式。

Ⅰ式　束颈较矮，弧腹。

标本 H22:1，泥质灰陶。敞口，方唇，平折沿外端上翘，颈部内外起一道凸棱，束颈，弧腹内收。器底残缺。腹部饰两周压印菱格纹纹带。口径 43、残高 18 厘米（图一一一，1）。

标本 H26:7，泥质灰陶。器形宽大。敞口，圆唇，折沿外端上翘，下沿稍内卷，束颈，溜肩，弧腹内收。器底残缺。颈部饰弦纹两周，腹部压印菱形方格纹。内壁饰数周凹弦纹。口径 52、残高 14 厘米（图一一一，2）。

标本 H26:8，泥质灰陶。敞口，圆唇，宽平沿外端上翘，下沿内卷，束颈，腹微鼓，弧腹内收。器底残缺。上腹部饰弦纹数周，以下施纵绳纹和交错绳纹。内壁饰数周凹弦纹。口径 46、残高 16 厘米（图一一一，3）。

标本 H32:2，泥质灰陶。敞口，圆唇，宽折沿略弧，折沿外端上翘，弧腹内收。器底残缺。颈部饰有平行凹弦纹，腹部饰有压印菱形方格纹带。口径 48、残高 21 厘米（图一一一，4）。

标本 H32:3，泥质灰陶。敞口，方唇，平折沿，折棱明显，束颈较长，腹微鼓，弧腹内收。器底残缺。颈部素面抹光，腹部饰有弦断绳纹。口径 34、残高 15.6 厘米（图一一一，5）。

标本 H49:2，泥质灰陶。敞口，圆唇，折沿外端上翘，下沿稍内卷，沿较宽，束颈，直腹微鼓。器底残缺。肩部饰有两周凹弦纹，腹部施菱形方格纹带。内壁有折棱一周，折棱明显。口径 50、残高 14 厘米（图一一一，6）。

标本 H67:1，泥质灰陶。侈口，折沿外端上翘，下沿稍内卷，厚圆唇，束颈，溜肩，下腹部弧腹内收。器底残缺。沿面有一凹槽，颈部饰数周暗弦纹，上有一圆孔，腹部饰数周戳印纹及戳点纹带。口径 52、残高 25 厘米（图一一一，7）。

标本 H70:3，泥质灰陶。敞口，圆唇，平折沿，折沿外端上翘，下沿微卷，沿面有一道凹槽，直颈微束，颈较长，腹微鼓。腹以下残缺。颈部饰有凹弦纹，腹部饰有压印斜线纹带。口径 36、残高 11.5 厘米（图一一一，8）。

标本 H80:3，泥质灰陶。器形较大。敞口，圆唇，折沿外端上翘，束颈，弧腹内收。器底残缺。肩部饰凹弦纹和细绳纹，腹部压印有斜线方格纹带。口径 52、腹径 48、残高 18 厘米（图一一一，9）。

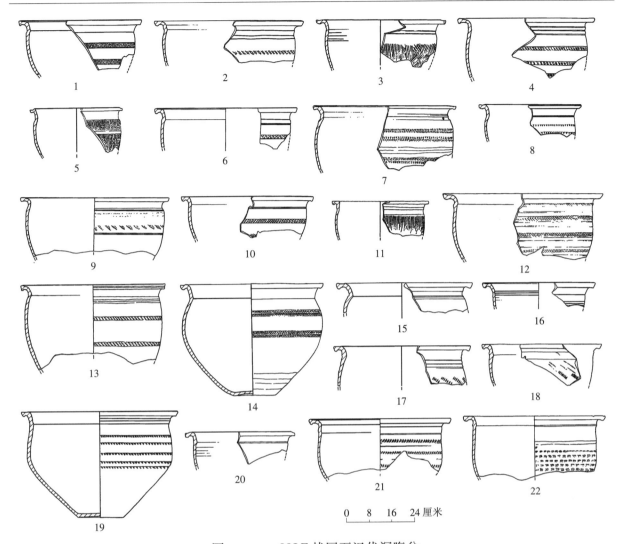

图一一一　09LF 战国至汉代深腹盆

1～13. Ⅰ式深腹盆（H22：1、H26：7、H26：8、H32：2、H32：3、H49：2、H67：1、H70：3、H80：3、G5：1、
T1③：37、T2③：6、T7③：5）　14、15. Ⅱ式深腹盆（H26：3、H70：4）　16～22. Ⅲ式深腹盆（H14：3、G5：2、
G2：5、F3：5、G2：7、F2：1、F3：9）

标本 G5：1，泥质灰陶。器形较大。方唇，平折沿，折沿外端上翘，下沿稍内卷，微束颈，上腹较直，下腹弧收。器底残缺。腹部饰数两周压印菱形网格纹带。口径46、残高12.5厘米（图一一一，10）。

标本 T1③：37，夹砂灰陶。直口微敛，厚圆唇，平折沿，下沿内卷，直颈微曲，腹微鼓，下腹弧腹内收。器底残缺。颈部饰三周弦纹，以下施细绳纹。口径34、残高12.4厘米（图一一一，11）。

标本 T2③：6，泥质灰陶。器形较大。敞口，尖圆唇，折沿外端上翘，下沿稍内卷，束颈，腹部微鼓，下腹部弧腹内收。器底残缺。颈部饰有一周斜线纹，腹部间隔饰有凹弦纹和折线纹，颈部内外壁各有折棱一周，折棱明显。口径52、残高22厘米（图一一一，12）。

标本 T7③：5，泥质灰陶，侈口，方唇，折沿外端上翘并起棱，下沿内卷，束颈，弧腹内收。器底残缺。口沿内侧起一道凸棱，颈部饰有平行凹弦纹，腹部饰有压印几何纹带。器体厚重。口径50、腹径48、残高28厘米（图一一一，13）。

Ⅱ式　束颈变长，鼓腹。

标本 H26：3，器形较大。泥质灰陶。敞口，厚方唇，折沿外端上翘，下沿内卷，沿较厚。斜直颈内束，鼓肩，腹最大径近中，下腹呈圆弧形，下腹斜直内收，平底略内凹。口径与底径比差较大。颈部饰有平行凹弦纹，内壁素面，外壁上腹部饰有折弧纹，外壁下腹部素面抹光。口径 50、腹径 47.2、底径 15 厘米，高 38 厘米（图一一一，14）。

标本 H70：4，泥质灰陶。敞口，口较大，方圆唇，折沿外端上翘，下沿内卷，沿较厚。斜直颈内束，鼓肩。肩以下残缺。沿面有一道凹槽，口沿内侧起一道凸棱，颈部饰有平行凸线纹。口径 48、残高 10 厘米（图一一一，15）。

Ⅲ式　束颈变得不明显，上腹斜直，腹部有明显转折。

标本 F3：5，陶盆，泥质灰陶，器形较大。敞口，方唇，折沿外端上翘，下沿内卷，束颈，溜肩，曲腹，腹最大径近中，下腹斜直内收，小平底略内凹。口径与底径比差较大。颈部饰有凹弦纹，内壁素面，外壁上腹部饰有五周压印斜线纹，外壁下腹部素面磨光。口径 54.5、腹径 50、底径 16、高 36 厘米（图一一一，19）。

标本 F2：1，泥质灰陶。微敛口，厚圆唇，宽折沿，沿面外端上翘并起棱，口沿内侧起一道凸棱，微束颈，腹微鼓。器底残缺。颈部饰有平行凹弦纹，腹部饰有压印斜线纹，间有弦纹。器体厚重。口径 50、残高 20 厘米（图一一一，21）。

标本 F3：9，泥质灰陶。敞口，厚圆唇，宽折沿，折沿外端上翘，下沿稍内卷，颈部内外壁起一道凸棱，上腹略直，下腹部弧腹内收。器底残缺。颈部饰有凸弦纹，腹部饰有压印几何纹。器体厚重。口径 50、腹径 44、残高 21 厘米（图一一一，22）。

标本 G5：2，泥质灰陶。厚方唇，宽折沿，折沿外端上翘，下沿内卷，束颈，溜肩，弧腹。腹以下残缺。颈部饰数周凸弦纹，腹部饰有戳印纹。口径 48.4、残高 12.5 厘米（图一一一，17）。

标本 H14：3，泥质黑陶。敞口，圆唇，宽折沿，折沿外端上翘，下沿稍内卷，上腹略直。腹以下残缺。器体饰有数周凹弦纹。口径 40、残高 7.5 厘米（图一一一，16）。

标本 G2：5，泥质灰陶。圆唇，折沿外端上翘，下沿稍内卷，束颈，直腹微鼓。腹以下残缺。颈部内外壁有凸棱和穿孔一个，腹部外壁饰戳印纹。口径 42、残高 13.6 厘米（图四三，18）。

标本 G2：7，泥质灰陶。敞口，卷沿，沿面有凹槽，方唇，腹微弧。腹以下残缺。腹部饰数周暗弦纹。口径 38、残高 11 厘米（图一一一，20）。

3. 陶盆　数量较多，主要为泥质灰陶，另有少量夹砂灰陶、泥质红陶。器腹下部常饰有斜向绳纹。根据形体大小可分为两型。

A 型　小型盆。根据腹部情况分为两个亚型。

Aa 型　弧腹，据口沿不同分 3 式。

Ⅰ式　折沿斜向上。

标本 H70：1，泥质灰陶。直口，方唇，宽折沿，沿面外端上翘，浅腹微鼓，弧腹内收，平底。通体素面，有数圈加工时的弦纹痕迹。口径 25、底径 13.5、高 10 厘米（图一一二，1；彩版二一，1）。

标本 G2：14，泥质灰陶。微敛口，方唇，宽折沿，沿面外端上翘，鼓腹，下腹弧腹内收接平底。通体素面磨光，有数圈加工时的弦纹痕迹。口径 29、底径 14.5、高 12 厘米（图一一二，2；

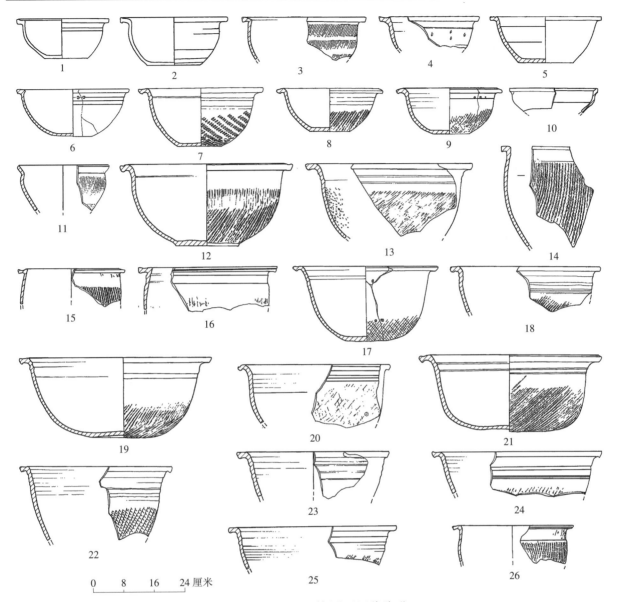

图一一二　09LF 战国至汉代陶盆

1~4. Aa 型 I 式陶盆（H70：1、G2：14、T2③：9、T12③：1）　5、6. Aa 型 II 式陶盆（H70：2、F3：1）　7~9. Aa 型 III 式陶盆（H26：6、J2：1、H80：1）　10、11. Ab 型陶盆（G2：8、T1③：38）　12~16、26. B 型 I 式陶盆（H32：1、H55：1、H73：1、H71：6、G3：66、H71：4）　17~20. B 型 II 式陶盆（F3：7、G2：6、F3：8、T18③：1）　21~25. B 型 III 式陶盆（F3：6、H7：14、H7：17、T18③：2、J2：11）

彩版二二，2）。

标本 T2③：9，泥质灰陶。敛口，方唇，宽折沿，沿面外端上翘，鼓腹，弧腹内收。器底残缺。颈部和腹部饰细绳纹。口径 32、残高 10.8 厘米（图一一二，3）。

标本 T12③：1，夹砂灰陶。侈口，折沿宽平，方唇，颈微束，斜直腹，略弧。器底残缺。颈部饰弦纹一周，下施少量戳印纹。口径 26、残高 8 厘米（图一一二，4）。

II 式　平折沿。

标本 H70：2，泥质灰陶。敞口，方唇，平折沿，沿面有两周平行凹弦纹，弧腹内收，平底，器底稍厚。内壁饰有平行凹弦纹,外壁素面。口径29.2、底径14、高11.6厘米(图一一二,5;彩版二一,3)。

标本F3:1,泥质红陶。敛口,厚方唇,口沿外折内凹,下腹呈圆弧形,颈部有两个修复孔,内收接平底。内壁素面,外壁上腹部饰有数周平行凸弦纹,外壁下腹部素面抹光。口径29.2、底径9.4、高12厘米(图一一二,6;彩版二〇,1)。

Ⅲ式 折沿外翻。

标本H26:6,泥质灰陶。敞口,圆唇,平折沿,沿面有一道凹槽,下沿面微内卷,弧腹接平底,平底。口沿内侧起一道凸棱,内壁素面,外壁上腹部饰有两道凸棱,下腹部饰有戳印纹。口径32.5、底径10.4、高14厘米(图一一二,7;彩版二二,1)。

标本J2:1,泥质灰陶。敞口,圆唇,折沿外翻,弧腹较浅,平底略内凹。内壁素面,外壁上腹部饰有平行凹弦纹,外壁下腹部饰有斜绳纹。口径27.5、底径10、高10.8厘米(图一一二,8;彩版二一,2)。

标本H80:1,泥质灰陶。敞口,厚圆唇,折沿外翻,弧腹较浅,颈部有两个修复孔,平底。口沿内侧起一道凸棱,内壁饰有数周平行凹弦纹,外壁上腹部素面抹光,外壁下腹部饰有交错绳纹。口径28.5、底径10.5、高11.5厘米(图一一二,9)。

Ab型 折腹。

标本G2:8,泥质红陶。尖唇,侈口,束颈,折腹,下腹斜直内收。器底残缺。颈部内壁折棱明显。口径23.5、残高6.5厘米(图一一二,10)。

标本T1③:38,夹砂灰陶。侈沿,方唇。上腹略鼓,下腹斜直内收,器底残缺。口部磨光,以下饰绳纹。口径24、残高11.5厘米(图一一二,11)。

B型 大型盆。依据腹部形状分为3式。

Ⅰ式 腹部略鼓。

标本H32:1,泥质灰陶。圆唇,唇部有一凹槽,折沿外翻,沿面上有一圈凹槽,直颈,弧腹内收,器底较厚,略起假圈足。上腹部饰竖绳纹带,下腹部饰斜绳纹。口径45、高21厘米(图一一二,12;彩版二二,4)。

标本H55:1,泥质灰陶。厚圆唇,折沿,沿面较宽平,下沿内卷,颈微束,弧腹内收。器底残缺。颈部饰数周凸弦纹,腹部饰斜弦纹,内腹饰凹点纹。口径45、残高19厘米(图一一二,13)。

标本H71:4,泥质黑陶。直口微敞,方唇,斜折沿,微束颈,腹微鼓,斜收。腹部饰纵细绳纹。口径32、残高11厘米(图一一二,26)。

标本H73:1,夹砂灰陶。方唇,平折沿,束颈,弧腹内收。颈部抹平,以下饰细绳纹。残高26厘米(图一一二,14)。

标本H71:6,夹砂灰陶。敛口,方唇,平折沿,折棱明显,沿面有凹槽,直腹略弧。颈部抹平,以下饰细绳纹。口径28、残高8.8厘米(图一一二,15)。

标本G3:66,泥质灰陶。敛口,方唇,平折沿,直腹略外弧。颈部以下饰有戳印纹。口径37、残高11厘米(图一一二,16)。

Ⅱ式 腹部略弧。

标本 F3：7，泥质灰陶。敞口，方唇，平折沿外端上翘，下沿内侧稍卷，沿面有一道凹槽，弧腹较深，腹部略残，残缝两侧，颈部及下腹分别有做修复用的穿孔，平底。口沿内侧起一道凸棱，内壁上腹部有一凹槽，外壁上腹部素面磨光，外壁下腹部饰有交错绳纹。口径38.2、底径11、高19.2厘米（图一一二，17；彩版二一，4）。

标本 F3：8，泥质灰陶。敞口，方唇，折沿外端上翘，下沿内卷，沿较厚。弧腹内收，平底略内凹。上腹部饰弦纹数周，下腹部施细绳纹。内壁饰数周弦纹。口径50、底径16、高20.5厘米（图一一二，18；彩版二二，3）。

标本 G2：6，泥质灰陶。平折沿，下沿内侧稍卷，微束颈，斜直腹内收。器底残缺。腹部饰有斜线纹，颈部折棱明显。口径40、残高11.8厘米（图一一二，19）。

标本 T18③：1，泥质灰陶。敞口，卷沿，圆唇，弧腹内收。器底残缺。下腹部有一穿孔。外壁腹部饰交错绳纹，内壁饰凹弦纹数周。口径38、残高15厘米（图一一二，20）。

Ⅲ式　斜直腹。

标本 F3：6，泥质灰陶。敞口，厚方唇，折沿，沿面有一道凹槽，下沿内卷，弧腹较浅，平底略内凹。口沿内侧两道凸棱，内壁饰有凹点纹，外壁颈部饰有弦纹，以下饰斜绳纹。器体厚重。口径48、底径20、高19.5厘米（图一一二，21）。

标本 H7：14，泥质灰陶。方唇，宽折沿，侈口，直腹斜收，腹稍深。器底残缺。颈部饰数周凹弦纹，腹部饰交错绳纹。口径40、残高16.5厘米（图一一二，22）。

标本 H7：17，泥质灰陶。敞口，平折沿外侧上翘，下沿内侧稍卷，方唇，直腹斜收。上腹部内外壁饰数周暗弦纹。口径40、残高11.5厘米（图一一二，23）。

标本 T18③：2，泥质灰陶。器形较大。敞口，平折沿外侧上翘，下沿内侧稍卷，方唇，直腹斜收。器底残缺。腹部有凹槽一周。内壁饰五周凹弦纹，外壁颈部饰弦纹数周，以下腹部饰斜绳纹。口径45、残高10.5厘米（图一一二，24）。

标本 J2：11，泥质灰陶。敞口，厚圆唇，平折沿，口沿内侧起两道凸棱，下沿内侧稍卷。直腹斜收。内壁饰有数周凹弦纹，颈部饰有凸弦纹，外壁饰有斜绳纹。口径44、残高10厘米（图一一二，25）。

4. 钵　数量较多。泥质红陶，个别夹蚌红陶。口微敛，束颈，小平底。通体素面抹光，有些可见轮制形成的弦纹，内壁常见凸棱，根据腹部形态分为两型。

A 型　弧腹内收，根据口径与腹径比例分为二式。

Ⅰ式　口径略大于腹径。

标本 H26：1，泥质红陶。钵口，口部略残，尖圆唇，束颈，弧腹内收，平底。内壁有两道凸棱，通体素面抹光。口径25、底径8.8、高10.6厘米（图一一三，1；彩版二〇，2）。

标本 H28：6，泥质红陶。略呈钵口，尖唇，束颈，弧腹内收，底残。颈部凸棱明显，通体素面。口径23、高6.8厘米（图一一三，2）。

标本 H28：7，泥质红陶。钵口，尖唇，束颈，弧腹内收。颈部凸棱明显。器底残缺。通体素面。口径24、高8.2厘米（图一一三，3）。

标本 H32：4，泥质红陶。钵口，尖唇，口微敛，束颈，弧腹内收。器底残缺。颈部内壁折棱明

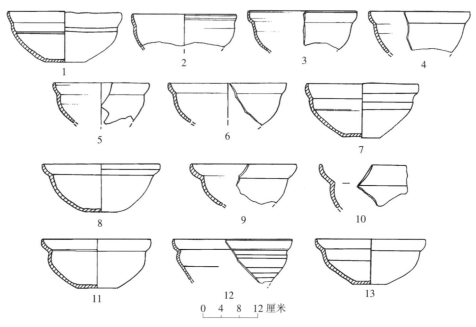

图一一三　09LF 战国至汉代陶钵

1 ~ 7. A 型 Ⅰ式（H26：1、H28：6、H28：7、H32：4、H67：4、H67：5、T17③：1）　8 ~ 10. A
型 Ⅱ式（H28：1、H7：19、H7：20）　　11、12. B 型 Ⅰ式（H26：2、H49：1）　　13. B 型 Ⅱ式
（H14：1）

显。口径 23、残高 10 厘米（图一一三，4）。

　　标本 H67：4，泥质红陶。钵口，尖圆唇，口微敛，束颈，下腹弧收。素面无纹饰，颈部内壁折棱
明显。口径 21、残高 8.8 厘米（图一一三，5）。

　　标本 H67：5，泥质红陶，钵口，尖圆唇，沿面内斜，口略敞，束颈，下腹弧收。器底残缺。素面
无纹饰，内壁折棱明显。口径 26、残高 8.6 厘米（图一一三，6）。

　　标本 T17③：1，泥质红陶。钵口，尖唇，束颈，弧腹内收，平底。内壁饰凸弦纹一周。口径 24.5、
底径 7.5、高 11 厘米（图一一三，7；彩版二〇，3）。

　　Ⅱ式　口径明显大于腹径，束颈明显。

　　标本 H7：19，夹蚌红陶。尖圆唇，钵口，束颈，弧腹内收。颈部折棱明显。器底有烟熏使用痕
迹。口径 23.5、残高 8 厘米（图一一三，8）。

　　标本 H7：20，泥质红陶。尖圆唇，钵口，束颈，弧腹内收。上腹部有一周凹槽，内壁折棱明显。
残长 7.6、残高 8.5 厘米（图一一三，9）。

　　标本 H28：1，泥质红陶。钵口，尖圆唇，束颈，弧腹，平底。通体素面抹光。口径 26、底径 8、
高 10 厘米（图一一三，10；彩版二〇，5）。

　　B 型　腹部有明显折曲，根据口径与腹径比例分为二式。

　　Ⅰ式　口径略大于腹径，腹部折曲位于上部。

　　标本 H26：2，泥质红陶。尖圆唇，钵口，上腹弧曲，下腹斜直，平底。束颈，内壁折棱明显。口
径 24、高 10.4、底径 9.2 厘米（图一一三，11）。

　　标本 H49：1，泥质红陶。钵口，尖圆唇，束颈，上腹弧曲，下腹斜直内收。颈部内壁凸棱明显，内

壁饰有弦纹。口径 26 厘米，残高 9 厘米（图一一三，12）。

Ⅱ式　口径明显大于腹径，腹部折曲位于中下部。

标本 H14：1，泥质红陶。敛口，尖圆唇，束颈，上腹弧曲，下腹斜直，平底。内壁上部饰有一道凸棱。通体素面抹光。口径 24.5、底径 6.5、高 9.5 厘米（图一一三，13；彩版二〇，4）。

5. 陶豆　数量较多。泥质灰陶。斜折腹，下柄中空成喇叭状圈足。完整器较少，多仅存豆盘。通体素面。根据豆盘底部形态分为三式。

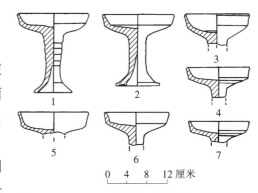

图一一四　09LF 战国至汉代陶豆Ⅰ式
1～7. Ⅰ式陶豆（H71：1、G3：1、H43：2、T1③: 34、T3③: 14、T6③: 4、T8③: 4）

Ⅰ式　底部下凹。

标本 H71：1，泥质灰陶。敞口，尖唇，腹部折棱明显，浅盘，盘底略下凹。细高柄，下柄中空成，豆柄上有三道凸棱，喇叭口底座。通体素面，口径 14、底径 8、高 15.2 厘米（图一一四，1；彩版二三，6）。

标本 G3：1，泥质灰陶，局部呈黑色。敞口，尖圆唇，斜折腹，浅盘，盘底略凹。细高柄，下柄中空成喇叭状圈足，圈足较大。通体素面。口径 14.5、底径 9、残高 13.5 厘米（图一一四，2；彩版二三，4）。

标本 H43：2，泥质灰陶。口沿微敞，尖圆唇，斜折腹。下腹部呈弧形，盘底下凹。仅存豆盘。通体素面。口径 13、残高 5.3 厘米（图一一四，3）。

标本 T1③: 34，泥质灰陶，局部呈黑色。敞口，尖圆唇，斜折腹。下腹部斜直内收。盘底平直略下凹。浅盘，豆柄残。通体素面。口径 12.5、残高 5.6 厘米（图一一四，4）。

标本 T3③: 14，泥质灰陶。敞口，圆唇，斜折腹。盘底下凹呈弧形。仅存豆盘。通体素面。口径 14、残高 4.2 厘米（图一一四，5）。

标本 T6③: 4，泥质灰陶。尖圆唇，敞口，斜折腹接平底，盘底略下凹，盘较浅。残存豆盘、部分豆柄。口径 13、残高 6 厘米（图一一四，6）。

标本 T8③: 4，泥质灰陶。敞口，尖圆唇，斜折腹。下腹部下收呈弧形，豆盘底下凹。仅存豆盘，较浅。通体素面。口径 12、残高 4 厘米（图一一四，7）。

Ⅱ式　底部略下凹。

标本 H82：1，泥质灰陶。敞口，尖圆唇，斜折腹接平底。细高柄，下柄中空成喇叭状圈足，圈足较大。口径 12.5、底径 8.4、高 15 厘米（图一一五，1）。

标本 T1③: 1，泥质灰陶。尖唇，敞口，斜折腹，浅盘，平底略下凹，豆柄细高，圈足残缺。口径 13.5、残高 16 厘米（图一一五，2）。

标本 H17：8，泥质灰陶，敞口，尖圆唇，腹微折内收，浅盘，仅存豆盘及部分豆柄。素面。口径 13、残高 5.8 厘米（图一一五，3）。

标本 H43：3，泥质灰陶。敞口，尖圆唇，斜折腹接平底。浅盘，豆柄残。通体素面。口径 14、残高 5.6 厘米（图一一五，4）。

标本 H57：2，泥质黑陶。尖唇，腹较浅，弧腹内收。器底残缺。通体素面。口径 14、残高 3 厘米

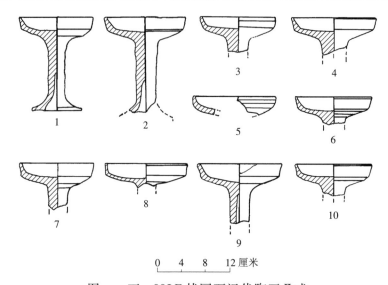

图一一五　09LF 战国至汉代陶豆Ⅱ式

1～10.Ⅱ式陶豆（H82：1、T1③：1、H17：8、H43：3、H57：2、T5
③：1、H73：2、T1③：35、T1③：36、T2③：11）

（图一一五，5）。

　　标本 H73：2，泥质灰陶。尖圆唇，敞口，斜折腹，浅盘，盘底略下凹。内底饰有同心圆纹，圆外饰一周三角连纹。残存豆盘、部分豆柄。口径 12.2、残高 7.4 厘米（图一一五，7）。

　　标本 T1③：35，泥质灰陶，局部呈黑色。直口微敞，方唇，斜折腹接平底。盘底略弧下凹。仅存豆盘，较浅。通体素面。口径 14、残高 3.2 厘米（图一一五，8）。

　　标本 T1③：36，夹砂黑陶，胎呈红褐色。敞口，圆唇，斜折腹，盘底下凹明显。浅盘，豆柄残。通体素面。口径 14、残高 9.5 厘米（图一一五，9）。

　　标本 T2③：11，泥质灰陶。敞口，尖圆唇，斜折腹接豆盘底，底略微不平浅盘，豆柄残。通体素面。口径 13、残高 4.5 厘米（图一一五，10）。

　　标本 T5③：1，泥质灰陶。尖唇，敞口，斜折腹接平底。浅盘。口径 13、残高 4.5 厘米（图一一五，6）。

　　Ⅲ式　底部较平。

　　标本 G3：2，泥质灰陶。敞口，尖圆唇，斜折腹接平底，浅盘，细高柄，下柄中空成喇叭状圈足，圈足较大。通体素面。口径 13.5、底径 9、高 14 厘米（图一一六，1；彩版二三，5）。

　　标本 H17：9，泥质灰陶，敞口，尖圆唇，腹部折棱不明显，浅盘，仅存豆盘及部分豆柄。素面，口径 13、残高 9 厘米（图一一六，2）。

　　标本 H28：16，泥质灰陶。敞口，尖唇，斜折腹接平底。仅存豆盘，较浅。通体素面。口径 13.4、残高 2.4 厘米（图一一六，3）。

　　标本 H49：3，泥质灰陶。敞口，尖圆唇，斜折腹。下腹部略斜直。浅盘，豆柄残。通体素面。口径 14、残高 5.2 厘米（图一一六，4）。

　　标本 H71：2，泥质灰陶。尖唇，敞口，斜折腹，浅盘，平底。口径 14、残高 4.5 厘米（图一一六，5）。

标本 H75：5，泥质灰陶。敞口，尖圆唇，斜折腹接平底。浅盘，豆柄残。通体素面。口径 12.4、残高 4 厘米（图一一六，6）。

标本 T1③：33，泥质灰陶。敞口，方唇，斜折腹接平底。盘底平直。仅存豆盘。通体素面。口径 13.5、残高 6.4 厘米（图一一六，7）。

标本 T3③：13，泥质灰陶。敞口，方唇，斜折腹接平底，腹部折棱明显，盘底略内凹，盘较浅，豆柄仅存小部分。素面。口径 13、残高 5.6 厘米（图一一六，8）。

标本 T9③：4，泥质灰陶。敞口，圆唇，浅盘，仅存豆盘，豆柄残缺。口径 14、残高 4 厘米（图一一六，9）。

6. 陶瓮　数量较少，器体厚重，依据口部大小可分为两型。

A 型　大口瓮。依据口部形态分为 3 式。

Ⅰ式　口部内敛，颈部不明显。

标本 H34：1，夹砂黑陶。直口微敛，平折沿，方唇，颈部不明显，溜肩，鼓腹。腹下残缺。通体饰纵绳纹。口径 20、残高 13 厘米（图一一七，7）。

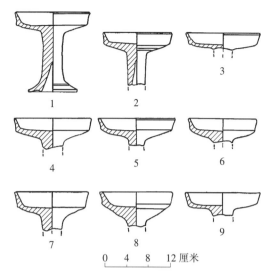

图一一六　09LF 战国至汉代陶豆Ⅲ式

1～9. Ⅲ式陶豆（G3：2、H17：9、H28：16、H49：3、H71：2、H75：5、T1③：33、T3③：13、T9③：4）

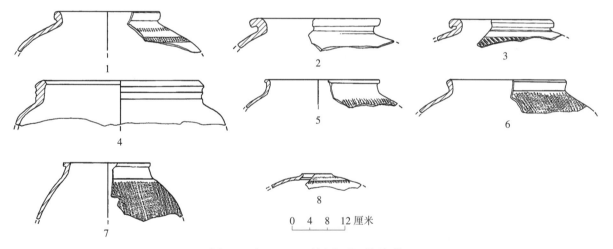

图一一七　09LF 战国至汉代陶瓮

1～3. A 型Ⅲ式陶瓮（T8③：3、G2：11、G2：12）　4～6. A 型Ⅱ式陶瓮（J2：15、H28：11、H28：12）　7. A 型Ⅰ式陶瓮（H34：1）　8. B 型陶瓮（T2③：10）

Ⅱ式　直口，颈部较短。

标本 J2：15，泥质灰陶。直口微敛。厚圆唇，鼓肩。领部有两道凸棱，余部素面。肩以下残缺。口径 36、残高 9.8 厘米（图一一七，4）。

标本 H28：11，泥质灰陶。直口微敞，圆唇，窄沿微凸，颈斜直，鼓肩。肩以下残缺。肩部饰绳纹。口径 28、残高 6 厘米（图一一七，5）。

标本 H28：12，泥质灰陶。直口微侈，方唇，束颈，鼓肩。肩以下残缺。肩部饰交错绳纹。口径

28、残高 7.8 厘米（图一一七，6）。

Ⅲ式　略敞口，束颈明显。

标本 G2∶11，泥质灰陶。敞口，束颈，广肩。肩以下残缺。内壁口沿下部有凹槽（器物图未表现）。口径 29.5、残高 6 厘米（图一一七，2）。

标本 G2∶12，泥质灰陶。口微敞，卷沿，束颈，广肩较甚。肩以下残缺。颈部饰一周凹弦纹，肩部饰戳印纹。口径 24、残高 5.4 厘米（图一一七，3）。

标本 T8③∶3，夹砂灰陶。口微敞，厚圆唇，短颈，鼓肩，肩以下残缺。肩部饰两周方格纹。口径 24、残高 9 厘米（图一一七，1）。

B 型　小口瓮。

标本 T2③∶10，泥质灰陶。唇部残，敛口，束颈，广肩较甚。肩以下残缺。肩部饰戳点纹一周及戳印纹二周。口径 7、残高 3.2 厘米（图一一七，8）。

7. 鬲　7 件，依据口部、颈部形态可分为两型。

A 型　敞口，斜折沿，束颈较长。

Ⅰ式　束颈明显，颈部较高。

标本 H60∶1，夹砂灰陶。圆唇，折沿斜向下，束颈，溜肩，弧腹，最大径在上腹部，矮裆，裆部接三个小袋足，足尖稍外撇。肩部和上腹部饰斜向绳纹，下腹部施交错绳纹。口径 18、高 21 厘米（图一一八，1；彩版二三，1）。

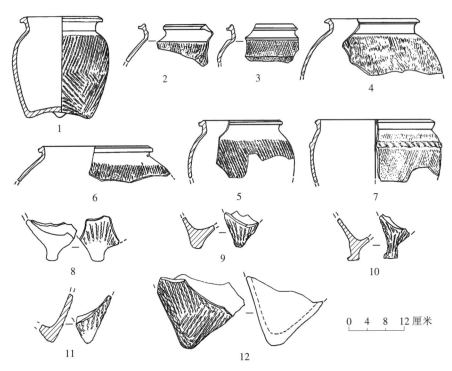

图一一八　09LF 战国至汉代陶鬲、鬲足

1～4. A 型Ⅰ式陶鬲（H60∶1、G3∶69、H35∶4、H17∶10）　5、6. A 型Ⅱ式陶鬲（J2∶14、G3∶68）　7. B 型陶鬲（H75∶2）　8～10. A 型鬲足（H2∶7、H14∶4、T5③∶5）　11、12. B 型鬲足（H26∶11、G3∶70）

标本 G3：69，泥质灰陶。方唇，沿外折，折面作弧面，唇部有一凹槽，束颈，鼓肩。肩以下残缺。颈部以下饰交错绳纹。残高 8 厘米（图一一八，2）。

标本 H17：10，夹砂灰陶。敞口，方唇，斜折沿外倾，鼓肩，弧腹。上腹以下残缺。颈部素面抹光，以下饰不规则细绳纹。口径 21、残高 12 厘米（图一一八，4）。

标本 H35：4，夹砂灰陶。尖唇，斜折沿，直颈内束，溜肩，鼓腹。腹下残缺。颈部抹平，以下饰细绳纹。残长 14、残高 7.6 厘米（图一一八，3）。

Ⅱ式　颈部较短。

标本 G3：68，泥质灰陶。方唇，平折沿，沿面外倾，直口微敞，束径，鼓肩，弧腹。腹下残缺。颈部抹平，腹部饰斜细绳纹。口径 18、残高 12.2、腹径 24 厘米（图一一八，6）。

标本 J2：14，夹砂灰陶。直口微敞，方唇，束颈，鼓肩明显。肩以下残缺。颈部素面抹光，肩部饰有斜绳纹。口径 25、残高 7.6 厘米（图一一八，5）。

B 型　直口微敞，束颈很短。

标本 H75：2，夹砂黑陶。直口，方唇，束颈，弧腹，最大径偏中部。器底残缺。肩部饰纵绳纹一周，上腹部施一周附加堆纹，以下饰纵绳纹。口径 26、残高 13.2 厘米（图一一八，7）。

鬲足标本　夹砂灰陶或黑陶，可分为柱足、袋足两型。

A 型　柱足，足跟细长。

标本 H2：7，夹砂灰陶。实心足，平底，袋足略外撇，饰粗绳纹。底部有烟熏使用痕迹。残高 8.4 厘米（图一一八，8）。

标本 H14：4，夹砂灰陶。袋状乳足，烧制火候低。实心足，鬲足矮小，饰有粗绳纹，印痕深刻。残高 6.4 厘米（图一一八，9）。

标本 T5③：5，夹砂夹蚌灰陶。实心足，袋足略外撇，平底。足身饰粗绳纹。残高 8.8 厘米（图一一八，10）。

B 型　袋足。

标本 H26：11，夹粗砂黑陶。鬲足短小，实足平底，饰粗绳纹。烧制火候不高，制作粗糙。直径 0.5、高 2.8 厘米（图一一八，11）。

标本 G3：70，夹砂黑陶。空心足，足底略平，上部饰细绳纹，足根饰粗绳纹。残高 14 厘米（图一一八，12）。

8. 陶炉　数量较少，多出土于灰坑中，夹蚌红陶或夹砂红陶，宽平沿，斜直腹，内壁斜接凸出的泥支钉，底部均残缺。腹壁内外有弦纹。

标本 H7：18，泥质红陶。方唇，敞口，平折沿，斜直腹，腹内壁斜接一凸出的泥支钉，器底残缺。颈部饰二周凸弦纹。口径 26、残高 5.2 厘米（图一一九，1）。

标本 H22：2，夹蚌红陶。方唇，敞口，平折沿，直腹斜收，折下腹，器底残缺。器身饰数周凸弦纹，内腹下部有处明显凹折棱，未发现泥支钉。口径 24、残高 8.5 厘米（图一一九，2）。

标本 H28：9，夹蚌红陶。方唇，敞口，平折沿，沿面有凹槽，颈微束，斜直腹，器底残缺。颈部饰数周暗弦纹，未发现泥支钉。口径 28、残高 8.4 厘米（图一一九，3）。

标本 H28：10，夹蚌红陶。方唇，敞口，宽平沿，下沿微内卷，斜直腹，腹内壁斜接一凸出

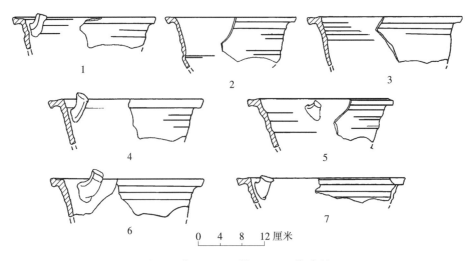

图一一九　09LF 战国至汉代陶炉

1～7. 陶炉（H7：18、H22：2、H28：9、H28：10、H36：2、H67：3、T12③：4）

的泥支钉，器底残缺。外壁腹部饰弦纹三周，内壁施一周弦纹。口径 27.5、残高 7.2 厘米（图一一九，4）。

　　标本 H36：2，夹砂红陶。方唇，敞口，平折沿，斜直腹，器底残缺。器身饰数周凹槽，内壁折棱明显。腹内壁斜接一凸出的泥支钉。内壁腹部有烟熏使用痕迹。器底残缺。口径 26、残高 8 厘米（图一一九，5）。

　　标本 H67：3，夹砂红陶。方唇，敞口，平折沿，斜直腹，腹内壁斜接一凸出的泥支钉，器底残缺。颈部饰二周凸弦纹。内壁腹部有烟熏使用痕迹。口径 28、残高 6.5 厘米（图一一九，6）。

　　标本 T12③：4，泥质红陶。方唇，敞口，宽平沿，斜直腹，腹内壁斜接一凸出的泥支钉，器底残缺。腹部饰弦纹两周。口径 30、残高 4.6 厘米（图一一九，7）。

　　9. 甑　数量较少。敞口，折沿，斜直腹。

　　标本 F2：2，口腹残片。泥质灰陶，敞口，圆唇，平折沿，沿面外端上翘，沿面有一道凹槽，下沿微内卷，斜直腹，腹以下残缺。腹部饰有压印斜线纹带。口径 42、残高 15 厘米（图一二○，1）。

　　标本 G2：4，泥质灰陶。方唇，沿面外端上翘，下沿微内卷，微束颈，斜直腹。腹以下残缺。颈部饰数周凹弦纹，腹部饰戳印纹。残长 12、残高 20 厘米（图一二○，2）。

　　标本 H14：2，泥质灰陶，敞口，圆唇，平折沿，折沿外端上翘，下沿微卷。直腹斜收。腹以下残缺。颈部内外起一道凸棱，下腹部饰有斜绳纹。残长 11.2、残高 14 厘米（图一二○，3）。

　　标本 H71：5，夹砂灰陶。方唇，平折沿，敞口，直腹。腹以下残缺。颈部抹平，以下饰细绳纹。口径 40、残高 8.5 厘米（图一二○，4）。

　　标本 J2：12，泥质灰陶。敞口，圆唇，平折沿，沿面上有一小孔，斜直腹。腹以下残缺。素面。残长 12、残高 16 厘米（图一二○，5）。

　　10. 陶釜　4 件。均为夹蚌红陶，敞口，束颈，弧腹，圜底。颈部有暗弦纹。

　　标本 F1：1，夹蚌泥质红陶。敞口，圆唇，折沿，沿面外端上翘，折棱明显，（束）弧腹，圜底。口沿内折棱明显，上腹部内外壁饰有凸弦纹，中下腹部素面抹光，上有使用过的烟熏痕迹。口径 32.5、高 32 厘米（图一二一，1；彩版二四，1）。

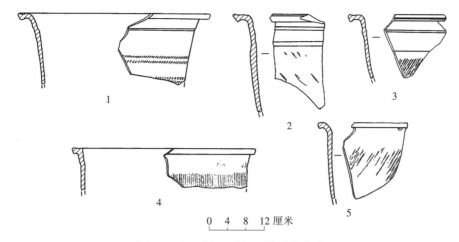

图一二〇　09LF 战国至汉代陶甑

1 ~ 5. 陶甑（F2：2、G2：4、H14：2、H71：5、J2：12）

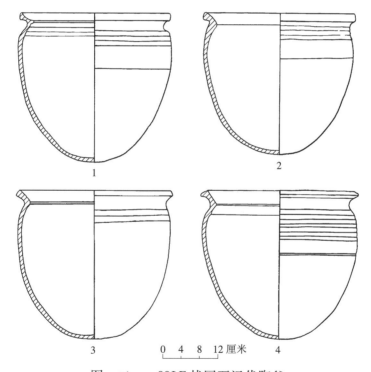

图一二一　09LF 战国至汉代陶釜

1 ~ 4. 陶釜（F1：1、F3：2、F3：3、F3：4）

标本 F3：2，夹蚌泥质红陶。敞口，圆唇，折沿，折棱明显，弧腹，圜底。颈部饰有凸弦纹，腹部素面抹光，上有使用过的烟熏痕迹。口径 33、高 30.5 厘米（图一二一，2；彩版二四，2）。

标本 F3：3，夹蚌泥质红陶。敞口，方唇，沿外折，折棱明显，侈口，束颈，弧腹，圜底。颈部饰数周暗弦纹，其余素面。口径 33、高 31 厘米（图一二一，3；彩版二四，3）。

标本 F3：4，夹蚌泥质红陶。敞口，方唇，束颈，弧腹，圜底。口沿内侧折棱明显，颈部饰有数周平行凹弦纹，腹部素面抹光，上有使用烟熏痕迹。口径 33.5、高 31.5 厘米（图一二一，4；彩版二四，4）。

11. 盒　3 件，均为残片，底部不存。泥质灰陶，子母口，弧腹内收。素面，有轮制形成的暗弦纹。

标本 H28∶14，泥质灰陶。口内敛，方唇。上腹较直，下腹弧曲内收。通体素面。口径16、高6.8
厘米（图一二二，1）。

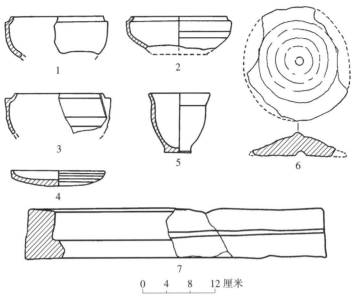

图一二二　09LF 战国至汉代陶盒、盘、杯、器盖

1～3. 陶盒（H28∶14、T5③∶4、T9③∶6）　4. 陶盘（T3③∶15）　5.
陶杯（H75∶1）　6. 陶器盖（H26∶10）　7. 陶算（H64∶1）

标本 T5③∶4，泥质灰陶。子母口，方唇，折腹明显，下腹斜直内收。腹部饰数周暗弦纹。口径
16、残高5.2厘米（图一二二，2）。

标本 T9③∶6，泥质灰陶。制作精细，形制较规整。子母口，尖圆唇，弧腹内收。腹下残缺。腹部
外壁有二周凸棱。口径18、残高6.5厘米（图一二二，3）。

12. 陶盘　1件。标本 T3③∶15，泥质灰陶。直口微敞，方唇，弧腹内收，平底。盘较浅。通体素
面。口径16.4、残高2.5厘米（图一二二，4）。

13. 陶杯　1件。标本 H75∶1，泥质灰陶。侈口，尖圆唇，束颈，弧腹，假圈足，平底。通体素
面。口径10、底径4.8、高9.6厘米（图一二二，5；彩版二三，3）。

14. 陶器盖　1件。标本 H26∶10，泥质灰陶。平面呈圆形，器体中部饰五周同心圆纹并逐层增
高，中心最高处凸起一乳突，乳突对应背部为一凹窝。直径10、通高2.5厘米（图一二二，6）。

15. 陶算　标本 H64∶1，泥质灰陶。环形，残存一半，内圈饰数周弦纹，外圈有一凹槽。直径50
厘米，上、下面宽分别为4、7厘米，高8厘米（图一二二，7）。

（二）生产工具

1. 陶纺轮　4件。均为泥质陶片打磨而成，呈圆形扁平状，对穿孔。

标本 H6∶3，泥质褐陶，近圆形，素面，器身一面微鼓，另一面向内微凹，边缘经打磨修整。长
径5、孔径0.4厘米（图一二三，1）。

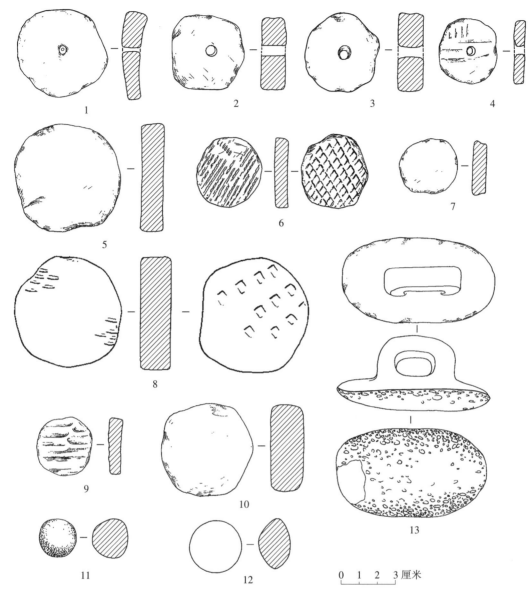

图一二三　09LF 战国至汉代陶生产工具

1～4. 陶纺轮（H6∶3、H7∶9、T7③∶2、T10③∶1）　6～10. 陶饼（J1∶2、H26∶4、J1∶3、T10
③∶2、T10③∶3、T14③∶4）　11、12. 陶球（J1∶1、H6∶4）　13. 陶拍（T8③∶1）

标本 H7∶9，泥质灰陶，近方形，素面，边缘经打磨修整。长径 4、孔径 0.5 厘米（图一二三，2；彩版二五，2）。

标本 T7③∶2，泥质灰陶，近圆形，内面饰布纹，背为素面，器身边缘部分残缺。长径 4.1、孔径 0.6 厘米（图一二三，3；彩版二五，1）。

标本 T10③∶1，残，泥质灰陶，近圆形，素面，长径 3.2、孔径 0.4、厚 0.5 厘米（图一二三，4）。

2. 陶饼　数量较多，均为泥质灰陶打磨而成。多呈圆饼状，少量为不规则圆形。多为素面，个别饰有绳纹和网格纹。

标本 J1∶2，素面，直径 6、厚 1.2 厘米（图一二三，5；彩版二五，3）。

标本 J1：3，一面饰有绳纹，一面为菱形网格纹。直径 3.7、厚 0.7 厘米（图一二三，6）。

标本 H26：4，单面经过打磨，另一面压印菱形纹。直径 6、厚 1.5 厘米（图一二三，8）。

标本 T10③：2，平面约呈圆形，素面。最大径 3.2、厚 0.7 厘米（图一二三，7）。

标本 T10③：3，一面有刻划纹，直径 3、厚 0.3 厘米（图一二三，9）。

标本 T14③：4，略残，素面。直径 4.9、厚 1.8 厘米（图一二三，10；彩版二五，4）。

3. 陶球　2 件。均用泥质陶磨制而成，通体素面。

标本 J1：1，泥质灰陶，呈不太规整的球形，一侧略平直。素面，最大径 2 厘米（图一二三，11）。

标本 H6：4，泥质灰陶，平面呈纺锤形，两面中部凸起，素面。底径 2.8、厚 1.5 厘米（图一二三，12）。

4. 陶拍　标本 T8③：1，泥质灰陶，拍面呈椭圆形，手柄呈椭圆环形。拍面有密集凹点纹。拍面长 8.3、宽 4.7、通高 4 厘米，厚 1 厘米（图一二三，13；彩版二五，5）。

5. 锥形陶器

出土数量多。以泥质红陶为主，少量为泥质灰陶，也见有极少量的泥质黑陶支钉。呈圆锥形，顶部圆钝，平底。通体素面。根据材质不同分为三型。

A 型　泥质红陶。

标本 H2：2，顶部平整，底径 2、高 2.9 厘米（图一二四，1）。

标本 H4：2，底径 2.1、高 2.8 厘米（图一二四，2）。

标本 H5：3，腰部略凹，底径 2、高 2.8 厘米（图一二四，3）。

标本 H6：5，腰部略凹，底径 1.9、高 2.7 厘米（图一二四，4）。

标本 H17：3，腰部略凹，顶部圆钝，底径 2.3、高 3 厘米（图一二四，5）。

标本 H19：1，顶略呈弧形，底径 2.7、高 2.6 厘米（图一二四，6）。

标本 H19：3，底径 2.3、残高 3 厘米（图一二四，7）。

标本 H82：2，底径 2.2、高 2.9 厘米（图一二四，8）。

标本 H82：3，顶端残缺，底径 1.9、高 2.6 厘米（图一二四，9）。

标本 J2：4，底径 2.8、高 3 厘米（图一二四，10）。

标本 J2：9，顶端残缺，底径 1.7、高 2.4 厘米（图一二四，11）。

标本 G3：4，底径 2.6、高 3.8 厘米（图一二四，12）。

标本 G3：6，底径 2.6、高 2.5 厘米（图一二四，13）。

标本 T1③：2，顶部略残，底径 2.7、高 4 厘米（图一二四，14；彩版二六，4）。

标本 T1③：27，底径 2、高 2.9 厘米（图一二四，15）。

标本 T3③：4，底径 2.8、高 2.3 厘米（图一二四，16）。

标本 T3③：5，顶端和器底缺，底径 2.5、高 2.9 厘米（图一二四，17）。

标本 T7③：4，顶端残缺，底径 2.7、高 2.7 厘米（图一二四，18）。

标本 T8③：2，底径为 1.8、高 2.4 厘米（图一二四，19）。

标本 T13③：3，顶部略残，有一凹槽，底径 2.2、残高 2.5 厘米（图一二四，20）。

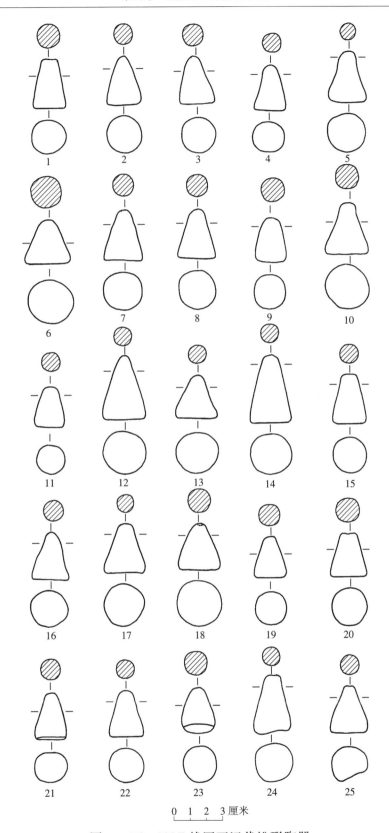

图一二四　09LF 战国至汉代锥形陶器

1~20. A 型锥形陶器（H2∶2、H4∶2、H5∶3、H6∶5、H17∶3、H19∶1、H19∶3、H82∶2、H82∶3、J2∶4、
J2∶9、G3∶4、G3∶6、T1③∶2、T1③∶27、T3③∶4、T3③∶5、T7③∶4、T8③∶2、T13③∶3）　　21~24. B 型
锥形陶器（H7∶8、H65∶2、J2∶10、T7③∶3）　　25. C 型锥形陶器（T3③∶6）

B 型　泥质灰陶。

标本 H7∶8，顶端残缺，底径 1.9、高 2.8 厘米（图一二四，21）。

标本 H65∶2，顶端残缺，底径 2.1、高 2.7 厘米（图一二四，22）。

标本 J2∶10，底径 2 厘米，高 2.7 厘米（图一二四，23）。

标本 T7③∶3，顶端残缺，底部凹凸不平，底径 2.2、高 3.4 厘米（图一二四，24）。

C 型　泥质黑陶。

标本 T3③∶6，顶端和底部残缺，底最大径 2.3、最小径 1.8、高 2.8 厘米（图一二四，25）。

（三）建筑材料

1. 板瓦　数量较多。泥质灰陶，平面均呈长方形，截面略呈弧形，外凸而内凹。瓦壁饰有绳纹、刻划纹、布纹、弦纹及篦点纹等纹饰。

标本 F1∶6，瓦外壁饰以绳纹为主，仅见两周凹弦纹，内壁大部分施篦点纹，有数周弦纹。残长 39、宽 32.5 厘米（图一二五，1）。

标本 F1∶7，瓦背饰粗绳纹，瓦腹饰布纹，一角饰细绳纹。长 42.5、宽 28～32、厚 8 厘米（图一二五，2；彩版二六，1）。

标本 F3∶10，瓦外壁主要饰绳纹，也见有较多刻划纹，内壁大部分施布纹，一端压印较多菱形方格纹。残长 39.5、宽 28 厘米（图一二五，3）。

标本 F3∶11，略残，瓦背半面饰斜细绳纹另半面饰有戳点纹，瓦腹饰布纹及网格纹。残长 42、残宽 18 厘米（图一二五，4）。

2. 筒瓦　数量较板瓦为少。泥质灰陶，由筒状陶圈切半而成，瓦面外壁皆饰绳纹，个别绳纹有粗细之分，内壁皆饰布纹。

标本 F3∶12，泥质灰陶，瓦头残，瓦背饰细绳纹，扣尾无纹饰，瓦腹布纹。残长 32.5、宽 15.6 厘米（图一二五，5）。

标本 J1∶6，泥质灰陶，瓦头略长，方圆头，瓦背饰有纵向粗绳纹，印痕较深，瓦腹饰布纹。长 38、宽 14 厘米（图一二五，6）。

标本 J1∶7，泥质灰陶，瓦头略短，方圆头，瓦背饰有纵向粗绳纹，印痕较深，瓦腹饰布纹。长 36.8、宽 13.8 厘米（图一二五，7）。

3. 瓦当　数量较少，泥质灰陶。多为云纹瓦当，有少量文字纹瓦当，模制。

标本 H7∶12，瓦当界格内饰一组双线云纹，边轮高出当面。当面残存筒瓦，接痕明显。筒瓦外为素面，内饰布纹。烧制火候较高。直径 16 厘米，轮宽 1 厘米，厚 1.4 厘米，纹饰高 0.4 厘米（图一二六，1）。

标本 J1∶5，残，圆形，边缘内由弦纹分为内外两圈，外圈内用三条直隔线将当面分格，界格内残存"央"及"8"字样，当心有乳凸。乳凸直径 4.4 厘米，高 1.6 厘米，直径 14.8 厘米，厚 1.6 厘米（图一二六，2）。

标本 T2③∶12，残。瓦当上端用一组双线来划分外区，内区残缺，外区以双线为界划分界格。一个界格内饰有一组双线云纹，另一界格饰有平行线纹。背面饰有刻划纹，底部有一字，字已残缺，难

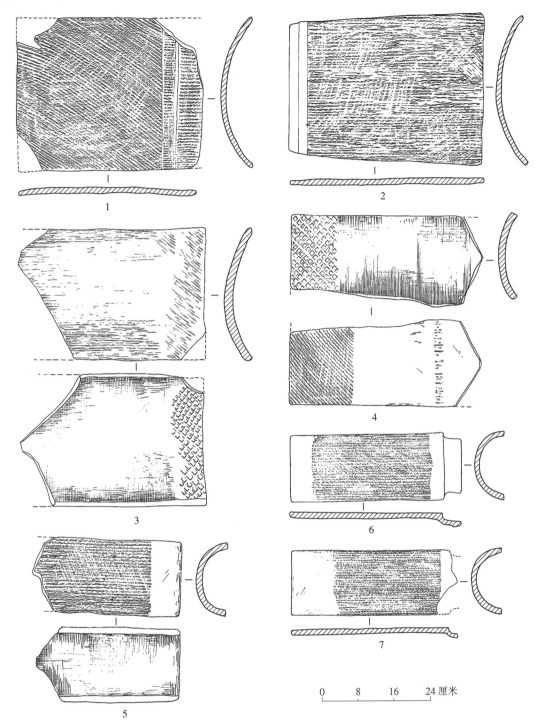

图一二五　09LF 战国至汉代板瓦、筒瓦

1～4. 板瓦（F1：6、F1：7、F3：10、F3：11）　　5～7. 筒瓦（F3：12、J1：6、J1：7）

以分辨。边轮高出当面。烧制火候较高。直径 15 厘米，轮宽 0.5 厘米，厚 1.2 厘米，纹饰高 0.4 厘米
（图一二六，3）。

　　标本 T2③：13，残。瓦当上下各有一组双线来划分内外区，内区残缺，外区以双线为界划分界格。
界格内饰两组双线云纹，边轮高出当面。烧制火候较高。直径 14 厘米，轮宽 0.8 厘米，厚 1.4 厘米，

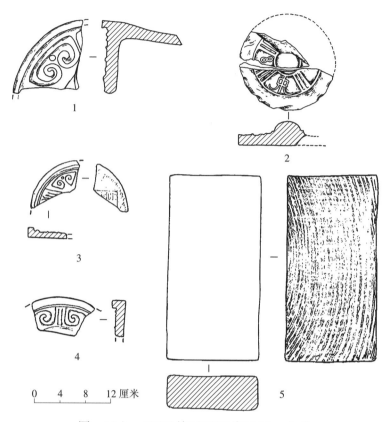

图一二六　09LF 战国至汉代瓦当、方砖
1～4. 瓦当（H7∶12、T2③∶12、T2③∶13、J1∶5）　5. 方砖（F3∶14）

纹饰高0.4厘米（图一二六，4）。

4. 方砖　泥质灰陶，青灰色。标本 F3∶14，一面印有细绳纹，一面素面无纹饰。长28、宽14、厚4.8厘米（图一二六，5）。

二　石器

出土数量少，主要为磨制，器形有石杵、石斧、石刀、石环和砺石等。

1. 石杵　1件。标本 H28∶2，平面近长方形，顶略弧突，左右两侧有小平面，刃部略残。通体磨光。长12、宽5.6～6.4、厚2.2厘米（图一二七，1；彩版二七，1）。

2. 石斧　1件。标本 H28∶3，玄武岩，器形厚重粗大。平面近梯形，顶略弧突，双面刃，刃峰较圆钝，刃缘两侧有多处明显的崩疤。通体磨光。长10.4、宽6、厚3.2厘米（图一二七，2；彩版二七，2）。

3. 石刀　1件。标本 T1③∶28，残，平面近似三角形，直背，刃部呈弧形，呈青灰色。刀身厚度均匀，表面磨制精细规整，刃部多处有使用磨损痕迹，长6.3、宽4.2、厚0.6厘米（图一二七，3）。

4. 石环　1件。标本 M1∶1，石质为玄武岩，石质细腻，灰黑色，残断，仅存小部分。器身较扁平，中部略弧凸，通体磨制。长3.1、宽2.6、厚0.3～0.6厘米（图一二七，4）。

5. 砺石 1件。标本 T1③：29，长条形，顶端残损，有一凹槽，由细砂岩磨制而成，形体细小，可握在手上使用，两侧多处有使用崩裂痕迹，长 7.6、宽 1.4～2.4、厚 0.3～0.7 厘米（图一二七，5）。

6. 石滚子 1件。标本 H7：13，玄武岩磨制而成，制作较精细，形制较规整。器体厚重，纵截面呈圆柱形，腹部略鼓，横截面呈圆形，两端直径 14、腹径 19、高 25 厘米。器体中心两侧有对称的方孔，方孔边长 3.6、深 3.2 厘米（图一二七，6）。

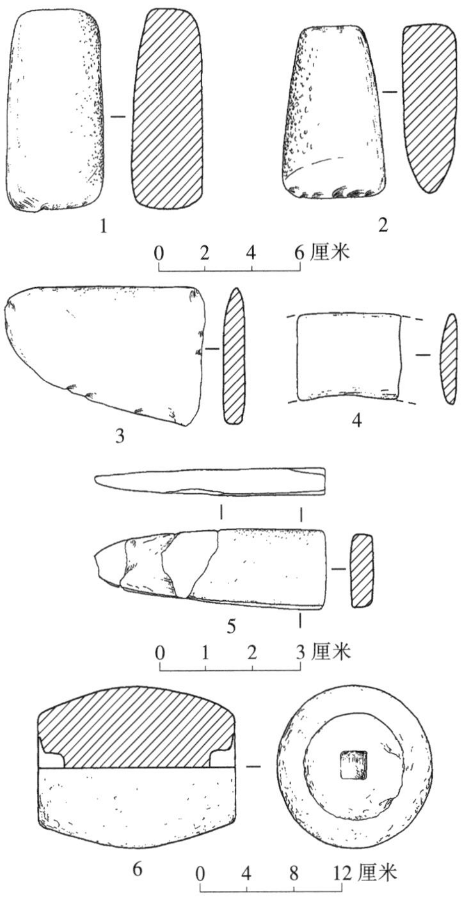

三 骨器

出土数量较少，有骨凿、骨簪两类，还发现猪下颌骨、鹿牙等动物骨骼。其中骨簪为象牙所制，通体磨光，簪体上饰有弦纹、草叶纹和平行短线纹等纹饰，制作精良。

1. 骨凿 1件。标本 T3③：2，残，平面呈长条形。双面刃，直刃偏锋，刃部略窄。通体磨光。一面扁平，另一面起脊。端部残断。残长 7.2、宽 1 厘米（图一二八，1；彩版二八，3）。

2. 骨簪，根据横截面形状，可分为二型。

A 型 横截面为圆形。

标本 H7：1，簪体顶端凿有一小孔，上端饰有依次间隔的弦纹四组，每组弦纹各有两圈弦纹构成，将器体上端间隔成三个纹饰带，上、下饰网纹一周，中间纹饰带较大，饰多圈刻划纹。簪体尾端磨光起尖，锋部尖利。整个骨簪磨制精

图一二七 09LF 战国至汉代石器
1. 石杵（H28：2） 2. 石斧（H28：3）
3. 石刀（T1③：28） 4. 石环（M1：1）
5. 砺石（T1③：29） 6. 石滚子（H7：13）

良，保存较好。长 20.8、直径 0.6 厘米（图一二八，4；彩版二八，1）。

标本 H7：2，簪体上端饰有弦纹一周，弦纹下依次相间饰有草叶纹和平行短线纹数周。簪体尾部残断。残长 8.5、直径 0.4 厘米（图一二八，2；彩版二八，2）。

B 型 横截面为三角形。

标本 H7：23，残，通体素面。簪体尾部残断。残长 11、直径 0.4 厘米（图一二八，3）。

四 蚌器

蚌器出土数量不多，蚌刀所占比重较大，还见有少量蚌饰和用途不详的蚌器。

1. 蚌刀 数量较少，蚌壳经过模制而成，中部多有穿孔。

标本 H42：1，两边弧曲相交，其余一侧为直边，磨制痕迹明显，平整光滑。一侧弧边等距分布 5 锯齿痕，间隔约 0.2 厘米。长 7.5、宽 2.5～4.3、厚 0.1～0.3 厘米（图一二九，1；彩版二七，6）

标本 T13③：4，残，刀背磨制光滑平整，刃部较锋利，上有未穿透的穿孔。长 8、宽 4.5、厚 0.3

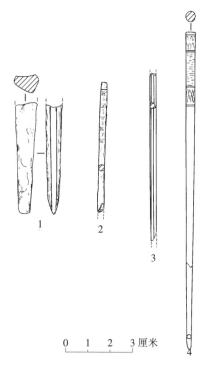

0　1　2　3厘米

图一二八　09LF 战国至汉代骨器

1. 骨凿（T3③：2）　2、4. A 型骨簪（H7：
2、H7：1）　3. B 型骨簪（H7：23）

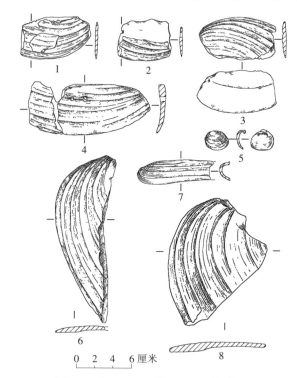

0　2　4　6厘米

图一二九　09LF 战国至汉代蚌器

1～4. 蚌刀（H42：1、T13③：5、T13③：4、T3③：16）　5.
蚌饰（T1③：30）　6～8. 蚌器（H65：1、M2：1、J2：3）

厘米（图一二九，3；彩版二七，5）。

标本 T13③：5，残，直背弧刃，刀背磨制光滑平整，刃部较锋利，一侧有穿孔痕迹，长5.5、宽
4.5、厚0.2厘米（图一二九，2）。

标本 T3③：16，器身较大。平面呈长条形。刀身微曲。背宽略大于刃宽，弧刃锋利，直背圆钝，
背部磨制光滑。蚌刀中部偏下对凿有两孔，孔下器身有部分残缺。端部残断。残长13.2、宽5.4、厚
0.7厘米（图一二九，4）。

2. 蚌饰　1件，标本 T1③：30，蚌壳上有一圆形穿孔，长2.5、宽2、厚0.1～0.2厘米（图一二九，5）。

3. 蚌器　3件，经过磨制，具体用途不详。

标本 H65：1，器身较大。平面约呈半椭圆形。背部磨制光滑，制作精良。长径17.9、宽径5.7、
厚0.6厘米（图一二九，6）。

标本 J2：3，平面呈扇形，背部磨制光滑。端部残端。长14、宽10.8、厚0.8厘米（图一二九，
8；彩版二七，4）。

标本 M2：1，横截面为半圆形，侧边缘为磨制，加工精致光滑。长7.8、宽2.0～2.6、厚0.3厘米
（图一二九，7）。

五　铜器

出土铜钱较多，均为五铢钱，还见有铜镞、铜针和铜饰件各1件。

1. 五铢钱　数量较多，根据大小可分为二型。

A 型　正常大小。根据钱文形式可分为三式。

Ⅰ式　"五"字交股弧曲，"金"字头为三角形，"朱"字上下部均圆折。

标本 T2③:1，外轮修整光滑，钱面平整，字迹清晰，背后内外有廓，钱径 2.6 厘米，孔边长 1 厘米（图一三〇，1）。

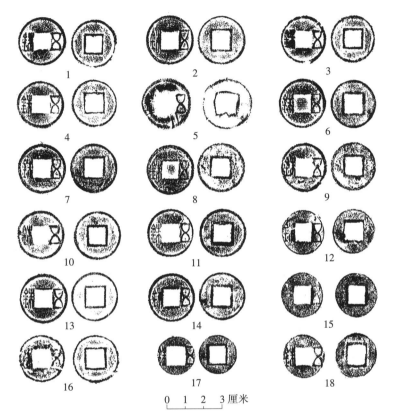

图一三〇　09LF 战国至汉代铜钱拓片

1~9. A 型Ⅰ式五铢钱（T2③:1、T2③:2、T11②:1、T11②:3、T11②:6、T14③:7、T14③:8、T14③:9、T16③:2）　10~14. A 型Ⅱ式五铢钱（H33:4、H33:5、T11②:5、T14③:5、T14③:6）　15、16. A 型Ⅲ式五铢钱（T11②:2、H33:2）　17、18. B 型五铢钱（G2:2、T11②:4）

标本 T2③:2，钱径 2.6 厘米（图一三〇，2）。

标本 T14③:7，工艺精良，外轮修整光滑，厚度均匀，钱面及背后均有内外廓，直径 2.6 厘米，孔边长 1 厘米（图一三〇，6）。

标本 T14③:8，修整光滑，钱面及背后均有内外廓，直径 2.6 厘米，孔边长 1 厘米（图一三〇，7）。

标本 T14③:9，外轮修整光滑，钱面有磨损痕迹，钱面及背后均有内外廓，直径 2.6 厘米，孔边长 1 厘米（图一三〇，8）。

标本 T16③:2，外轮修整光滑，钱面有磨损痕迹，"五"字交股弧曲略直，钱面无内廓，背后内外有廓，直径 2.5 厘米，孔边长 1 厘米（图一三〇，9）。

Ⅱ式 "五"字交股弯曲，"金"字头为三角形，"朱"字上部方折，下部圆折。

标本 H33：4，钱文隶书，字迹清晰，"五"字交股弯曲呈弧形，较宽大，"金"字头为三角形，"朱"字上部方折，下部圆折，上短下长，钱面有外廓无内廓，背后有内外廓，直径 2.5 厘米，孔边长 1 厘米（图一三〇，10）。

标本 H33：5，铸造工艺较精致，钱面有外廓无内廓，背后有内外廓。直径 2.5 厘米，孔边长 1 厘米（图一三〇，11）。

标本 T14③：5，工艺精良，外轮修整光滑，厚度均匀，钱面及背后均有内外廓，直径 2.6 厘米，孔边长 1 厘米（图一三〇，13）。

标本 T14③：6，钱面略有残损，钱面及背后均有内外廓，直径 2.5 厘米，孔边长 1 厘米（图一三〇，14）。

Ⅲ式 钱面磨损严重，"五"字交股弯曲，"铢"字模糊不清，钱面外廓较窄，无内廓，背后内外有廓。

标本 H33：2，直径 2.3 厘米，孔边长 1 厘米（图一三〇，15；彩版三〇，6）。

B 型 剪轮五铢。钱文隶书，钱体薄小，工艺不精，"五"字交股弯曲呈弧形，"金"字头为三角形，"朱"字上下部均圆折，前面无内外廓，背后有内廓。

标本 G2：2，直径 2 厘米，孔边长 1 厘米（图一三〇，17）。

2. 铜带钩 2 件。形体细长，钩首残，细长方形钩颈，钩体呈弧形扁片状，钩尾呈圆弧形，钩背近尾端有一椭圆形扣。钩面无纹饰。

标本 H17：1，带钩残长 7、厚 0.2 厘米。椭圆形扣长径 1.3、短径 0.7 厘米（图一三一，1；彩版二八，4）。

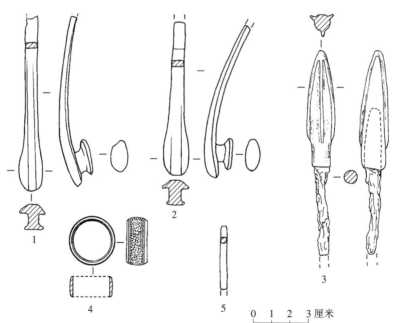

图一三一 09LF 战国至汉代铜器
1、2. 铜带钩（H17：1、H17：2）　3. 铜镞（H7：3）　4. 铜顶针（T9
③：1）　5. 铜饰件（H53：1）

标本 H17∶2，带钩残长 6.5、厚 0.3～0.4 厘米。椭圆形扣长径 1.3、短径 0.6 厘米（图一三一，2）。

3. 铜镞　1 件。标本 H7∶3，横截面呈三棱形，前锋较钝，边锋微弧，边锋之间有凸起的棱脊。铤为铁质，锈蚀严重。长 8.7、宽 1.2 厘米（图一三一，3；彩版二八，6）。

4. 铜顶针　1 件。标本 T9③∶1，环状，环边缘略向内弧收，环身外侧饰密集凹点纹，两铜端饰凹弦纹，内侧素面无纹。直径 2、厚 0.1、高 0.9 厘米（图一三一，4）。

5. 铜饰件　1 件。标本 H53∶1，平面为圆棒形。器形较小，内为实心，通体磨光，上有铜锈。长 2.7、直径 0.3 厘米（图一三一，5）。

六　铁器

出土铁器较多，多已锈蚀，个别锈蚀严重，无法判断器形。可辨器形按用途可分为生活用具、生产工具和武器三类，器物种类主要有铁刀、铁犁铧、铁蒺藜、铁镞、铁钉、铁马掌、铁饰件、铁圈、铁钩、铁提梁以及铁斧等。

1. 铁刀　3 件，锈蚀严重，均不完整。

标本 T3③∶11，平面呈长条形。背宽略大于刃宽，直背直刃，刃锋利，背圆钝。器身锈蚀严重。残长 18、宽 1.8、厚 0.6 厘米（图一三三，1）。

标本 T3③∶12，平面呈三角形，为残存的端部，表面锈蚀严重。弧背圆钝，刃部较钝。残长 9、宽 3.9、厚 0.35 厘米（图一三三，2）。

标本 T14③∶1，平面呈长条形。刀身扁平，锈蚀，直脊单峰圆刃，长方形柄，末端弯折呈"⌒"状，与刀柄围成椭圆状环柄。长 19.2、宽 1～1.7、厚 0.1～0.4、刃部长 10.2、环长径 1.3、短径 0.6 厘米（图一三三，3；彩版二九，3）。

2. 铁镞　数量较小，根据截面形态可分为三型。

A 型　横截面呈菱形。

标本 F2∶3，镞体细长。前锋锐利，边锋较钝。铤细长，竖直。上有铁锈。长 8.9、宽 0.8 厘米（图一三二，1）。

标本 T2③∶3，镞体扁平，圆銎长铤，铤部横面呈圆形。镞身长 2.7、铤长 4.1、銎柄长 1.8、通体长 8.7 厘米（图一三二，2；彩版三〇，1）。

标本 T16③∶1，镞体较粗短。前锋较钝，边锋较直。铤长，近端弯曲，铤上有一小钮。表面锈蚀严重。长 6.3、宽 1 厘米（图一三二，3）。

B 型　横截面呈三角形。

标本 F2∶4，镞体粗短。前锋锐利，边锋较钝。铤短较直。器体锈蚀严重。长 6.1、宽 1.2 厘米（图一三二，4）。

标本 T7③∶1，镞体粗短。前锋锐利，边锋较钝。铤长，弯曲。表面锈蚀严重。长 7.5、宽 1.3 厘米（图一三二，5）。

C 型　横截面呈长方形。

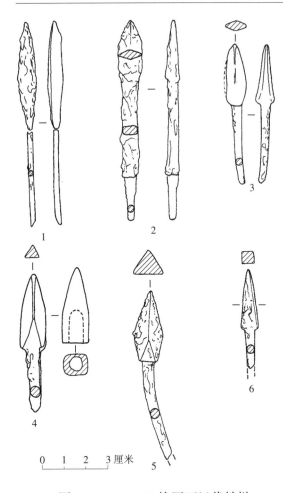

图一三二　09LF 战国至汉代铁镞

1～3. A 型铁镞（F2：3、T2③：3、T16③：1）
4、5. B 型铁镞（F2：4、T7③：1）　6. C 型铁
镞（H7：4）

标本 H7：4，镞体较小。前锋较钝，边锋较直。短铤，表面锈蚀严重。长 4.4、宽 0.8 厘米（图一三二，6；彩版三〇，3）。

3. 铁钉　根据顶帽形态可分为二型。

A 型　圆盘状钉帽，钉身作四棱体。可分为二式。

Ⅰ式　钉帽较大。

标本 T16③：3，残，尾部呈不规则形。钉尖圆钝、厚重。上有铁锈。残长 6、顶部最长径 2.5、尾部长 2.5、宽 1.2 厘米（图一三三，4）。

Ⅱ式　钉帽较小。

标本 T3③：9，近端处起尖，钉身平直。上有铁锈。长 7.2、钉帽直径 1 厘米（图一三三，5）。

标本 H7：11，近钉帽处较细，钉尖圆钝，钉身竖直。上有铁锈。长 8.4、钉帽直径 1.3 厘米（图一三三，6）。

标本 T3③：8，残，钉身残断。上有铁锈。残长 2、钉帽直径 1.4 厘米（图一三三，7）。

B 型　方形钉帽，钉身作四棱体。

标本 M2：2，锈蚀严重。长 5.2、截面长 0.6、宽 0.4 厘米（图一三三，8）。

标本 F1：3，残，锈蚀严重。长 8.8、宽 0.9 厘米（图一三三，9）。

4. 铁钩　4 件。

标本 H53：2，半圆形钩首，顶端尖锐，钩尾处呈圆钮状。钩身表面锈蚀严重。长 7.5、宽 0.8、厚 0.5 厘米（图一三三，10）。

标本 T1③：31，锈蚀严重，中间弯折 90 度，四棱柱形，一端呈卷曲钩状，一端呈尖状。长 26、厚 0.8 厘米（图一三三，13）。

标本 T3③：10，兽首形钩首，半圆状钩颈，钩身平直，钩尾处呈圆钮状。通体素面。器身表面锈蚀严重。长 13.1、宽 1、厚 0.9 厘米（图一三三，11）。

标本 T14③：2，钩身平直，锈蚀，两头一端加工为半圆钩，一端弯曲成"乙"字形钩，截面呈长方形。长 10、宽 0.4～0.7、厚约 0.4 厘米（图一三三，12）。

5. 铁铲　数量较多，多锈蚀严重。

标本 H13：1，残，锈蚀严重，微弧，上有等长折沿，截面 V 字形。长 7.5、宽 3.8、厚 0.3～0.8 厘米，折沿宽 2.5～3，厚度因锈蚀不清（图一三三，14）。

标本 H33：1，锈蚀严重，残，长方形銎孔，圆肩，肩以下残，銎口长 5、宽 2、残高 8.6 厘米（图一三三，15；彩版二九，2）。

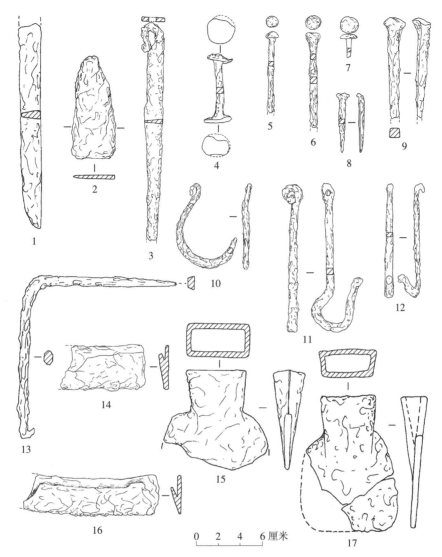

图一三三　09LF 战国至汉代铁刀、铁钉、铁钩、铁铲

1~3. 铁刀（T3③：11、T3③：12、T14③：1）　4. A 型 I 式铁钉（T16③：3）
5~7. A 型 II 式铁钉（T3③：9、H7：11、T3③：8）　8、9. B 型铁钉（M2：2、
F1：3）　10~13. 铁钩（H53：2、T3③：10、T14③：2、T1③：31）　14~17.
铁铲（H13：1、H33：1、T9③：2、T13③：1）

标本 T9③：2，残，锈蚀严重，微弧，上有等长折沿，截面 V 字形。残长 12.2、宽 3.2、厚 0.3～ 0.7、折沿宽 2.5、厚 0.3 厘米（图一三三，16）。

标本 T13③：1，锈蚀严重，残，长方形銎孔，圆肩，平刃，銎口长 4.2、宽 1.4、残高 12 厘米 （图一三三，17）。

6. 铁犁铧　1 件。标本 H7：10，铸铁，表面锈蚀严重。呈弧边三角形。犁尖呈钝角形，两侧翼呈片状，犁翼外弧，犁底呈凸状，背部起三角棱脊。器体较完整。底长 5.4、宽 11.4 厘米 （图一三四，1）。

7. 铁蒺藜　1 件。标本 H7：5，呈四角形。各面前锋尖锐。器表锈蚀严重。长 3.2、宽 0.8 厘米 （图一三四，2；彩版二九，5）。

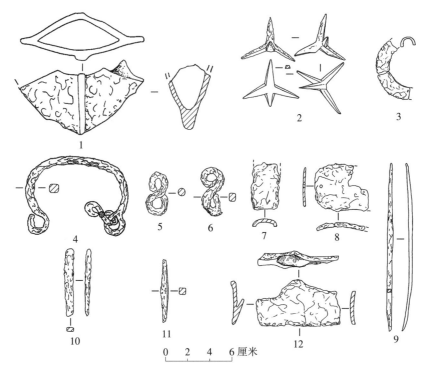

图一三四 09LF 战国至汉代铁器

1. 铁犁铧（H7：10） 2. 铁蒺藜（H7：5） 3. 铁圈（H6：2） 4. 铁提梁（T1③：32） 5、6. "8"字形铁器（H6：1、F1：2） 7、8. 长方形铁器（H13：2、T9③：3） 9~11. 长条形铁器（T3③：7、T13③：2、T14③：3） 12. 不规则形铁器（T2③：4）

8. 铁圈 1件。标本 H6：2，残，平面呈半环形，中间断裂，两端残缺。边缘向内凹，器身内空。表面锈蚀严重。外径 5.2、内径 1.1、厚 0.1 厘米（图一三四，3）。

9. 铁提梁 1件。标本 T1③：32，整体形状呈"C"形，一端呈钩状，一端有"8"形环套与钩相扣，长约 8.4、厚 0.8 厘米（图一三四，4；彩版三〇，4）。

10. "8"字形铁器 2件。类似铁提梁两侧连接的铁环。

标本 H6：1，铁质。呈"8"字形的铁条，大小不一。表面锈蚀严重。长 3.8、宽 2、厚 0.6 厘米（图一三四，5）。

标本 F1：2，锈蚀严重，整体形状呈"8"字形，长 4.3 厘米（图一三四，6；彩版三〇，5）。

11. 铁器

长方形。

标本 H13：2，锈蚀严重，平面近长方形，纵截面弧曲。长 3.9、宽 2.5、厚约 0.2 厘米（图一三四，7）。

标本 T9③：3，锈蚀严重，平面近长方形，一角残缺，截面微弧，侧边居中处有一小孔，孔径 0.2 厘米。长 4.8、宽 4.1、厚 0.2 厘米（图一三四，8）。

长条形。

标本 T3③：7，平面呈长条形，中间略为宽扁，两端较尖锐。器身锈蚀严重。长 14.8、宽 0.5、厚 0.3 厘米（图一三四，9）。

标本 T13③: 2，锈蚀严重，残，横截面呈方形，铁条长 6、宽 0.7、厚 0.3 厘米（图一三四，10）。

标本 T14③: 3，残，锈蚀，纵截面呈柳叶状，横截面呈正方形。长 5.6、宽 0.3 ~ 0.6、厚 0.3 ~ 0.6 厘米（图一三四，11）。

不规则形。

标本 T2③: 4，残损且锈蚀严重，器形不规则。长 7.2、宽 2.5 ~ 4.1、厚 0.3 ~ 0.5 厘米（图一三四，12）。

第五章　宋金文化遗存

第一节　遗迹

遗址内发现宋金时期遗迹 2 处，均为墓葬，位于发掘区的西南部。两座墓葬均开口于②层下，一座为圆形砖室墓，另一座为长方形洞室墓，均被盗扰，人骨保存状况较差，葬式不清，出土随葬品较少，包括瓷碗、铜镜、铜钱等。

下面依次对两座墓葬进行介绍：

M4　圆形砖砌单室墓，位于 T12 西部，方向 176°，开口于②层下。由墓道、墓门、短甬道、墓室组成。墓砖长 28、宽 12～14、厚 4～6 厘米（图一三五；彩版一九，1）。

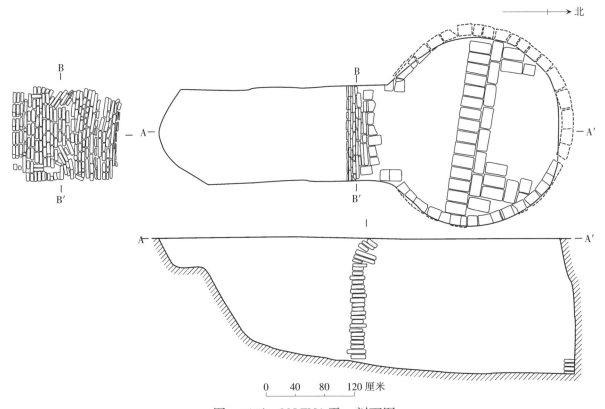

图一三五　09LFM4 平、剖面图

墓道位于墓室南侧，为斜坡式，平面近长方形。墓道上口长 3、宽 1.2、底坡长 2、宽 1.2、深 1.62 米。墓道填土为黄花土，其中包含有大量碎砖，少量瓷器残片。

墓门为砖砌，宽1.22、高1.6米。由底至上横纵交错砖砌，墓门顶部两层顺砖平砌，上有两层砖平放铺砌，砖角朝外，其上两层顺砖铺砌，再上为凸出的砖雕滴水，滴水有8个，滴水之上为四层顺砖。墓门由残砖平放封堵，少数立起，残砖封至墓门顶部，封堵无规则，由下而上斜收成弧形。

短甬道，长0.68、宽1、残高1.66~1.74米。

墓室平面呈圆形，墓底直径2.66米，墓顶已坍塌，残高1.8米。从残留的墓顶砌筑方式来看，该墓应为券顶。墓底北部筑有棺床，仅存少量青砖，棺床距甬道内口1.2米，棺床南侧边缘用纵行砖砌筑，并与东西侧壁衔接。未见葬具。人骨保存较差，仅见少量几块肢骨，面向头向及葬式均不清楚，墓室填土为黄色五花土，包含有大量残砖，应为墓道破坏后填埋所致，以及少量陶片，并发现有棺钉。

出土随葬品包括2件瓷碗，位于墓室的西部；1面铜镜，位于棺床南侧。

M5　长方形洞室墓，位于T8西部，方向10°，开口于②层下。由墓道、墓门、墓室组成（图一三六；彩版一九，2）。

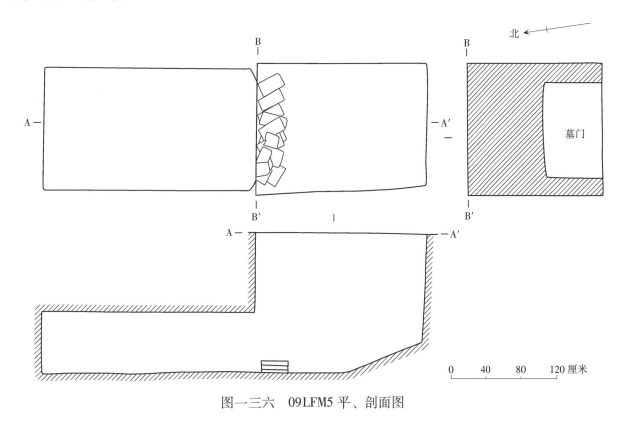

图一三六　09LFM5平、剖面图

墓道位于墓室南侧，为长方形竖穴式墓道，墓道底部靠南壁有一斜坡，高出墓底约0.1米，墓道长2、宽1.5、深1.2~1.6米。

墓门近弧角长方形，宽1.08、深0.34、高0.72米。墓门前残留有三层封门砖，分层交叉式摆放，所用砖长约28~30、宽14~16、厚5厘米。

墓室平面呈长方形，直壁平底，为平顶结构，顶部清理后坍塌。墓室长2.52、宽1.4、高0.72米，顶部及四壁平整，有明显的加工痕迹。墓中未发现人骨及葬具。出土随葬品包括3件可复原瓷碗和1枚"熙宁元宝"铜钱。

第二节　遗物

宋金时期遗物按质地不同可分为瓷器、陶器、蚌器、铜器和铁器等五类，该时期遗物出土数量较少，下面依次进行介绍。

一　瓷器

出土瓷器较少，通过完整器和复原陶器可以看出，器形主要有瓷碗、瓷罐、瓷盆等。其中瓷碗为所见瓷器中最多者。瓷罐和瓷盆发现较少，均为无法复原的残片。所出瓷器均为日常生活用具。

1. 瓷碗，根据釉质不同可分五类。

白釉碗。

标本 M5：1，灰白胎，较细，白色釉，泛灰，内壁釉色较匀，内底有涩圈。外壁仅施釉于口沿处，泛青色。外壁无釉处轮制痕迹明显。尖唇，口略敞，弧腹，圈足。口径 16、厚 0.4、底径 6.2、通高 6 厘米（图一三七，1；彩版三一，3）。

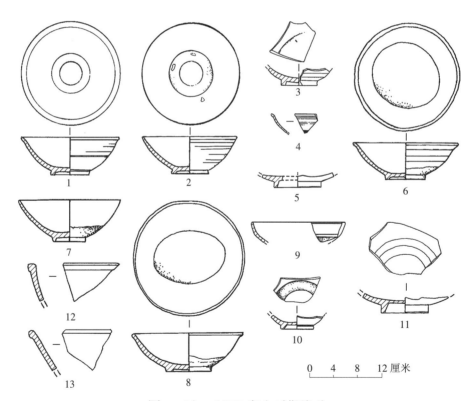

图一三七　09LF 宋金时期瓷碗

1～3. 白釉碗（M5：1、M5：2、T12②：2）　4～7. 酱釉碗（T12②：3、T17②：7、M4：1、M5：3）　8～10. 黑釉碗（M4：2、T17②：5、T12②：1）　11～13. 青白釉碗（T3②：7、T17②：6、T17②：10）

标本 M5：2，灰白胎，较粗，白色釉，泛青，内壁釉色较匀，内壁腹底近底部有窑变褐斑痕迹，内底有涩圈。外壁仅施釉于口沿处，泛青，外壁无釉处轮制痕迹明显。尖唇，敞口，弧腹，圈足。口径 16.5、厚 0.4、底径 6.5、通高 6 厘米（图一三七，2；彩版三一，4）。

标本 T12②：2，器底残片，米黄色细胎，内壁施白釉，釉色发黄，外壁底部及圈足部分无釉露胎。底径 6.2、残高 2.8 厘米（图一三七，3）。

酱釉碗。

标本 M4：1，米黄色粗胎，酱色釉，内壁施釉不均，近上半部分挂釉，底部露胎，外壁施釉不均，圈足及底部三分之一处无釉。方唇，敞口，弧腹，圈足。口径 17.6、底径 6.8、深 5.2、厚 0.4、通高 6 厘米（图一三七，6；彩版三一，1）。

标本 M5：3，粗胎，酱色釉，内外壁均上部施釉，下部露胎。尖圆唇，敞口，圈足。口径 17.6、高 6.8、底径 6 厘米（图一三七，7）。

标本 T12②：3，口沿残片，灰白细胎，胎质较薄，芒口，外壁上部施黄色釉，部分露胎，腹部饰数周弦纹，施酱色釉。尖圆唇，侈口，斜直腹内收。残高 3、厚 0.25 厘米（图一三七，4）。

标本 T17②：7，底部残片，米黄色细胎，胎体较厚，内壁施米黄色釉，外壁及圈足内底施酱色釉，圈足底沿无釉。底径 8、残高 2.2 厘米（图一三七，5）。

黑釉碗。

标本 M4：2，米黄色粗胎，黑色釉，内壁施不均，仅上半部挂釉，底部露胎，外壁施釉色不均，有滴釉现象，下壁近三分之一处及圈足无釉。圆唇，敞口，弧腹，圈足。口径 19、底径 7.6、深 5.2、厚 0.4、通高 6.4 厘米（图一三七，8；彩版三一，2）。

标本 T17②：5，口沿残片，灰白色细胎，胎质较薄，黑色釉，内壁施釉，外壁口沿挂釉，下部露胎。圆唇，敞口。口径 16、高 3.2 厘米（图一三七，9）。

标本 T12②：1，器底残片，灰白色细胎，内壁施黑釉，内底有涩圈，外壁及圈足部分无釉露胎。底径 5.8、残高 2.4 厘米（图一三七，10）。

青白釉碗。

标本 T3②：7，底部残片，灰白胎质，圈足，碗内底有涩圈，内壁施青白釉，外壁施釉不到底，有垂釉现象。底径 7.6 厘米（图一三七，11）。

标本 T17②：6，口沿残片，灰白色细胎，圆唇，沿略外折，口沿处有数周轮制痕迹，内、外壁施青白釉，外壁腹部露胎。残高 3 厘米（图一三七，12）。

标本 T17②：10，口沿残片，灰褐色细胎，胎质较厚，圆唇，侈口。内外壁均施青白色釉，釉色发干。残高 3 厘米（图一三七，13）。

2. 瓷罐　1 件。标本 T17②：2，口沿残片，灰褐色细胎，胎质较厚。方唇，直口，敛口，溜肩。内、外壁均施酱色釉，釉色发干。残高 2 厘米（图一三八，1）。

3. 瓷盆　1 件。标本 T3②：8，瓷盆，口沿残片，直口，方唇，直腹。胎质细腻，器体轻薄，内外均施青釉，外壁起一道凸棱，残高 4 厘米（图一三八，2）。

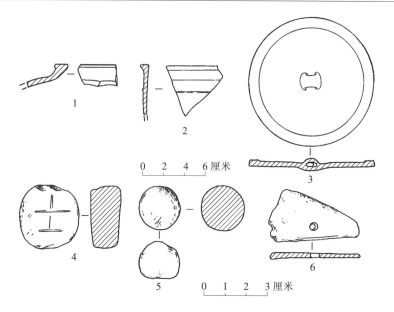

图一三八　09LF 宋金时期瓷、陶、铜、蚌器
1. 瓷罐（T17②：2）　2. 瓷盆（T3②：8）　3. 铜镜（M4：3）　4.
陶棋子（T2②：1）　5. 陶球（T13②：1）　6. 蚌刀（T3②：6）

二　陶器

1. 陶棋子　1件。标本 T2②：1，泥质灰陶，平面形状（约）呈圆形，略残，阴刻"士"字。直径 2.9、厚 1.2～1.4 厘米（图一三八，4）。

2. 陶球　1件。标本 T13②：1，泥质红陶，素面，最大径 2 厘米（图一三八，5；彩版二五，6）。

三　蚌器

蚌刀　1件标本 T3②：6，器身较小。背宽略大于刃宽。直背弧刃，背部磨制光滑。蚌刀中部对凿一穿孔，端部残断。残长 4.3、宽 2.5、厚 0.3 厘米（图一三八，6）。

四　铜器

出土铜镜 1 面和少量铜钱。

1. 铜镜

标本 M4：3，圆形，薄体，镜面较凹凸不平，镜背素面无纹饰，平郭，中心有桥状钮。直径为 11.8、郭宽 0.8 厘米（图一三八，3；彩版二八，5）

2. 铜钱

标本 M5：3，"熙宁元宝"，铸造工艺精致，字迹清晰，钱文楷书，旋读，有内外廓，外廓较宽，背后无文，直径 2.3、孔边长 0.7 厘米（图一三九，1）。

0　1　2　3厘米

图一三九　09LF 宋金时期铜钱拓片
1、2. 熙宁元宝（M5：3、M5：4）　3. 铜钱（T1①：1）

标本 M5：4，"熙宁元宝"，铸造工艺精致，字迹清晰，钱文篆书，旋读，有内外廓，外廓较宽，背后无文，直径 2.3、孔边长 0.7 厘米（图一三九，2）。

标本 T11②：1，外轮修整光滑，钱面有磨损痕迹，钱文笔画较粗，钱面无内廓，背后内外有廓，直径 2.5、孔边长 1 厘米（图一三〇，3）。

标本 T11②：2，直径 2.4、孔边长 1 厘米（图一三〇，16）。

标本 T11②：3，铸造工艺较精致，外轮修整光滑，厚度均匀，前面有外廓无内廓，背后有内外廓，直径 2.5、孔边长 1 厘米（图一三〇，4）。

标本 T11②：4，直径 2.3、孔边长 1 厘米（图一三〇，18）。

标本 T11②：5，钱面磨损严重，钱体薄小，钱文隶书，钱面外廓较窄，无内廓，背后内外有廓，直径 2.4、孔边长 1 厘米（图一三〇，12）。

标本 T11②：6，钱面磨损严重，方孔内凹，钱面有外廓无内廓，背后内外有廓，直径 2.6、孔边长 1 厘米（图一三〇，5）。

五　铁器

1. 铁钉

标本 M4：4，铁质，锈蚀，钉身横截面为长方形，钉帽较大。钉长 7、横截面长 0.6、宽 0.5 厘米（图一四一，1）。

标本 T3②：1，钉身弯曲，近端处起尖，表面锈蚀严重。全长 5、顶部最宽 1.3 厘米（图一四一，2）。

标本 T3②：2，钉身尾部弯曲，近端处起尖。表面锈蚀严重。全长 5.4、钉帽直径 1.8 厘米（图一四一，3）。

标本 T3②：5，顶端扁平，钉身微曲，近端处起尖，表面锈蚀严重。长 5.1、宽 0.7 厘米（图一四一，4）。

标本 T10②：2，锈蚀严重，钉帽较大，呈不规则圆形，最大径为 3.4、长 6.2、宽 0.5 厘米（图一四一，5）。

标本 T10②：3，锈蚀严重，钉帽较小，略呈圆形，最大径为 0.7 厘米。钉身为四棱柱形，长 7.7、宽 0.3 厘米（图一四一，6）。

2. 铁刀　2 件。

标本 T10②：1，锈蚀严重，残，平面呈长条形，刀身轻薄。残长 5.4、宽 1.3、厚 0.2 厘米（图一四一, 7)。

标本 T20②: 1, 锈蚀严重, 整体保存较为完整, 刀身近长条形, 刀柄长 5、宽 1.7、厚 0.5 厘米, 剖面呈长方形, 刃部长 16.5、宽 2.4、厚 0.1~0.3 厘米, 刃部较薄, 剖面近三角形 (图一四〇, 1)。

3. 铁斧 1 件。标本 T15②: 1, 平面呈梯形, 上窄下宽。长方形銎口, 从器身中部横向对穿。直刃较钝。器表锈蚀严重。长 12、刃宽 7、厚 2 厘米 (图一四〇, 2; 彩版二九, 1)。

4. 铁马掌 1 件。标本 T3②: 3, 平面呈扁长条形。两端宽扁, 一端稍宽。中间内凹, 器身中间和一端各对穿一孔, 为穿钉所用。表面锈蚀。长 8.6、宽 1.5、厚 0.5 厘米 (图一四一, 8)。

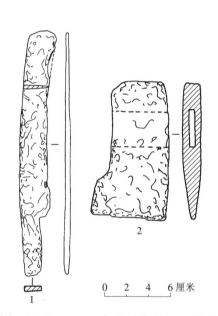

图一四〇 09LF 宋金时期铁刀、铁斧
1. 铁刀 (T20②: 1) 2. 铁斧 (T15②: 1)

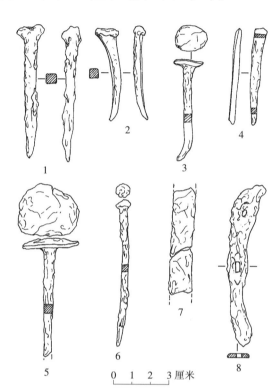

图一四一 09LF 宋金时期铁钉、铁刀、铁马掌
1~6. 铁钉 (M4: 4、T3②: 1、T3②: 2、T3②: 5、T10②: 2、T10②: 3) 7. 铁刀 (T10②: 1) 8. 铁马掌 (T3②: 3)

第六章　初步认识

方等遗址时间跨度较大，出土遗存包含了商、战国至汉代、宋金等三个时期，以战国至汉代遗存最为丰富。各时期遗存体现出的考古学文化面貌不尽相同，下面按时间顺序，依次对各时期文化遗存的特点和面貌进行讨论。

第一节　商中晚期文化遗存

方等遗址商中晚期遗迹发现较少，仅见于遗址南部。遗迹单位包括 H21、H25、H78 等 3 座灰坑，出土遗物主要有陶鬲、陶罐、陶盆等陶器及少量石器和骨器。根据地层关系和文化内涵，对比邻近地区的同期文化，可将这些遗存分为两期。

第一期：以 H21、H25 为代表。

本期遗物发现较少，主要是陶器，另有少量骨器。陶器以泥质黑陶为主，夹砂黑陶和泥质灰陶次之，见有一定数量的磨光黑陶和少量泥质红陶。纹饰有方格纹、弦断绳纹、绳纹、弦纹和刻划纹等（图一四二、一四三）。器形以陶罐居多，另见有碗、尊、三足杯、陶饼、鬲足及斝足等，所见陶器多侈口、折沿。

第二期：以 H78 为代表。

本期遗物仅发现少量陶器，种类和数量均较少，以泥质灰陶为主，也出土少量的泥质黑陶、夹砂黑陶及夹砂红陶。纹饰流行粗绳纹、弦纹（图一四三）。器形包括罐、鬲、盆等，以罐居多。侈口仍流行。

冀南地区所发现的商文化遗存较为丰富，主要包括下七垣[1]、葛家庄[2]、曹村、北羊台、补要村[3]等遗址，以邯郸、邢台为中心分布。

第一期遗物总体特征与遗址面貌相近，时代应为商代中期。第二期出土遗物中的陶鬲（H78：3），与下七垣遗址第二层、补要村等遗址的同类遗物形制相近；陶鬲（T3④：3），与曹村二期出土的陶罐

---

① 河北省文物管理处：《磁县下七垣遗址发掘报告》，文物出版社，1987 年。

② 河北省文物研究所、吉林大学边疆考古研究中心、邢台市文物管理处：《河北邢台市葛家庄遗址 1999 年发掘简报》，《考古》，2005 年第 2 期。

③ 北京大学考古文博学院、河北省文物局、邢台市文物管理处、临城县文化旅游局：《河北临城县补要村遗址北区发掘简报》，《考古》，2011 年第 3 期。

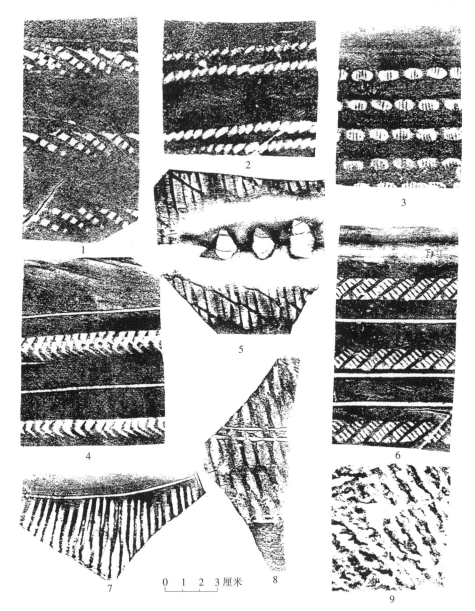

图一四二　09LF 陶器纹饰拓片 1

1 - 9. 陶器纹饰拓片（H32∶2、F2∶2、F3∶19、H25∶2、T2③∶6、F2∶1、H21∶5、H25∶12、H17∶14）

T1③∶2，北羊台遗址①出土的陶罐 T0403③∶1 相似；时代大体相当于商代晚期。从出土器物的特征来看，方等遗址商中晚期文化遗存与冀南地区的有较强的一致性，应属于同一文化范畴。

　　方等遗址商时期遗存种类单一，不见冶铸作坊、祭祀坑等遗迹现象，亦不见等级较高的青铜礼器与玉器等遗物，所见遗物不外乎日常生活和生产用具，器类较少。说明不同于出土大型仿铜礼器、卜骨、卜甲、冶铜器具等重要遗物的葛家庄、下七垣遗址，方等遗址仅是平民日常活动的场所。

---

　　①　河北省文物研究所、邯郸市文物管理处、峰峰矿区文物管理所：《河北邯郸市峰峰矿区北羊台遗址发掘简报》，《考古》，2001 年第 2 期。

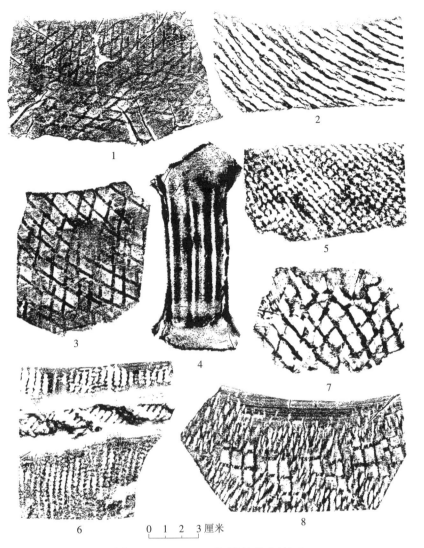

图一四三　09LF 陶器纹饰拓片 2

1～8. 陶器纹饰拓片（H7：22、T3④：2、H21：8、H21：13、H28：12、H75：2、H78：3、H21：2）

第二节　战国至汉代文化遗存

战国至汉代文化堆积是方等遗址的主体部分，②层下、③层及③层下遗迹为该期遗存，遍布整个发掘区域，发现了大量的灰坑、房址、水井、灰沟等遗迹单位，共计有各类遗迹 94 个（组），其中院落房址 1 组（院墙 2 道、房址 3 座）、井 2 口、墓葬 5 座、灰坑 81 个、灰沟 5 条。院落房址、井、墓葬、灰沟均开口于②层下，灰坑开口在②层下的有 48 个，开口在③层下的有 33 个。从整个发掘区来看，南部、东部遗迹分布密集，有多处叠压打破现象，中西部遗迹分布较为稀疏。③层下的遗迹多分布在遗址东南部，以 T2、T9 内最为集中。

出土器物以陶器为大宗，可分为生活用具、生产工具、建筑材料三类，多残碎严重，且遗迹单位出土遗物多寡不均，一半以上的遗迹基本没有或仅有少量陶片出土。也发现了少量石器、骨器、蚌器、铜器、铁器等器物。

方等遗址战国至汉代遗迹间构成了多达 30 余组的打破关系，但由于单个遗迹出土器物数量较少，具有分期意义的地层与遗迹间的叠压或打破关系较少，主要有以下六组：

第一组：②→G5→H67→④→生土

③→H49→H67→④→生土

③→H28→H49→④→生土

第二组：③→H17→④→生土

第三组：③→H71→生土

第四组：②→H14→H26→③→④→生土

②→G3→H26→③→④→生土

第五组：②→H7→③→H21→④→生土

第六组：②→H70→③→生土

通过将以上组各遗迹单位出土的陶器进行型式统计可看出，不同组别的出土器物具有一定的规律，不同型式的器物反映了不同的发展阶段。

第一组、第二组、第三组中③层下开口并打破生土的 H17、H28、H49、H67 中出土器物中，有些以Ⅰ式为主，如Ⅰ式深腹盆、BⅠ式盆、AⅠ式鬲；而豆、钵的型式齐全，Ⅰ式至Ⅲ式豆，AⅠ式、AⅡ式、BⅠ式钵均有出土；罐的种类多样，A 型、B 型、C 型陶罐均有出现，另有少量炉、盒、甑、锥形陶器、石杵、石斧等器物。

第四组、第五组、第六组中②层下开口并打破生土的 H7、H14、H26、H70、G3 的出土陶器以深腹盆、盆的数量为大宗，深腹盆、盆的型式也十分齐全；仍见有各种类型的钵；豆、A 型陶罐的数量减少，新增了 D 型、E 型陶罐；另外见有少量的炉、甑、鬲足、器盖等器物。H7 的器物种类十分丰富，陶器、石器、骨器、铁器均有出土。

根据以上遗迹的层位关系和陶器型式统计可以看出，不同组别的出土器物具有一定的规律，不同型式的器物反映了不同的发展阶段，可归纳出前后两期。依据共存的同类型式器物和层位关系，可以将遗址内其他相关遗迹单位归入上述两期。

第一期遗迹均为灰坑，以 H17、H28 最为典型。灰坑主要为圆形或椭圆形，出土器物数量较少，主要集中在少数 4、5 座灰坑中；长方形（长条形）灰坑数量少且多无遗物出土。出土器物以陶器为主，另有少量石器、蚌器、铜器等。陶器以泥质灰陶居多，亦见有少量的夹砂灰陶、黑陶及泥质红陶。纹饰流行绳纹和弦纹（图一四二）。出土的陶罐与南程遗址第三期罐相近，陶豆风格与邯郸百家村战国墓 M01 出土的陶豆基本一致。此外，H17 出土 2 件铜带钩，钩体呈弧形扁片状，半圆形钮首，其形制与河北永年何庄遗址[①]战国墓出土的铜带钩 M8：7 以及北京岩上战国墓出土的铜带钩 M19：1 较为相似。南程遗址第三期、百家村 M01 以及何庄遗址 M8 相对年代均为战国中晚期，因此方等遗址战国至汉代文化遗存的年代上限可定在战国中晚期。

第二期遗迹种类丰富，包括院落遗址、水井、墓葬、灰坑和灰沟等，以 H7、H26 较为典型。院落遗

---

① 河北省文物研究所：《河北省永年县何庄遗址发掘报告》，《华夏考古》，1992 年。

址内按南北方向依次排列有 3 座房址（F1、F2、F3）和东、南 2 道院墙。院落遗址南部的 H36、H37 均有明显的加工形成的竖槽痕迹；H7 内出土遗物种类多样，特别是铁农具、工具出土数量较多，这几处灰坑都可能与院落相关。水井废弃后可能都改作了垃圾坑用，特别是 J2 上半部形状不规则，又多砖瓦残块。墓葬为长方形土坑竖穴墓，均为单人葬，未见葬具，随葬品少见，可见墓主人等级身份较低。灰坑以圆形、椭圆形为主，长方形（长条形）灰坑多无出土器物或出土少量铁器、铜器。灰沟形状多不规整，沟底也凹凸不平，可能没有人为修整，主要是自然洼地。出土器物按质地可分为陶器、石器、骨器、蚌器、铜器、铁器等。以陶器为主，泥质灰陶居多，也见有部分夹砂灰陶、泥质黑陶、夹砂黑陶、泥质红陶和夹蚌泥质红陶等。纹饰以绳纹最为普遍，另见有弦纹、篮纹、戳印文、方格纹、凹弦纹、几何纹等，素面陶器亦占一定比例（图一四二、一四三）。院落遗址内出土大量砖瓦残块，房址内的出土陶器仅见釜、甑、深腹盆、盆几类，多可复原，不见其他器类。水井、灰沟内出土陶器种类丰富，还可以见到鬲、豆等与第一期联系紧密的器物。墓葬随葬品匮乏，仅出土 1 件陶器，与第一期 H17 形制较为相似。灰坑出土的陶器种类最为丰富，有罐、深腹盆、盆、钵、豆、瓮、鬲、炉、甑、釜、盒、盘、杯、器盖、箅等。F1 与河北永年何庄遗址①中发现的汉代房址 F1 具有较多的相似之处，此类房址在邯郸、邢台一带的汉代遗址中常有发现。遗址内出土的陶釜与燕下都遗址形制较为一致②；陶罐、陶盆、陶炉与南尚乐镇采集的同类器物形制相同；铁刀与满城汉墓 M1 出土铁刀、河北阳原北关汉墓的铁刀接近③；筒瓦、板瓦、瓦当等建筑构件也与何庄遗址④出土的形制十分相近，此类形制的建筑构件在邯郸、邢台一带的汉代遗址中常有发现。以上各汉代遗址的发掘报告都将其年代定为西汉早中期，通过比较，结合出土的五铢钱形制，方等遗址战国至汉代文化遗存的年代下限大体可定为西汉中期。

此外，②层下的一部分灰坑，由于没有出土器物，暂时无法确定其年代范围。虽然我们认为这批遗迹可分为战国晚期和西汉两期，但前后两期遗存的连续性很强，无法将其截然分开。

战国时期，燕山以南地区的考古学文化归属为中原文化系统的燕、中山和赵文化，其都城分别为燕下都、中山灵寿故城以及赵邯郸故城。邢台在战国时期属赵国的采邑。方等遗址在两汉时期分属于冀州刺史部。在西汉时归房子县管辖，属恒山郡；文帝元年（公元前 179 年），恒山郡更名常山郡，仍辖房子县。东汉建武十七年（公元 41 年），常山郡并入中山国，房子县遂改属之，二十年（公元 44 年）复析置常山郡，仍辖房子县⑤。

结合以往考古工作来看，该遗址在冀南地区所发现的汉代遗址中面积较大，并发现有房址、院墙、灰沟、井、灶、墓葬等较为齐全的生活设施，出土遗物亦较丰富。

通过出土器物的类型学分析不难发现，方等遗址汉代遗存所属的汉代冀州刺史部在考古学文化上明显承袭了"东周中原文化"的特征，尤其在西汉早中期最为显著，同时也吸收融合了部分冀北地区"东周燕文化"的因素，呈现出独特的文化面貌⑥。"东周中原文化"分布区的中心区域包括：邢台、

---

① 河北省文物研究所：《河北省永年县何庄遗址发掘报告》，《华夏考古》，1992 年第 4 期。

② 河北省文物研究所：《燕下都遗址内的两汉墓葬》，《河北省考古文集（二）》，燕山出版社，2001 年。

③ 河北省文物研究所：《河北阳原县北关汉墓发掘简报》，《考古》，1990 第 4 期。

④ 河北省文物研究所：《河北省永年县何庄遗址发掘报告》，《华夏考古》，1992 年第 4 期。

⑤ 杨生林主编，临城县地方志编纂委员会编：《临城县志》，团结出版社，1996 年。

⑥ 曾祥江：《河北地区汉墓研究》，中国人民大学硕士毕业论文，2011 年。

衡水的全部，邯郸、石家庄的中东部，保定和沧州的中南部。从以往考古工作来看，该区域内聚落遗址的发现数量较少，而汉墓的发现数量较大。西汉早中期以竖穴土坑墓为主要葬制，平民阶层的墓葬具一般为木棺或不见葬具，随葬品一般数量较少且器形较为简单，不出随葬品的墓葬占有一定数量。等级墓葬中随葬品以陶壶、陶罐等陶器组合以及铜钱、铜镜等铜器发现较多，墓主等级身份的不同决定了墓葬规模等级的高低。而本次发掘的方等遗址汉代墓葬中不见葬具，随葬品亦较少发现，加之汉代遗迹中出土遗物的数量虽多，特别是陶器及瓦片的数量相当可观，但在各类遗物中未发现等级较高者，陶器也不外乎罐、豆、釜、瓮等日常实用之器和陶纺轮、陶饼、陶球、陶拍等日常生产工具以及板瓦、筒瓦、瓦当等建筑材料，综合以上因素，方等遗址汉代遗存应为西汉中期的民间村落遗址，墓葬的形制和出土的随葬品应为平民阶层经济能力的真实体现。

第三节　宋金文化遗存

方等遗址内宋金文化遗存数量少，包括 2 座墓葬、少量随葬品和地层中出土的部分遗物。

地层中出土的遗物种类上包括瓷器、陶器、蚌器、铁器等，其中较有代表性的遗物包括出土的白釉、青白釉、酱釉、黑釉瓷片，均为宋金时期常见的民窑瓷器。另外地层中出土一枚刻有"士"字的陶棋子，也符合宋代象棋中出现"士"的史实。

该时期两座墓葬一座为洞室墓，一座为圆形砖室墓，均为宋代北方地区常见形制。土洞墓自战国时期出现以后，一直是中原、关中地区常见的墓葬形式，而圆形砖室墓也是唐墓流行的墓葬形式之一，宋墓承袭发展而来。从出土随葬品来看，包括少量瓷器，见有白釉碗、酱釉碗、黑釉碗、青白釉瓷碗等，均为民窑所烧，不见等级较高的瓷器。其中，M4 为圆形砖券穹顶结构，墓葬形制与河北平山西石桥宋墓形制比较接近。M5 随葬的白釉瓷碗与临城岗西村宋墓 GXM1：1①、平山宋墓白瓷碗基本相同，并出土铜钱"熙宁元宝"一枚，据此该墓的年代上限不早于北宋中期。

北宋时期土洞墓的形制结构基本上没有变化，但使用土洞墓的阶层却发生了显著的转变。北宋早期使用土洞墓的墓主与唐代中晚期基本一致，主要有低级官吏、城镇富商、农村乡绅，身份相对不低。但进入北宋中期以后，随着唐宋变革的社会转型逐渐完成，旧有的身份等级制度被摧毁，上述富裕阶层不满足于和平民同样使用土洞墓的限制，逐步发展到使用仿木建筑砖雕壁画墓②，其中河南禹县白沙宋墓最具代表③，这就为宋代墓葬的断代以及判断墓主人的身份等级提供了参考。如前文所述，根据出土的一枚"熙宁元宝"可知，方等遗址发现的两座墓葬年代应不早于北宋中期，以及所出瓷器均为民窑所烧，等级不高，故判断该遗址两座宋代墓葬的年代和性质应为北宋中晚期农村中的中小地主之墓。

---

① 邢台市文物管理处、临城县文物保管所、北京大学中国考古学研究中心：《河北临城岗西村宋墓》，《文物》，2008 年第 3 期。

② 张之恒主编：《中国考古通论》，南京大学出版社，2009 年。

③ 宿白：《白沙宋墓》，文物出版社，2002 年。

附 表

附表一 方等遗址遗迹登记表

编号	所在探方	层位	形状	坑口		深	坑底		时代	典型包含物	备注
				长径	短径		长径	短径			
H1	T1	②	椭圆形	230	224	80~82			战汉		②→H1→③→④→生土
H2	T1	②	椭圆形	310	220	85~90			战汉	陶盆、鬲足、陶锥形器	②→H2→③→④→生土
H3	T1	②	圆形	200		76	195		战汉		②→H3→③→④→生土
H4	T1	②	圆形	168		72	165		战汉	陶锥形器	②→H4→③→④→生土
H5	T1	②	圆形	178		74	178		战汉	陶锥形器	②→H5→③→④→生土
H6	T7	②	圆形	230		130	230		战汉	陶纺轮、陶锥形器、铁饰件、铁圈、铁器	②→H6→③→H21\H65→④→生土
H7	T7	②	圆形	330		200	330		战汉	石滚子、陶纺轮、陶锥形器、陶瓦当、骨簪、铁钉、铁犁铧、铁刀、铁镢、铁镰、铁柄铜镞	②→H7→③→H21→④→生土
H8	T18	②	圆形	100		40	100		战汉		②→H8→③→生土

续表

编号	所在探方	层位	形状	坑口		深	坑底		时代	典型包含物	备注
				长径	短径		长径	短径			
H9	T2	③	长方形	124	70~85	80	124	70~85	战汉		③→H9→④→生土
H10	T2	③	圆形	135		76	135		战汉		③→H10→H11→④→生土
H11	T2	③	椭圆形	150	120	60	150	120	战汉		③→H10→H11→H31→④→生土
H12	T2	②	长方形	170	80	80	170	80	战汉		③→H12→④→生土
H13	T9	②	圆形	157		122	180		战汉	铁器	②→H13→③→④→生土；H13→H46
H14	T3	②	椭圆形	214	170	142	146	120	战汉	陶盆、陶钵、高足	②→H14→H26→③→生土
H15	T10	③	长方形	206~208	100~126	96			战汉		③→H15→生土
H16	T9	②	圆形	144		116	142		战汉		②→H16→③→生土
H17	T5	③	圆形	182		70	150		战汉	陶罐、陶豆、陶锥形器、陶鬲、铜带钩	③→H17→④→生土
H18	T10	③	弧角长方形	268	112	43	242	94	战汉		③→H18→生土
H19	T5	②	长条形	340	66	50	340	66	战汉	陶锥形器	②→H19→③→④→生土
H20	T5	②	椭圆形	260	156	50	240	126	战汉		②→H20→③→④→生土
H21	T7	④	椭圆形	225	166	75	225	166	商周	陶罐、罕足	④→H21→生土
H22	T7	②	椭圆形	240	110	30	240	110	战汉	陶盆	②→院墙→H22→H23→③→④→生土
H23	T7	②	长方形	105	75	45	105	75	战汉		②→H22→H23→③→④→生土 H23→H24

续表

编号	所在探方	层位	形状	坑口		深	坑底		时代	典型包含物	备注
				长径	短径		长径	短径			
H24	T7	③	长方形	230	85~105	60	224	76~97	战汉		③→H24→④→生土 H23→H24
H25	T3	④	椭圆形	214	186	34	214	166	商周	陶罐、陶尊、陶碗、陶三足杯、高足、陶饼、石刀、骨镞	④→H25→生土
H26	T3	②	椭圆形	455	290	54~78	455	290	战汉	陶盆、陶钵、高足	②→H14/G3→H26→③→④→生土
H27	T5	②	椭圆形	174	146	50	140	132	战汉		②→H27→③→④→生土
H28	T2	③	椭圆形	366	312	80			战汉	陶罐、陶盆、陶钵、陶豆、陶炉、石斧	③→H28→H49→H66→④→生土；H28→H66
H29	T2	③	椭圆形	70	60	20	70	60	战汉		③→H29→④→生土
H30	T2	③	圆形	124		20	124		战汉		③→H30→④→生土
H31	T2	③	圆形	120		60	100		战汉		③→H11→H31→④→生土
H32	T2	③	圆形	232		110	232		战汉	陶盆、陶钵、陶罐、陶炉	③→H32→④→生土
H33	T11	②	长方形	288	204	48~52			战汉	五铢钱、铁铲	②→H33→H54→③→生土
H34	T9	③	圆形	138	90	50~64			战汉	陶罐	③→H34→生土
H35	T9	③	椭圆形	252	220	52	230	185	战汉	陶罐、陶锥形器	③→H35→H44/H45→生土
H36	T6	②	圆形	320		190	330	330	战汉	陶罐、陶炉	②→H36→③→④→生土
H37	T6	②	圆形	290		160			战汉		②→H37→③→④→生土
H38	T10	③	圆形	136		116~118	110		战汉		③→H38→生土

续表

编号	所在探方	层位	形状	坑口		深	坑底		时代	典型包含物	备注
				长径	短径		长径	短径			
H39	T5	③	圆形	217~220		94	217~220		战汉		③→H39→④→生土
H40	T5	③	椭圆形	186	140	20	170	130	战汉		③→H40→④→生土
H41	T5	③	椭圆形	94	66	34	94	66	战汉		③→H41→④→生土
H42	T9	③	圆形	254		74	250		战汉	蚌刀	③→H42→生土
H43	T7	③	不规则	330	240	40			战汉	陶豆、鬲足	③→H43→④→生土
H44	T9	③	圆形	106	106	52	100	100	战汉		③→H35→H44→生土
H45	T9	③	椭圆形	204	135	48	200	136	战汉		③→H35→H45→生土
H46	T9	③	椭圆形	174	120	68	170	98	战汉		③→H46→生土 H13→H46
H47	T9	②	椭圆形	140	80	75	128	66	战汉		②→H47→③→生土
H48	T7	③	长方形	125	120	42	125	120	战汉		③→H48→④→生土
H49	T2	③	椭圆形	332	266	70	332	266	战汉	陶盆、陶钵、陶豆	③→H28→H49→H66＼H67→ ④→生土 ②→G5→H49
H50	T3	②	圆形	82~216		120	82		战汉		②→H50→③→④→生土
H51	T3	③	圆形	150		105	150		战汉	铁铲	③→H51→④→生土
H52	T4	②	圆形	212		84	154		战汉		②→H52→③→④→生土
H53	T3	②	圆形	174	154	104	166	166	战汉	铜饰件、铁钩	②→H53→③→④→生土

续表

编号	所在探方	层位	形状	坑口		深	坑底		时代	典型包含物	备注
				长径	短径		长径	短径			
H54	T11	②	椭圆形	90	100	52	90	100	战汉		②→H33→H54→③→生土
H55	T16	②	椭圆形	94	79	18	88	75	战汉	陶盆	②→H55→③→生土
H56	T16	②	长条形	178	78	32	176	76	战汉		②→H56→③→生土
H57	T14	②	椭圆形	172	136	92	120	105	战汉	陶盆，陶钵	②→H57→③→生土
H58	T18	②	长条形	238	100	58	196	90	战汉		②→H58→③→生土
H59	T18	②	圆形	136~144		40	116~126		战汉		②→H59→③→生土
H60	T8	③	圆形	230		90	230		战国	陶鬲	④→H60→生土
H61	T14	②	圆形	100		65	60		战汉		②→H61→H63→③→生土
H62	T20	②	椭圆形	196	148	47	196	148	战汉		②→H62→G1→③→生土
H63	T14	②	长条形	226	120	112	170	115	战汉	陶盆	②→H63→③→生土
H64	T18	②	圆形	204~208		60	204~208		战汉	陶容具	②→H64→③→生土
H65	T7	③	长方形	250	220	80	250	220	战汉	陶锥形器，蚌刀	③→H65→④→生土　H6→H65
H66	T2	③	圆形	190~196		60	183		战汉		③→H28＼H49→H66→④→生土
H67	T2	③	圆形	276		40			战汉	陶罐，陶盆，陶钵，陶炉	③→H49→H67→④→生土　②→G5→H67
H68	T18	②	椭圆形	138	110	50	138	110	战汉		②→H68→③→生土

续表

编号	所在探方	层位	形状	坑口		深	坑底		时代	典型包含物	备注
				长径	短径		长径	短径			
H69	T18	②	圆形	105~120		70	120		战汉		②→H69→③→生土
H70	T20	②	不规则形	345	180	70	345	180	战汉	陶盆	②→H70→③→生土
H71	T16	③	圆形	260		108	260		战汉	陶罐、陶盆、陶豆	③→H71→生土
H72	T13	②	圆形	91		86	91		战汉		②→H72→③→生土
H73	T13	②	椭圆形	220	160	85			战汉	陶盆、陶豆	②→H73→③→生土
H74	T8	②	圆形	175		30	140		战汉	陶豆	②→H74→③→④→生土
H75	T4	②	圆形	256		106	256		战汉	陶罐、陶杯、鬲足、陶豆	②→M6→H75→③→④→生土
H76	T14	③	圆形	165		42	165		战汉		③→H76→生土
H77	T14	②	椭圆形	195	110~120	60	195	110~120	战汉		②→院墙→H77→③→生土
H78	T4	④	椭圆形	270	224	62	270	224	商周	陶鬲、陶罐	④→H78→生土
H79	T13	②	不规则形	166	149	72~78			战汉		②→H79→③→生土
H80	T13	②	长方形	200	170	74~76			战汉	陶盆	②→H80→③→生土
H81	T7	②	圆形	230		130	230		战汉		②→H81→③→④→生土
H82	T3	②	圆形	160		64	160		战汉	陶豆、陶锥形器	②→G3→H82→③→④→生土
H83	T18	②	长条形	300	100~172	34	300	100~172	战汉		②→H83→③→生土
H84	T9	③	圆形	150		42	148		战汉		③→H35/H42/H45→H84→生土
G1	T20、T16	②	长条形	570	75~153	46~50			战汉		②→H62→G1→③→生土
G2	T16、T20	②	长条形	890	130~220	51~67	890	130~212	战汉	陶罐、陶盆、陶钵、铜钱、铁箭镞	②→G2→③→生土

续表

编号	所在探方	层位	形状	坑口			坑底			时代	典型包含物	备注
				长径	短径	深	长径	短径				
G3	T3、T4、T8	②	不规则曲尺形	624	58～284	30～120	624	58～284	战汉	陶盆，陶甑，陶豆，鬲足，陶锥形器	②→G3→H82/H26→③→④→生土
G4	T12、T13	②	不规则长条形	545	90～220	64	545	90～220	战汉		②→H79→G4→③→生土
G5	T2	②	长条形	212	30～60	16	212	30～60	战汉	板瓦	②→G5→③→④ G5→H49/H67
F1	T11	②	弧角长方形	410	340～370	15～20	410	340～370	战汉	陶釜，板瓦，铁钉，铁器	
F2	T15	②	长方形	980	600	20～40	980	600	战汉	陶盆，铁镞	
F3	T18、T19	②	长方形	890	700		890	700	战汉	陶盆，陶釜，瓦，方砖	
J1	T10	②	圆形	134		345	70		战汉	陶饼A，陶球，瓦当模具	②→J1→③→生土
J2	T13、T17	②	圆形	515		416	196		战汉	陶罐，陶盆，陶瓮，陶锥形器，蚌刀	②→J2→③→生土

附表二　方等遗址墓葬登记表

编号	所在探方	开口层位	方向	墓口 长×宽	墓底 长×宽	深度	葬式	人骨保存情况	头向及面向	随葬品	时代
M1	T9	②	195°	180×80	180×80	45	单人仰身直肢	差	头向西南面面向上	陶罐，石环	战汉
M2	T8	②	355°	215×65	215×65	70		差		蚌器，铁钉	战汉
M3	T8	②	355°	210×95	205×90	120	单人侧身屈肢	差	头向北，面向东		战汉
M4	T12	②	176°	250	266	180		差		瓷碗，铜镜，棺钉	宋金
M5	T8	②	10°	252	140	72		差		瓷碗，铜钱"熙宁元宝"	宋金
M6	T4	②	215°	174～190× 58～82	174～190× 58～82	38～56	单人侧身屈肢	好	头向西南面面向东		战汉
M7	T8	②	350°	195×68	195×68	70	单人侧身屈肢	差	头向北，面向东		战汉

下篇　张家台

第一章　绪论

第一节　遗址位置

为配合南水北调工程文物保护工作，中山大学人类学系受河北省文物局委托，在邢台市文物管理处和临城县文物管理所的配合下，对张家台遗址进行了抢救性考古发掘。

张家台遗址位于河北省邢台市临城县县城临城镇东南张家台（现称黑沙一村）东北约100米的两条冲沟交汇地带。地势西高东低呈阶梯状分布。遗址的北、东、西部均为冲沟，西南部为居民区。地表种植有玉米、花生等农作物。在遗址地表和断崖散见绳纹陶片和瓦片，亦见有灰陶罐、盆等器物残片（图一，彩版一）。

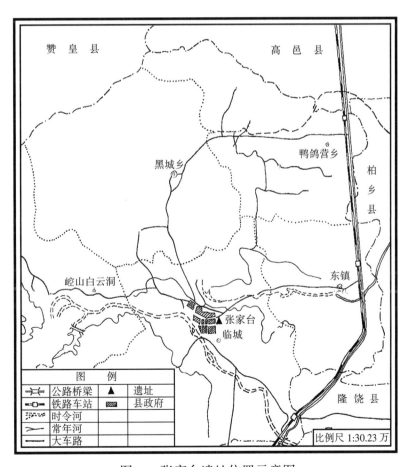

图一　张家台遗址位置示意图

第二节　遗址概述

　　该遗址计划勘探面积800平方米，实际勘探面积1000平方米。计划发掘面积2000平方米，实际发掘面积2000平方米。我们在确定发掘区域后，定下基点，以正北方向布置10米×10米探方共20

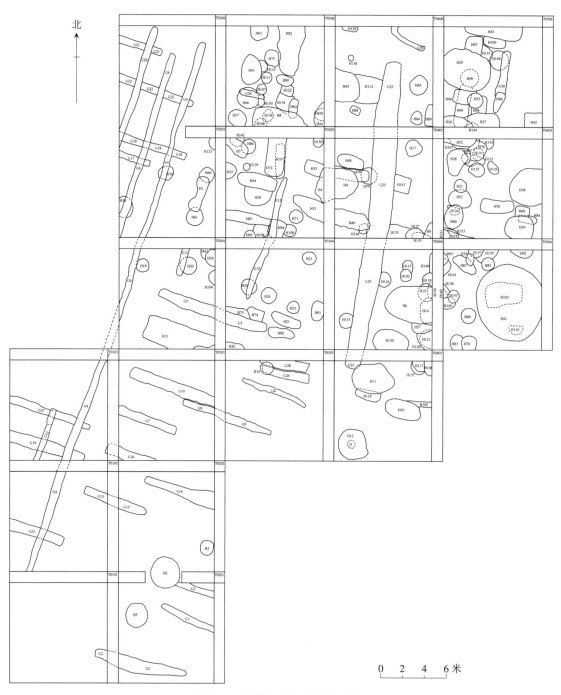

图二　张家台遗址总平面图

个。经发掘了解到该遗址地层堆积 4~7 层，其中第①、②层属于近现代耕土层，第③层为明清文化层，第④、⑤层为宋元文化层，第⑥、⑦层为西汉时期文化层。本次发掘共灰坑 161 座、灰沟 30 条、水井 1 座，绝大多数属于西汉时期，部分灰坑形制较为规整，圆口直壁，推测为窖穴（图二）。

该遗址出土遗物主要为陶器和瓦类残片，还有少量铜器、铁器和石器等。可辨识器物种类有陶盆、陶壶、陶盂、陶瓮、陶甑、陶釜、盘状器、陶纺轮、筒瓦、板瓦、铁削、铁锄、磨石等。登记小件及标本号 1200 多件，可复原陶器仅 30 余件。而且器物类型较为简单，变化式样较少。其中以陶饼、瓷饼、陶盆和瓦类残片等为大宗。

第三节 发掘经过与资料整理

一 发掘经过

2009 年 6 月，由中山大学考古专业师生，以及湖北省襄樊市考古所、宜城市博物馆、谷城县博物馆、河北省临城县文保所工作人员等组成"河北南水北调中山大学临城考古工作队"进驻临城。6 月下旬进点勘测，7 月 3 日正式开始勘探工作。7 月 14 日开始发掘，9 月 19 日完成田野发掘工作。本次发掘领队为郑君雷教授，参加发掘人员有博士留学生贾兴和，研究生樊鑫、黄渺淼、陈秀珠、卓猛，本科生张潇、张倩、魏源、王婷婷、郑克祥、张烨坤、单莹莹、孙赛雄，湖北和河北考古技术人员任挺、黄宗卫、王信忠，技工董少清、杨明保。

二 资料整理

在田野发掘结束后，我们将出土文物移至临城县文管所工作基地。从 2010 年到 2011 年郑君雷教授先后多次利用寒暑假期的时间空档，从广州奔赴临城组织室内整理工作，并完成初步发掘资料整理和标本修复等工作。参加人员有马艳、姚妍晶、董少清等。

2011 年 8 月初，郑君雷教授带领 5 名研究生作最后一次室内整理工作。具体工作由肖达顺主持，并于 9 月初完成对器物标本的绘图、照相，器物卡片的制作以及出土遗物的移交工作等。参与人员还有研究生姚妍晶、梁侨、欧阳云、张倩，以及技工董少清、李中敏、武丽霞。

第二章　地层堆积及文化分期

第一节　地层堆积

一　典型剖面举例

为了较为完整地表现整个工地的文化层堆积状况和每层下遗迹概况，我们选择了处于发掘区也是该遗址较为中心的区域，且经过遗迹相对丰富的 T0204—T0304—T0404—T0504 四个探方的北壁（图三）为例子，对该遗址的地层堆积一一作简要的介绍。

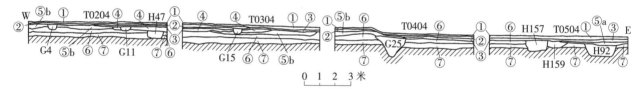

图三　张家台遗址典型剖面图

T0204—T0304—T0404—T0504 四个探方的北壁

第①层：浅灰土，为现代耕土层。厚 0.05 ~ 0.25 米。土色浅灰，土质疏松。包含物有植物根系、石块、烧土块和炭灰。出土遗物以近现代陶瓷片为主，也有较多的早期陶瓦残片。

第②层：深灰土，较早时期耕土层。深 0.07 ~ 0.25 米，厚 0 ~ 0.2 米。土色深灰，土质疏松（但较第①层致密）。出土遗物仍以近现代陶瓷片为主，较①层相差不大。

第③层：黄土。深度为 0.2 ~ 0.38 米，厚度为 0.05 ~ 0.2 米。黄色，土质细腻均匀，松软，略带沙性。出土遗物包括陶片和瓦片。陶片以泥质灰陶居多，亦有极少泥质红陶和夹蚌灰陶。可辨器形以盆居多，其次有罐、瓮等。纹饰以素面为主，又有凹弦纹、绳纹、篮纹、抹断绳纹和戳印纹。瓦片均为泥质灰陶板瓦，瓦片纹饰以平行绳纹居多，其次为素面、外平行绳纹内凸点纹、外平行绳纹内布纹、外交错绳纹内凸点纹以及交错绳纹。瓷片多为酱釉瓷、青花瓷、白瓷和青瓷，以腹片居多。

第4层：黄褐色花土。深度为 0.2 ~ 0.75 米，厚度为 0 ~ 0.5 米。黄褐杂色，颗粒均匀，土质黏软疏松。出土遗物以陶片和瓦片居多，亦有少量瓷片。陶片多为灰胎泥质灰陶，亦有少量褐胎泥质灰陶。可辨器形多为盆，亦见少量瓮。纹饰以素面和绳纹居多，其次为凹弦纹、凸弦纹和抹断绳纹。瓦片均为泥质灰陶，以板瓦居多，筒瓦较少。板瓦纹饰多为细绳纹，其次为外素面内布纹、外交错绳纹内凸点、外素面内抹断绳纹、素面以及外交错绳纹内方格纹。筒瓦纹饰均为抹断绳纹。瓷片包括酱釉瓷、白釉瓷等。

第5层：红褐土。深度为 0.19 ~ 0.48 米，厚度为 0 ~ 0.3 米。红褐色，颗粒均匀，土质较致密。

出土遗物以陶片居多，其次为瓦片。陶片以泥质灰陶居多，亦有少量夹砂（云母屑）红陶。可辨器形多为盆和罐，亦见少量缸。纹饰以素面居多，其次为凹弦纹，亦有少量绳纹和重环菱格纹。瓦片均为泥质灰陶，多板瓦，亦有少量筒瓦。瓦片正面纹饰均为绳纹，背面纹饰多素面和布纹，也有少量绳纹。

第6层：黑褐土。深度约为 0.3 ~ 1 米，厚度为 0 ~ 0.5 米。土色较深，颗粒均匀，土质致密。未见包含物。

第7层：灰白土。深 0.75 米 ~ 1.13 米，厚 0.15 米 ~ 0.5 米，全方分布。夹杂棕褐色和黄色土斑，土质致密纯净，黏性较大。未见包含物。

第7层下为生土，灰黄色，土质纯净。

二 堆积概况

以上是较为完整的文化层堆积概况。该遗址不同区域的地层堆积或许有部分文化层缺失，但大致都有 4 ~ 7 层（附表一）。总体来说，除个别地层分布范围较小或局部缺失外，整个工地地势相对平坦，地层分布较为均匀，北部与西部边缘地层较薄，但起伏不大。各时期地层堆积在整个发掘工地中的具体分布如图四所示。

首先，第①层是现代耕土，全工地皆有分布，未另作示意图。此层下开口遗迹有 H8、G20、G21、G22、G24、H64、H65、H89。但是可以发现这些遗迹所在探方都有②、③、④或至还有⑤层的地层缺失，从层位上看只能确认这些迹象早于①层而晚于⑤层或⑥层（附表二）。

第②层是近代耕土，除北部和西部六个探方外，工地余部皆有分布。此层下开口遗迹有 H9、H19、G4、G15、G16、H1、H4、H7、G6、G17、G18、G20、H17、G12、G19、G23、G27。同样，此层下以及下面几层下开口的遗迹都有几个不同的层位区间，不另赘述。

第③层应是明清时期人类活动形成的堆积，除北部六方和西南两方外，工地余部基本皆有分布。此层下开口遗迹有 G11、H13、H20、H21、G5、G8、G10、H2、H3、H5、H6、H14、H15、H26、H27、H28、H29、H31、H35、H38、H40、H42、H43、H50、H51、H52、H53、H57、H66、H67、H77、H78、H93、H96、H97、H98、H99、H100、H101、H102、H115、H119、H120、H124、H125、H126、H127、H130、H131、H132、H133、H135、H140、H143、H145、H154、H157、H158、H160、H161、G1、G2、G3、G7、G9、G13、G14、G30、H10、H11、H39、H56、H69、H84、H105、H106、H117、H118、H137、H144、H151、H152、H153、H121、H128。

第④层应是宋元时期人类活动形成的堆积，仅见于 T0204—T0205—T0304 三方。此层下开口遗迹有 H22、H23、H24、H25、H30、H36、H47、H104。

第⑤层分 a 和 b 两片堆积，主要出土西汉时期的陶瓦残片，但个别探方如 T0303、T0306、T0406 和 T0504 等还发现极少量的宋元时期白瓷片等晚期遗物，因此也应该先将该层归属于宋元时期人类活动形成的堆积。其中⑤b 层主要分布于工地西北大部，⑤a 层则仅见于 T0303—T0403—T0504 三方。⑤a 层下开口遗迹有 H85、H159、H12、H41、H68、H76、H83、H92、H103、H110、J1。⑤b 层下开口遗迹有 H16、H18、H32、H33、H34、H37、H44、H45、H46、H48、H49、H54、H55、H58、H59、H60、H61、H62、H63、H70、H71、H72、H73、H74、H75、H79、H80、H81、H82、H86、H87、

图四 张家台遗址部分地层堆积分布示意图

H88、H90、H91、H94、H95、H107、H108、H109、H111、H112、H113、H114、H116、H122、H123、H129、H134、H136、H138、H139、H141、H142、H146、H147、H148、H149、H150、H155、H156、G25、G26、G28、G29。⑤a 和 b 两层下发现的遗迹不见宋元或以后的瓷片等遗物，全是西汉时期的陶瓦残片等，因此，这两层下的遗迹应该属于西汉时期。

第⑥层文化堆积中也出土少量西汉时期的陶瓦残片，应也是西汉时期人类活动形成的堆积，基本全工地皆有分布，不另作示意图。第⑦层基本未见文化遗物，推测也是属于西汉时期或更早的人类活动形成的堆积。未发现⑥、⑦两层下开口遗迹。

各探方遗迹的叠压打破关系有：（图五）

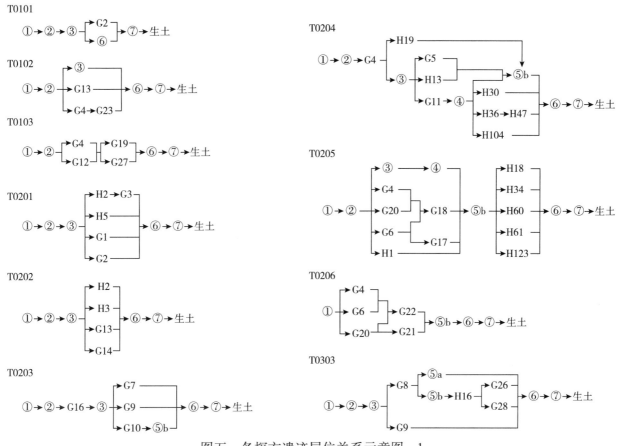

图五　各探方遗迹层位关系示意图 - 1

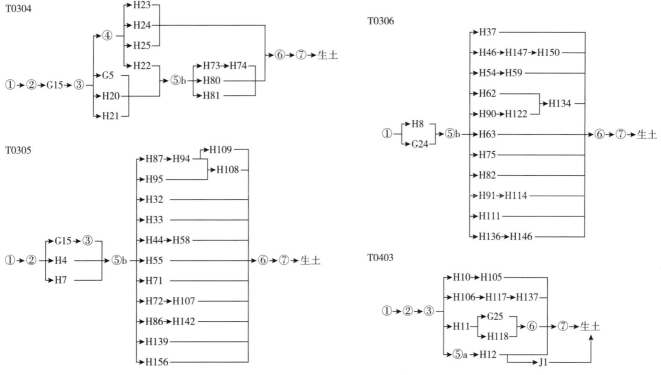

图五　各探方遗迹层位关系示意图 - 2

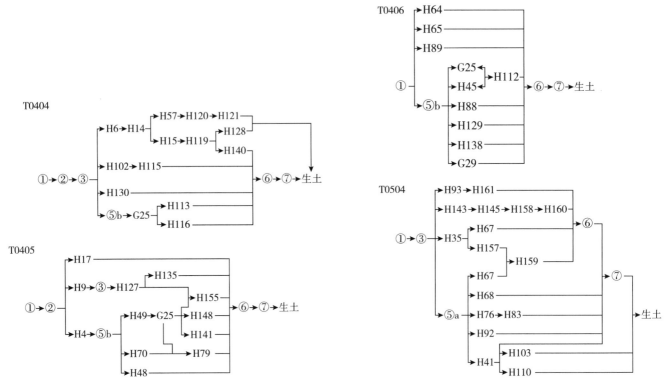

图五　各探方遗迹层位关系示意图 – 3

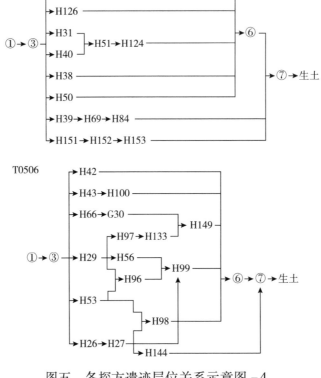

图五　各探方遗迹层位关系示意图 – 4

三　堆积层位关系特点

从附表二可见，该遗址主要文化层堆积有 7 层，而只有较晚的 5 层下发现遗迹单位。由于工地各部不同文化层的缺失，同一层下开口的遗迹所处的层位区间又各有长短，因此，同一层位下开口的遗迹也有必要考虑较之早的最晚的层位关系，从而区分更细的层位区间。据此，同时经过各探方地层和遗迹，遗迹与遗迹之间的叠压打破关系补充较正可得出以下层位关系：

1. 第①层下开口遗迹中，又可以分 2 个层位区间。其中区间 1，缺少与②、③、④层间的关系，直接打破⑤b 层，共 4 个，H8、G21、G22. G24；区间 2，直接打破⑥层，共 3 个，H64、H65、H89。

2. 第②层开口遗迹中，可分 3 个层位区间。区间 3，打破③层，共 5 个，H9、H19、G4、G15、G16；区间 4，直接打破⑤b 层，共 7 个，H1、H4、H7、G6、G17、G18、G20；区间 5，直接打破⑥层，共 5 个，H17、G12、G19、G23、G27。

3. 第③层下开口遗迹中，可分 5 个区间。区间 6，打破④层，共 1 个，G11；区间 7，直接打破⑤b 层，共 6 个，H13、H20、H21、G5、G8（同时打破⑤a 层）、G10；区间 8，直接打破⑥层，共 63 个，H2、H3、H5、H6、H11、H14、H15、H26、H27、H28、H29、H31、H35、H38、H40、H42、H43、H50、H51、H52、H53、H57、H66、H67、H77、H78、H93、H96、H97、H98、H99、H100、H101、H102、H115、H118、H119、H120、H124、H125、H126、H127、H130、H131、H132、H133、H135、H140、H143、H145、H154、H157、H158、H160、H161、G1、G2、G3、G7、G9、G13、G14、G30；区间 9，直接打破⑦层，共 13 个，H10、H39、H56、H69、H84、H105、H106、H117、H137、H144、H151、H152、H153；区间 10，直接打破生土，共 2 个，H121、H128。

4. 第④层下开口遗迹中，可分 2 个区间。区间 11，打破⑤b 层，共 1 个，H22；区间 12，直接打破⑥层，共 7 个，H23、H24、H25、H30、H36、H47、H104。

5. 第⑤层中，⑤b 层下开口遗迹只有 1 个区间，区间 13，其中迹象都打破⑥层，共 64 个，H16、H18、H32、H33、H34、H37、H44、H45、H46、H48、H49、H54、H55、H58、H59、H60、H61、H62、H63、H70、H71、H72、H73、H74、H75、H79、H80、H81、H82、H86、H87、H88、H90、H91、H94、H95、H107、H108、H109、H111、H112、H113、H114、H116、H122、H123、H129、H134、H136、H138、H139、H141、H142、H146、H147、H148、H149、H150、H155、H156、G25、G26、G28、G29。⑤a 层下开口遗迹中，可分 3 个区间。区间 14，打破⑥层，共 2 个，H85、H159；区间 15，直接打破⑦层，共 6 个，有 H12、H41、H68、H76、H83、H92；区间 16，直接打破生土，共 3 个，H103、H110、J1。

上述层 16 个区间中，最小的区间单位则仅有 5 个，即②层下打破③层，③层下打破④层，④层下打破⑤层，以及分别⑤a 和 b 两层下打破⑥层。其中，大多数的遗迹层位基本没有偏离"⑤层下打破⑥层"这个层位区间，偏离这个区间之外的，一般都可以确认是宋元或明清的遗存，可见没有偏离这个区间的遗存是该遗址的主体文化遗存。

第二节　文化分期

从上述层位关系特点，结合各单位出土遗物判断，该遗址各文化层堆积以及各层下遗迹大致可分为三个时期的遗存。最早的是西汉时期，其次是宋元时期，最晚的是明清时期。

一　西汉遗存

主要是⑤a 层和⑤b 层下发现的 149 个遗迹，出土西汉时期的各种陶器和砖瓦残件等。其中包括第⑤层下的 4 个层位区间（13、14、15、16）中的大部分遗迹，还包括出土少量文化遗物的第⑥层。此外，区间 2 和区间 8 的大多数灰坑所在探方部分晚期层位缺失而直接打破第⑥层，出土遗物与前面几个区间内的遗迹一致，因此也应同属西汉时期。

二　宋元遗存

这时期的遗迹出土的遗物主要还是西汉时期的泥质灰陶器和砖瓦残片等，但同时也出土宋元时期一些白瓷片、酱釉瓷片和青瓷片等，所以将之归为宋元时期遗存。确认这时期的遗迹较少，主要有 13 个，分属于不同的层位区间。按所在区间顺序分别有 H8、G24、H1、H19、H17、H21、H11、H10、H39、H22、H41、H103、H110。此外，第④、⑤a 和⑤b 层几个文化层也出土相近的遗物，也应该属于这时期遗存。

三　明清遗存

这时期的 29 个遗迹主要出土明清遗物，其中包括最晚的几个区间（1、3、4、5、6、7）中的遗迹，以及还有区间 8 中的灰沟，以及第①、②、③层几个文化层出土的遗物。

另外，还有区间 2 的 H64 层位跨度太大，没有其他叠压打破关系，且未见遗物，具体时代不明。

第三章　西汉遗存

第一节　遗迹

该遗址发现的149个西汉时期遗迹中，基本分布在该发掘工地的东北九方。这批迹象包括灰坑136座，灰沟12条和水井1座，分别举例介绍如下。

一　灰坑

灰坑为该遗址数量最多的迹象，从层位关系来看，灰坑间的叠压打破或平列关系错综复杂，但从上述介绍的地层层位区间范围来看，基本属于一个大时期。根据灰坑的开口形状，大致可分成圆形、椭圆形、长方形和不规则四大类，然后根据坑壁和坑底形状又可细分筒状、锅底状和袋状几小类（附表三）。

大多灰坑形状规整，应该是有一定功能和用途。尤其是各种圆形或椭圆形的筒状坑，都是坑壁竖直且底部平整。有些如部分锅底状浅坑功能性就不太明确，可能只是一些比较随意的生活垃圾坑。

1. A 型圆形坑

共84座。

Aa 型圆形筒状坑

44座。坑壁竖直，底部平整，如筒状。大小相差不大，直径多在1~2米之间。

H75　位于T0306西北部。开口于⑤b层下，打破⑥层。坑壁竖，底部平整。直径约1.24、深0.62米。坑内堆积为黄土，土质松软。出土大量陶片和瓦片，较完整的仅有陶饼1件（图六，彩版五）。

H125　位于T0505西北部。开口于③层下，打破H132。西壁倾斜度较大，东、南、北三壁则竖直，坑底平整。直径为1.36、深度0.64米。坑内堆积为黑褐土，土质致密。出土大量陶片和瓦片。较为完整的仅有陶饼6件（图七，彩版五）。

Ab 型圆形锅底状坑

38座。坑壁大多弧形或斜直，底部小平底或略有起伏，有的或呈圜底状。直径多在0.5~2.4米之间，个别还有4米多的。

H46　位于T0306西南部。开口于⑤b层下，打破H147。坑壁斜直，略弧，底部较平整。开口直径约为1.9、底径1.45、深1.14米。坑内堆积为夹杂红烧土粒的黄褐色土，均匀而松软。出土大量陶片和瓦片，还有少量骨骼。其中较完整的仅有陶饼4件（图八，彩版五）。

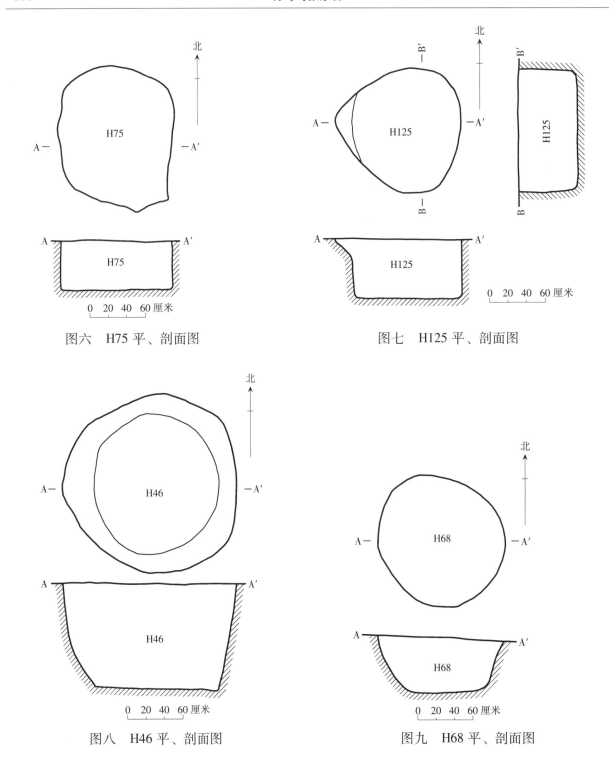

图六　H75 平、剖面图　　　　　　　　图七　H125 平、剖面图

图八　H46 平、剖面图　　　　　　　　图九　H68 平、剖面图

　　H68　位于 T0504 西南部。开口于⑤b 层下，打破⑦层。坑壁略斜，坑底大体平整。坑口直径约为 1.4、底径约 1、深 0.6 米。坑内堆积为黄褐色花土，土质松软较黏，包含植物根须、炭粒及红烧土粒等。出土大量残碎陶片和瓦片。未见可复原器（图九，彩版五）。

　　Ac 型圆形袋状坑

　　2 座。口小底大，底部平整，呈垂腹袋状。

H12　位于探方 T0403 西南角。开口于⑤a 层下，打破 J1 和⑦层。坑壁不甚规整，北壁内凹较剧，但大致外斜，成垂腹袋状，坑底总体较平。坑口直径约 2.5、底径 3、深 1.2 米。坑内堆积为黄褐色土，土质疏松，包含较多的细小沙粒及较大的河卵石块，红烧土颗粒和木炭块。出土大量陶器残件、陶片和瓦片等。其中较完整的仅有 7 件陶饼（图一〇）。

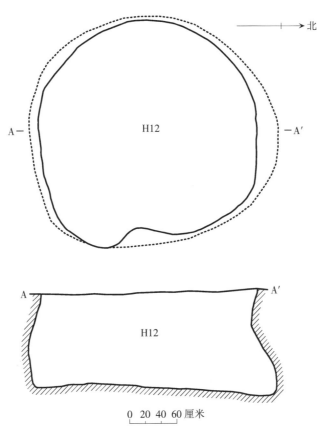

图一〇　H12 平、剖面图

H30　位于 T0204 东北部。开口于④层下，打破⑥层。坑口直径约为 1.48、底径 1.65、深 0.92 米。坑壁外斜，呈垂腹袋状，坑底平整。坑内堆积可分两层，上层黄褐色花土，包含红色酥石、植物根须等，土质松软较黏；下层为灰褐色，土质疏松较杂，夹杂许多植物根须和少量骨头。出土少量陶片和瓦片，其中坑底西侧还发现一小块头盖骨。未见可复原器（图一一，彩版五）。

2. B 型椭圆形坑

共 33 座。开口平面呈椭圆形或近椭圆形。

Ba 型椭圆形筒状坑

7 座。与 Aa 圆形筒状坑相近，壁直底平，约呈筒状。长 1.1 ~ 2.5、宽 0.6 ~ 0.17 米。

H28　位于 T0505 西北部。开口于③层下，打破 H77。坑

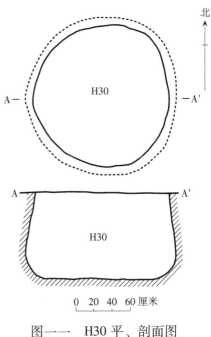

图一一　H30 平、剖面图

壁竖直，底部较为平整。长约2.5、宽1.7、深1.2米。坑内堆积为黄土。出土大量的陶器残件、陶片和瓦片，还有少量兽骨和磨石等。较完整的有陶饼9件（图一二）。

　　H91　位于T0306的中部偏西。开口于⑤b层下，打破H114。坑壁竖直，底部较平整。长约2.9、宽1.84、深0.82米。坑内堆积为夹杂红烧土粒的黄褐色土，颗粒细小，较松软。出土大量陶片和瓦片。其中较为完整的有陶饼3件，纺轮1件（图一三，彩版五）。

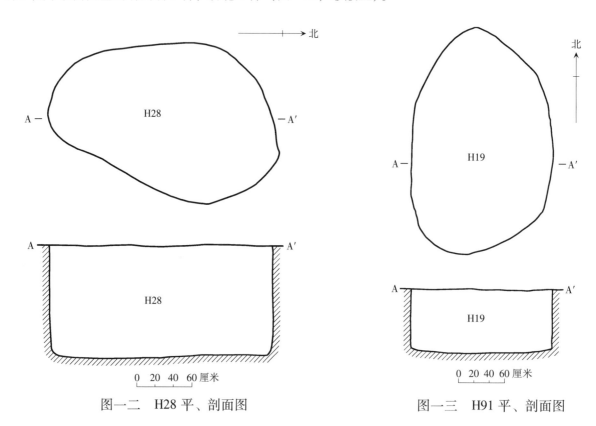

图一二　H28平、剖面图　　　　　　　　　图一三　H91平、剖面图

　　Bb型椭圆形锅底状坑

　　26座。与Ab圆形锅底状坑相近，坑壁大多弧形或斜直，底部小平底或略有起伏，有的或呈圜底状。长多为1.5~3米，个别5米多，宽约1~1.8米。

　　H118　位于探方T0403西北部。开口于③层下，被H11打破，打破⑥层。残存部分长约2.36、宽1.1、深0.72米。坑壁弧曲，下收成圜底。坑内堆积分两层，上层为偏红的黄褐土，下层为黄褐土，土质疏松，含较多沙粒和小河卵石块。出土一些陶器残件、陶片等。未见可复原器（图一四，彩版六）。

　　H127　位于探方T0405东南角。开口于③层下，被H9打破，打破H135、H155。残存部分长1.9、宽1、深0.4米。坑壁弧曲内收往下呈圜底。坑内堆积为夹杂少许灰、黑土的黄褐土，质地疏松。东半部土壤夹杂较多的草木灰，整个坑内包含较多的红烧土颗粒，碎小泥质红砖块。出土一些陶片，还有几块兽骨。较完整的有陶饼2件（图一五）。

　　3. C型长方形坑

　　共5座。

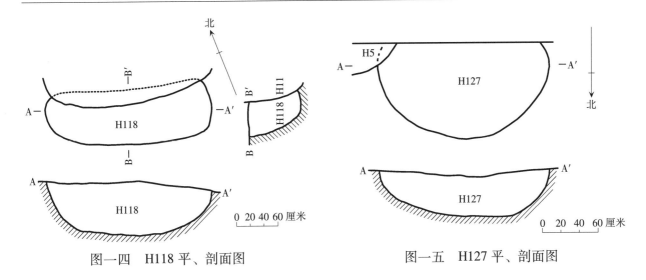

图一四　H118 平、剖面图　　　　　　　　　　图一五　H127 平、剖面图

Ca 型长方形筒状坑

4 座。坑壁多竖直或略斜，底部平整，与筒状坑意思相近因而名。多未完全暴露，长度 2~3、宽 1.2~1.5 米。

H96　位于 T0405 中部偏东。开口于③层下，被 H29、H53 打破，同时打破 H99。残存部分呈矩形，东西向长约 2、南北 1.5、深 0.4 米。坑壁略斜，底部平整。坑内堆积为黄褐土，夹杂有少量灰土块，土质较疏松，内包含有红烧土颗粒及炭颗粒。出土的遗物有砖、瓦残片，陶器残片，少量的兽骨残片等。未见可复原器（图一六，彩版六）。

H141　位于探方 T0405 中部偏东。开口于⑤b 层下，被 G25 打破，同时打破⑥层。残存部分开口近正方形，坑壁竖直，底部平整。长约 1.5、宽 1.4、深约 0.6 米。坑内为黄褐土和少许灰黑土相杂的堆积，内杂较多的红烧土颗粒及草木灰，河卵石块、木炭块，质地疏松。出土以及一些陶片、瓦片、兽骨，还有残铁器 1 件。未见可复原器（图一七，彩版六）。

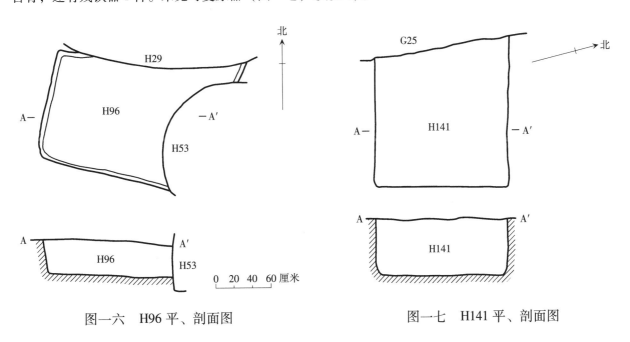

图一六　H96 平、剖面图　　　　　　　　　　图一七　H141 平、剖面图

Cb 型长方形台阶状坑

1 座。坑内有台阶。

H55　位于 T0305 东北部，部分进入东隔梁。开口于⑤b 层下，打破⑥层。已发掘部分开口大致呈长方形，坑口长约 1.7、宽 1.3、深 0.72 米。壁斜直，底部平整。西北角处有一台阶，凸起部分距灰坑口约 0.31、宽 0.3、长 0.83 米，东侧和南侧台壁为斜坡状，东侧台壁较平缓，南侧台壁较陡直，高约 0.4 米。坑内堆积为黄色花土，土质较为致密，出土少量陶片。未见可复原器（图一八，彩版六）。

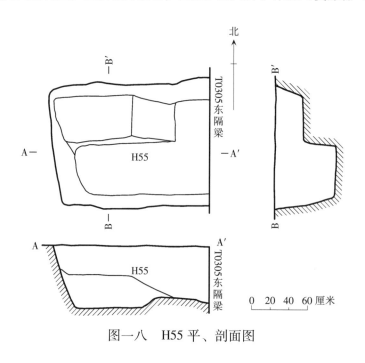

图一八　H55 平、剖面图

4. D 型不规则坑

共 11 座。

Da 型不规则筒状坑

5 座。开口形状不规则或被破坏严重，从残存坑壁上看竖直规整，底部平整，因此也是筒状坑。

Db 型不规则锅底状坑

6 座。开口同上，不规则，坑壁多弧斜，坑底圜弧，因此归作锅底状坑。

二　灰沟

共 12 条。长条形，斜直壁或弧壁，平底。大小不等，有长达 26.5 米的长沟，也有 3 米左右长的坑状沟。

G25　位于发掘区的东部，起自 T0403 近北隔梁处，纵跨 T0404 和 T0405 两个探方，至 T0406 中部截止。开口于⑤b 层下，被 H11 和 H49 打破，同时打破 H79、H112、H113、H116、H141、H148、H155。整体上呈东北—西南走向，直线距离约 26.5 米，在 T0404 北隔梁附近略向东弯曲。平面呈长条形，宽度约在 1.8～2.2 米，南、北两端弧收。两侧坑壁较为斜直，局部地段略有弯折，基本较规整，往下内收。坑底呈小平底状，深度一般在 1～1.55 米。坑内堆积分为两层，上层为夹杂有浅黄色斑点的黄褐色土，土质致密，包含少量石块和卵石（似略有加工），厚约 0.4～0.5 米；下层填土亦黄褐色，但是颜色较浅，土质亦致密，含有红色砂岩和红烧土块，厚约 0.5～1 米。出土陶片主要集中在两层填土的上部。出土大量各种陶器残片和砖瓦片等。完整或可复原器有纺轮 3 件，石饼 3 件，铜钩 1 件，陶饼 6 件，陶盂 20 件，陶盆 6 件，陶甑 2 件，陶钵 2 件，陶盏 1 件，陶碗 1 件（图一九，彩版六）。

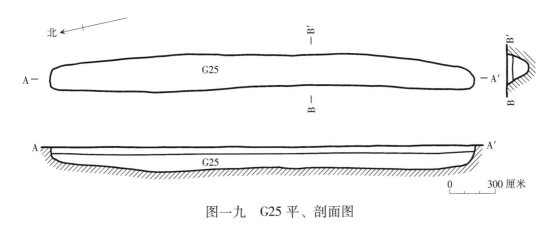

图一九　G25 平、剖面图

H43　位于 T0506，北部进入探方北隔梁。开口于③层下，打破 H100。已发掘部分开口呈长条形，长约 5.2、最宽处 1.5、深 0.8 米。西壁竖直，东壁和南壁为斜曲，底部较平整。坑内堆积分两层，上层为较纯的黄土，厚约 0.3 米，土质较疏松；下层为黄褐土，土质致密且坚硬。出土较多的陶片和瓦片。其中瓦片约占三分之一。还有较多的石头，形状不规整，未见人工加工痕迹。另外还有一块可能经烧结坚硬的土块，青灰色，形状不规则。未见可复原器（图二〇，彩版一一）。

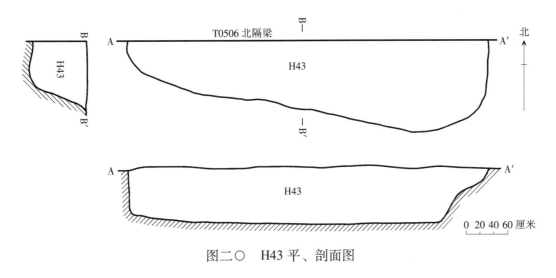

图二〇　H43 平、剖面图

三　水井

1 座。

J1　位于探方 T0403 西南部。开口于⑤a 层下，被 H12 打破，打破生土层。残存部分的开口面呈圆形，井壁上部可能受挤压使口部呈内敛状，往下竖直壁，较规整。口部直径 0.9、往下直径约 1.2 米。J1 实际发掘深度约为 1.8 米，从发掘截止深度向下钻探 3 米，仍未见底，为安全起见，停止发掘。井内堆积可分三层，上层为黄灰黑三色花土，质地疏松，包含较多河卵石块，中层为灰褐色淤积土，下层填土为沙质淤土。出土大量陶片和瓦片，未见可复原器（图二一，彩版六）。

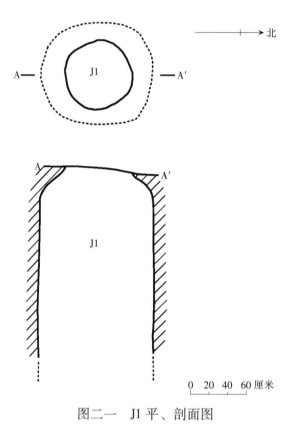

图二一　J1 平、剖面图

第二节　遗物

　　这时期的遗物按质料的不同，可以分为陶器、石器、铁器、铜器等 4 类。其中绝大多数为陶器，少量石器和铁器，铜器仅 1 件。兹分别介绍如下。

一　陶器

　　该遗址出土西汉时期陶器主要是生活器具和陶瓦两大类（附表四）。

　　其中生活器具按质地可分为泥质和夹砂两类。

　　除陶釜和个别陶钵是夹砂夹云母红陶，个别陶瓮是夹蚌壳灰陶和少量的盘状器是夹砂灰陶外，其他器类基本都是泥质灰陶。从数量上来看，也是泥质灰陶占绝对数量，少量夹砂夹云母红陶和夹砂灰陶，零星的夹蚌壳灰陶片等。

从烧造火候上看，泥质灰陶一般都比夹砂夹云母红陶高，多数器物陶土淘洗较为干净细腻，且烧造出来较为厚重结实坚硬，器体大型的居多。其中盘状器多会均匀夹杂大量细碎的植物根茎或细砂粒，这样一来器体相对巨大而浑厚，但同时密度较小所以重量较轻，且透气性和吸水性更强。

而夹砂夹云母红陶火候相对较低，陶土也较为干净，偶尔会有些许大砂粒，云母粉均匀分布在整个器体上，看上去闪亮美观。其中陶釜还是会夹杂一些大颗砂粒，但器表一般打磨都相当光滑，烧造出来的个体较为轻薄松脆易碎，器体相对较小。

陶色方面，泥质灰陶中除个别颜色深浅有异，其余基本属于青灰色，像大陶盆等器形器表上还有一层颜色较深的灰褐色陶衣。而夹砂红陶陶色也仅有深浅之分，或是红褐色，或是黄褐色，其他方面基本一致。

纹饰方面，大部分还是以素面为主，而有纹饰的多数是制作弦纹或绳纹篮纹为主，特意做的装饰纹还是很少。制作纹饰主要是泥质灰陶器中的盆甑类上腹所施瓦棱状弦纹或规整刻划弦纹，下腹及底部所施篮纹或斜向抹划纹（图二四，5）。装饰纹饰主要是瓮罐类等器物上的纹饰，较为丰富，且一般都成定制，基本呈带状环绕器物肩部或中下腹，如各式梳齿纹带、弦纹带、雷纹带、网格纹带、针刺纹带、菱形纹带等等。但这些装饰纹饰绝对数量并不多，因而该遗址瓮罐类器物也不多，可知的标本不足五十件。其中以梳齿纹带款式最多，基本形制都是上下弦纹夹斜行梳齿纹带，主要变化在齿纹的粗细和个别填纹的不同（图二二）。其他纹带系列则有带弦纹边的，也有单体纹带的。夹砂红陶除一些器体口部以下施弦纹外，多以素面为主。

器形方面，泥质灰陶有盆、甑、盂、瓮、罐、钵、盘状器以及一些陶纺轮和陶饼等，其中陶盆占绝大多数，由于陶片残碎严重，大致统计能有千余件。其次为陶甑、陶盂、陶罐、盘状器、陶钵等，大致从几百件到几十件不等。夹砂红陶则仅见陶钵和陶釜，数量都不多，分别有几十件和一两百件左右。

陶器制作方面，大多器类都是轮制，包括泥质灰陶和夹砂红陶。器体较小的一次制成，如陶钵、纺轮等，大的如盆瓮釜等则分部轮制再接合，接合处再轮修抹平，有些器表还能看到接合痕迹。大多器物都有轮制弦纹，或特意加修的沟状弦纹等。只有陶饼是打制，或再经磨修。

1. 泥质灰陶

盆　有宽沿盆、窄沿盘、折腹盆和斜腹盆4种。

宽沿盆　依大小规格的不同，又可分为3型。这3个类型的盆各具各自尺寸，各类型造型特点都相当一致。

A型　大型盆，器体厚重，标本61件。宽平沿或卷沿，沿面一般都略为弧凸，口部内侧通常有一圈突棱，外侧颈部因沿部向内卷曲则呈束颈状，外侧沿下都有弦纹数圈，上腹多向外鼓，下腹则因无可复原器，不详。口径59～61厘米。标本G25：55，宽平沿，略有卷曲，口部外侧有特意制作的瓦棱状弦纹，内侧则多为接合抹修形成的制作弦纹，鼓腹，底残缺。口径60、残高16厘米（图二三，1）。标本G25：63基本形态与G25：55一致，只是沿部略显粗短。口径61、残高14厘米（图二三，2）。该型盆大多出土于G25，少量出土其他遗迹单位，在挑选出来较为成形的标本中，G25出土的A型盆差不多占有90%。而且个别类似的陶盆外部形态一致，但口径略小，如H28：11、H63：3口径为54厘米，H152：5为52厘米。

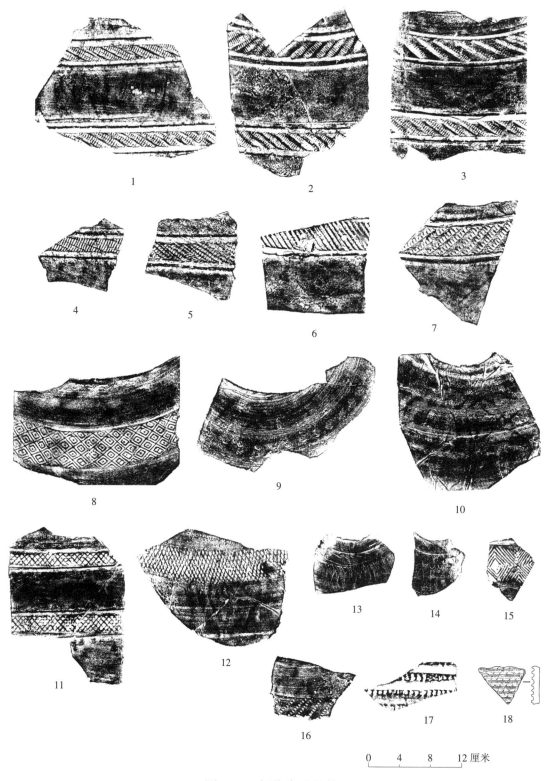

图二二　部分陶片纹饰

1~7. 梳齿纹（G25：255、G25：258、G25：262、G25：265、G25：266、G25：267、G25：268）　8.
雷纹（G25：272）　9. 弦纹夹戳印纹（G25：271）　10. 弦纹（G25：278）　11. 弦纹夹网纹（G25：
273）　12. 网纹（G25：274）　13、14. 针刺波浪纹（G25：280、G25：279）　15. 菱格纹（G25：
276）　16. 篦点纹（H44：9）　17. 戳点纹（H44：8）　18. 压印纹（H35：3）

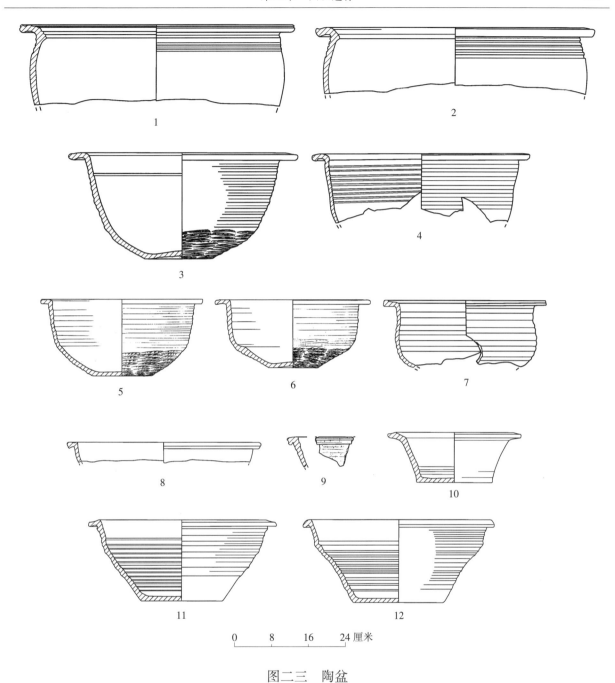

图二三　陶盆

1、2. A 型盆（G25：55、G25：63）　3、4. B 型盆（G25：52、H35：2）　5～7. C 型盆（G25：14、G25：15、H127：3）
8、9. 窄沿盆（G25：18、H75：12）　10. 斜腹盆（G25：19）　11、12. 折腹盆（G25：43、G25：50）

　　B 型　中型盆，器体相对 A 型盆轻薄，标本 44 件，可复原器 1 件。宽平沿或略卷，口部内侧突棱不明显或没有，腹壁一般呈斜直腹或略弧，到下腹弧收成平底，底部内凹。上半腹外壁基本布满弦纹，下半腹则布满绳纹，内侧壁有的布有弦纹有的没有。口径 44～54 厘米。标本 G25：52，宽平沿，斜直腹，下腹弧收成平底，底部内凹。腹部内壁弦纹不明显，外壁上半腹布满较浅的弦纹，下腹则布满较深的绳纹。口径 50、底径 16、残高 22.4 厘米（图二三，3；彩版七）。标本 H35：2，宽平沿略卷，斜直腹，下腹残缺。腹部内壁布满抹划规整的弦纹。口径 48、残高 14.5 厘米（图二三，4）。该型盆与 A 型盆正好相反，G25 仅发现一件标本，其余都出土其他各个遗迹单位中。

C 型　小型盆，也有人称簋或盂，标本 5 件，可复原器 2 件。宽平沿，上腹较直略呈直口，下腹弧曲斜收成平底，有的底部内凹。上腹内外壁一般都布满瓦棱状弦纹，下腹外壁则布满绳纹。口径更小，34～36 厘米。标本 G25：14 平沿，沿不太宽，弧曲腹，平底。上腹内外壁布满瓦棱状弦纹，下腹外壁布满绳纹。口径 35、底径 13、高 16.2 厘米（图二三，5；彩版七）。标本 G25：15，宽平沿，上腹较直，下腹曲折斜收成平底，底部内凹。上腹内外壁布满瓦棱状弦纹，下腹外壁布满绳纹。口径 33.6、底径 11、高 14.4 厘米（图二三，6；彩版七）。标本 H127：3，陶色发黄，宽平沿，弧腹，略显下垂，内外壁布满瓦棱状绳纹。口径 36、残高 14 厘米（图二三，7）。

窄沿盆　标本 7 件。沿部窄短，方直，标本都比较残碎，口径达 40～42 厘米。标本 G25：18，窄平沿，唇部略往下垂，上腹较直，下腹残。内外壁为素面。口径 42、残高 4 厘米（图二三，8）。标本 H75：12，仅存口沿部分，窄平沿，唇部下垂，斜壁。器身布满小孔，应是掺有较多植物根茎颗粒烧成。内外壁都饰有瓦棱状弦纹。残高 5.5 厘米（图二三，9）。

折腹盆　标本 6 件，皆可复原。窄平沿，上腹折曲，下腹斜收，有的下腹还略向内弧凹，平底或微内凹。腹部外壁一般布满瓦棱状弦纹，内壁从折曲处往下都饰抹划规整的弦纹。口径 37～42 厘米。标本 G25：43，平沿，上腹曲折，下腹斜收成平底。腹部外壁布满瓦状弦纹，内壁从折曲处往下都饰抹划规整的弦纹。口径 41、底径 18、高 17 厘米（图二三，11；彩版七）。标本 G25：50，窄平沿，沿面往下折，上腹折曲，下腹内弧，平底。腹部外壁布满瓦状弦纹，内壁从折曲处往下都饰抹划规整的弦纹。口径 42、底径 20、高 17.4 厘米（图二三，12；彩版七）。

斜腹盆　标本仅 1 件，可复原，G25：19，平折沿，斜直腹，大平底。内外腹壁可见数圈制作弦纹。口径 29、底径 16.5、高 10.6 厘米（图二三，10；彩版七）。

甑有宽平沿甑和卷沿甑 2 种。除 3 件卷沿甑外，其余全出自 G25。

宽平沿甑　器体厚重，标本仅见 2 件，皆可复原，且各自大小规格差异很大。标本 G25：106，宽平沿，斜直腹，大平底，残缺严重，甑底小孔具体规格形态和数量不详。沿面和内壁上部还有压光弦纹，这些规整弦纹布满外壁上部的三分之二。口径 57、底径 31、高 32 厘米（图二四，1；彩版八）。标本 G25：107，宽平沿，斜直腹，小平底，残缺严重，甑底小孔具体规格形态和数量也不详。沿下外壁有数圈瓦棱状弦纹。口径 42、底径 12、高 13 厘米（图二四，2；彩版八）。

卷沿甑　器体相对轻薄。依沿部平立不同分 2 型。

A 型　标本 13 件。平卷沿，沿部与腹壁成交角。腹部外壁上半部布满瓦状弦纹，下半部布满斜向抹划纹，内壁上半部则布满抹划规整的弦纹。口径 44～56 厘米。标本 G25：118，平卷沿，腹部外壁上半部布满瓦状弦纹，下半部布满斜向抹划纹，下部大部分残缺。口径 44.6、残高 11 厘米（图二四，3）。G25：119，平卷沿，腹部外壁上半部布满瓦状弦纹，下半部布满斜向抹划纹，下部大部分残缺。口径 52、残高 13 厘米（图二四，4）。

B 型　标本 9 件。立卷沿，沿部与腹壁成平角，或甚至成大卷沿。沿面较平，唇部呈卷叠状。其他与 A 型一致。口径 50～52 厘米。标本 G25：117，立卷沿，唇部呈卷叠状。腹部外壁上半部布满瓦状弦纹，下半部布满斜向抹划纹，底部残缺。口径 52、残高 23 厘米（图二四，5）。H67：1，大卷沿，唇下有突棱，内壁无纹饰，外壁饰瓦棱状弦纹。仅存口沿残片，口径不详，残高 10.5 厘米（图二四，7）。

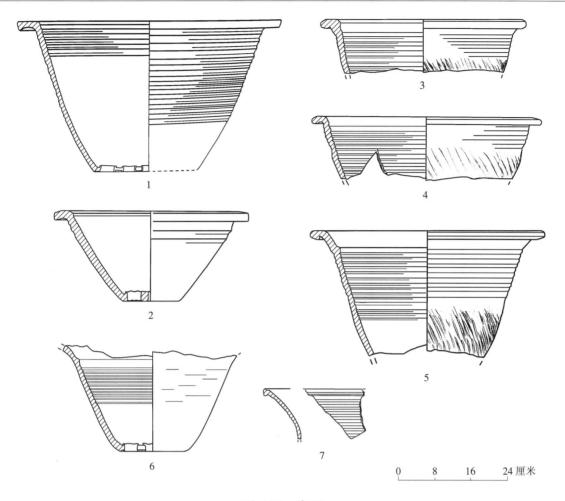

图二四　陶甑

1、2. 宽平沿甑（G25：106、G25：107）　　3、4. A型卷沿甑（G25：118、G25：119）　　5、7. B型卷
沿甑（G25：117、H67：1）　　6. 甑底残件（G25：342）

甑底　未发现可复原的卷沿甑，仅见少量甑底残件。标本G25：342，甑底与腹壁弧折相接，平底，底部一般饰有篮纹，甑孔都是从底部向上穿因而能保证底部平整。残高20.4、底径14.5、孔径1.8厘米（图二四，6；彩版八）。

盂　依口部和沿部的不同可分2型。

A型　标本24件，可复原器15件。沿部翘起，唇部立起口部呈浅盘状。直腹，腹底弧折相接，圜底，个别平底。内外腹壁一般都会饰有瓦棱状弦纹，底部则饰篮纹。口径32～38厘米。标本G25：25，沿部翘起，唇部立起口部呈浅盘状，直腹微弧，腹底弧折相接，约成平底。内外腹壁饰有瓦棱状弦纹，底部则饰篮纹。口径32、残高10.8厘米（图二五，1；彩版八）。标本G25：26，沿部翘起，唇部立起口部呈浅盘状，直腹，腹底弧折相接，圜底。内外腹壁饰有瓦棱状弦纹，底部则饰篮纹。口径36.6、残高16.6厘米（图二五，2；彩版八）。

B型　标本27件，可复原器1件。双折沿，上沿向外平展，唇部下垂，下沿斜直或略弧。直腹或弧腹，底多残缺。外腹壁多饰有瓦棱状弦纹，内壁则多素面。大小差距较大，口径34～50厘米。标本G25：20，双折沿，上沿向外平展，直腹，圜底。外腹壁饰有瓦棱状弦纹，内壁素面，可见制作弦痕。

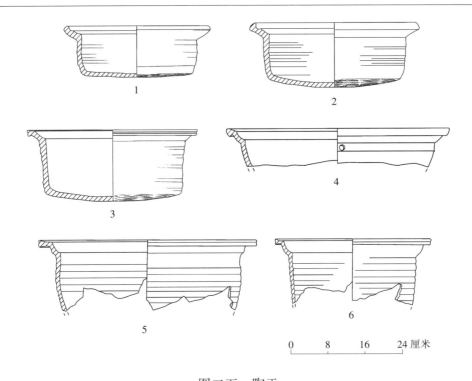

图二五　陶盂

1、2. A 型盂（G25：25、G25：26）　　3～6. B 型盂（G25：20、G25：111、H46：
8、H61：3）

口径 37、残高 15 厘米（图二五，3；彩版八）。标本 G25：111，双折沿，上沿向外平展，下沿略弧，弧腹，底残缺。外腹壁饰有粗糙的瓦棱状弦纹，内壁为素面。沿下还有一穿孔，具体功用不详。口径 48、残高 8.4 厘米（图二五，4）。标本 H46：8，双折沿，上沿向外平展，下沿略弧，弧腹，底残缺。外腹壁饰有瓦棱状弦纹，内壁可见一些制作弦痕。口径 48、残高 15 厘米（图二五，5）。标本 H61：3，双折沿，上沿向外平展，下沿略弧，弧腹，底残缺。内外腹壁饰有瓦棱状弦纹。口径 34、残高 14 厘米（图二五，6）。

束颈罐　依口部形态的不同可分 2 型。

Aa 型　卷沿束颈罐，依唇部及沿卷程度可分 2 式。

Ⅰ式　标本 5 件。器体相对轻小，方唇或小圆唇，卷曲较轻。口径大致都为 14 厘米。标本 H63：6，卷沿，唇部为圆头，但唇下已无内卷沟，束颈，颈以下残缺。口径 14、残高 7 厘米（图二六，4）。标本 H44：6，卷沿，方唇，束颈，颈以下残缺。口径 14、残高 6 厘米（图二六，5）。

Ⅱ式　标本 7 件。大卷沿，唇厚圆而卷曲厉害。口径 14～18 厘米。标本 G25：175，大卷沿，短束颈，肩以下残缺。口径 16.4、残高 6.4 厘米（图二六，1）。标本 G25：177，大卷沿，束颈，颈以下残缺。口径 18、残高 5 厘米（图二六，2）。标本 G26：19，大卷沿，唇部卷成一大圆头，束颈，颈以下残缺。口径 14、残高 5 厘米（图二六，3）。

Ab 型　盘口束颈罐，依盘口深浅可分 2 式。

Ⅰ式　标本 4 件。仍呈卷沿状，方唇，上唇突起，口部略成一浅腹盘。口径 14～15 厘米。标本 G25：185，卷沿，沿口略成浅腹盘状，束颈，颈以下残缺。口径 15、残高 6 厘米（图二六，

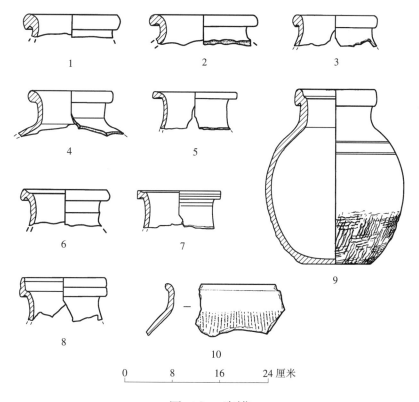

图二六　陶罐

1～3. Aa 型 Ⅱ 式卷沿罐（G25∶175、G25∶177、G26∶19）　4、5. Aa 型 Ⅰ 式卷
沿罐（H63∶6、H44∶6）　6、7. Ab 型 Ⅰ 式盘口罐（G25∶185、H91∶11）　8、
9. Ab 型 Ⅱ 式盘口罐（H12∶14、H28∶14）　10. B 型大口罐

6）。标本 H91∶11，卷沿，沿口略成浅腹盘状，束颈，颈以下残缺。口径 14、残高 6.2 厘米（图
二六，7）。

　　Ⅱ式　标本 8 件，可复原器 1 件。直口，圆唇或尖圆唇，口部成一深腹盘。口径 13.5～16 厘
米。标本 H28∶14，直口，圆唇或尖圆唇，口部成一深腹盘，束颈，溜肩，鼓腹，平底。肩部饰
有弦纹，下半腹布满篮纹。口径 13.5、最大腹径 23.6、底径 12、高 28.4 厘米（图二六，9；彩
版九）。标本 H12∶14，直口，圆唇或尖圆唇，口部成一深腹盘，束颈，颈以下残缺。口径 14、
残高 7 厘米（图二六，8）。

　　B 型　大口罐，标本 2 件。颈部较短，颈以下皆残。标本 G26∶18，口略侈，沿稍卷，束颈，鼓
肩，肩上饰绳纹。口径较大，具体不详，残高 8.5 厘米（图二六，10）。

　　瓮　器体一般比较厚重，依口部形态可分 2 型。

　　A 型　标本 6 件。敛口，卷沿，束颈，鼓肩或溜肩，肩上一般饰有带状纹饰。口径 20～30 厘
米。标本 G25∶168，敛口，卷沿，束颈，鼓肩，肩上饰弦纹夹带状梳齿纹。口径 28、残高 11 厘米
（图二七，1）。标本 G25∶172，敛口，卷沿，束颈，溜肩，肩上饰弦纹。口径 20、残高 5 厘米（图
二七，2）。标本 G25∶173，敛口，卷沿，束颈，鼓肩，肩上饰带状网纹。口径 24、残高 5.5 厘米
（图二七，3）。

　　B 型　标本 9 件。侈口，卷沿，束颈，鼓肩，肩上一般饰有带状纹饰。口径 27～30 厘米。标

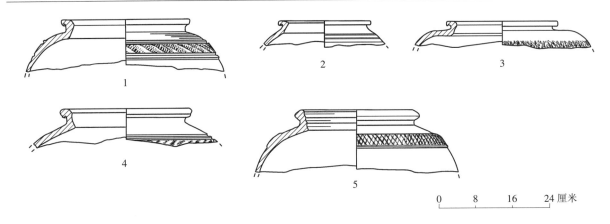

图二七　陶瓮

1～3. A型瓮（G25：168、G25：172、G25：173）　　4、5. B型瓮（G25：165、G25：169）

本 G25：165，侈口，卷沿，束颈，鼓肩，肩上饰弦纹夹带状梳齿纹。口径 28.4、残高 8.2 厘米（图二七，4）。标本 G25：169，侈口，沿部退化成大方唇，束颈，鼓肩，肩上饰弦纹夹带状网格纹。口径 27、残高 13.6 厘米（图二七，5）。

钵　泥质陶钵依腹深浅分 2 型。

A型　浅腹钵。依口沿部的不同，又可分 3 式。

Ⅰ式　标本 5 件。卷沿或卷平沿，沿面较平或下垂，斜弧腹或斜腹，下腹皆残。标本 H31：2，卷沿，弧腹，下腹残缺。沿下外腹壁有瓦棱状弦纹。残高 6 厘米（图二八，1）。标本 H43：4，卷沿，沿面下垂，斜腹，下腹残缺。沿下外腹壁有瓦棱状弦纹。残高 5 厘米（图二八，2）。

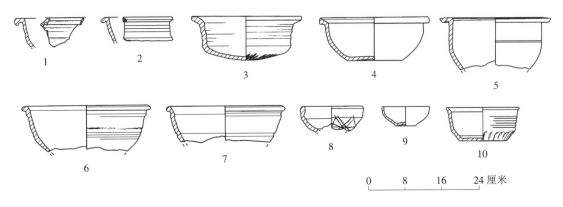

图二八　陶钵碗（泥质）

1、2. A型Ⅰ式钵（H31：2、H43：4）　　3、4. A型Ⅱ式钵（H56：1、G25：136）　　5. B型深腹钵（G25：17）

6、7. A型Ⅲ式钵（G25：137、G25：138）　　8～10. 碗（H82：1、G25：139、G25：140）

Ⅱ式　标本 4 件，可复原器 2 件。弧折沿，沿面略上翘，弧腹。标本 H56：1，弧折沿，沿面略上翘，腹较直，圜底。外腹壁可见瓦棱状弦纹，内腹壁素面，可见制作弦痕。口径 24、残高 9.2 厘米（图二八，3；彩版九）。标本 G25：136，弧折沿，沿面略上翘，弧腹，平底微内凹。口径 24、底径 12、高 9 厘米（图二八，4；彩版九）。

Ⅲ式　标本 2 件。小折沿，沿面小且与腹壁几近成平角，弧腹，下腹皆残。标本 G25：137，小折沿，沿面小且与腹壁几近成平角，弧腹，下腹残。外腹壁饰弦纹。口径 28、残高 9.6 厘米（图二八，

6）。标本 G25∶138，小折沿，沿面小且与腹壁几近成平角，弧腹，下腹残。沿下及下腹有两圈沟状弦纹。口径 26、残高 7.6 厘米（图二八，7）。

B 型　深腹钵。标本 2 件。宽平沿，直口，曲腹，下腹皆残。标本 G25∶17，宽平沿，直口，曲腹，中腹饰一沟状弦纹，下腹残。口径 24、残高 11 厘米（图二八，5）。

碗　标本 3 件，形态不一。标本 H82∶1，敛口，弧腹，下腹残缺。外腹壁饰有两圈弦纹和一些交叉划痕。口径 14、残高 5.5 厘米（图二八，8）。标本 G25∶139，直口，弧腹，平底内凹。口径 10.4、底径 4.4、高 4 厘米（图二八，9；彩版九）。标本 G25∶140，侈口，折腹，平底。外腹壁饰瓦棱状弦纹，下腹有刀修削痕。口径 15.6、底径 10、高 7 厘米（图二八，10；彩版九）。

盘状器　有浅腹和深腹 2 种。

浅腹盘　状器依底部形态可分 2 型。

A 型　凸底浅腹盘状器，标本 22 件，可复原器 2 件。敛口，大方唇，个别内壁起一道方棱，外壁唇下多有一圈凹槽。斜直壁，呈凸起状平底。外壁有素面的，也有饰网格纹、方格纹、圆圈纹等的。标本 G25∶186，敛口，大方唇，内壁起一道方棱，外壁唇下有一圈较浅的凹槽。斜直壁，呈凸起状平底。外壁基本为素面，但有不少植物茎梗留下的凹痕，还有少量利器划痕。口径 48、底径 50、高 9 厘米（图二九，1；彩版九）。标本 G25∶187，敛口，大方唇，外壁唇下有一圈凹槽。斜直壁，呈凸起状平底。外壁素面。仅存局部弧边，中部等大部残缺。口径 56、底径 58、高 9.2 厘米（图二九，2）。

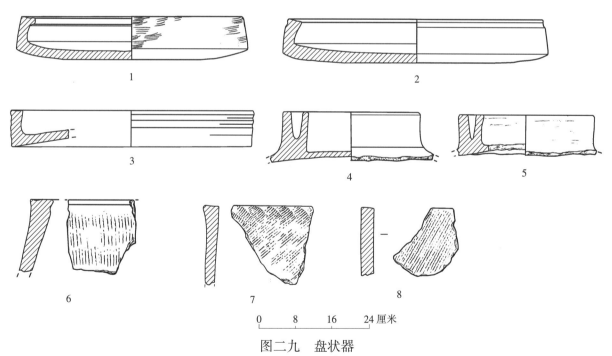

图二九　盘状器

1、2. A 型凸底浅腹盘状器（G25∶186、G25∶187）　3. B 型凹底浅腹盘状器（G25∶201）4、5. C 型套装浅腹盘状器（H75∶5、T0505③∶2）　6～8. 深腹盘状器（H12∶18、H89∶1、H32∶4）

B 型　凹底浅腹盘状器，标本 36 件。直口或微敛，大方唇，外壁唇下多有一圈凹槽。直壁或弧壁，底部内凹。外壁有素面的，也有饰网格纹、方格纹、圆圈纹等的。标本 G25∶201，直口，大方唇，外壁唇下有一圈凹槽。直壁，底部内凹。外壁上部有瓦棱状弦纹。仅存局部弧边，中部等大部残缺。口径52.8、底径52、高7.8厘米（图二九，3）。

C型　套装浅腹盘状器，标本11件。皆仅存器体内圈的残件，内圈呈方唇直壁，壁上附有两未穿透的深孔。内凹底，底部有的还有穿孔，外壁向外延伸接外圈。标本H75：5、T0505③：2（图二九，4、5；彩版九）。

深腹盘状器　标本16件。多仅存口沿残片，也有少量底部残片。方唇，个别唇部外起有凸棱，直壁，外壁皆饰绳纹，具体口径等不详。标本H12：18、H89：1、H32：4（图二九，6~8）。

纺轮　依制作方法可分2型。

A型　轮制，标本11件。宽沿帽状，中部鼓起小圆包，四周为宽沿。正中穿孔，平底。圆包上及沿上皆饰弦纹。直径6.8~7.2、通高2.2~3、孔径1~1.3厘米。标本H73：6，直径7、通高2.2、孔径1~1.2厘米（图三〇，1；彩版九）。

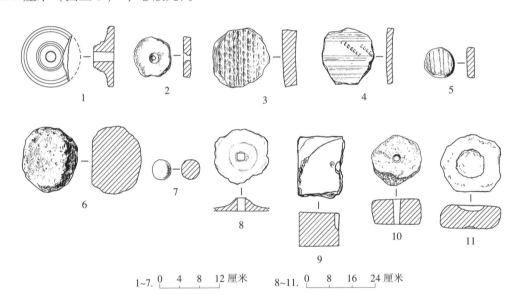

图三〇　陶纺轮、陶饼和陶球
1. A型陶纺轮（H73：6）　2. B型陶纺轮（T0506③：1）3、4. A型陶饼（G25：9、H51：2）
5. B型陶饼（H77：2）6. B型陶球（H77：7）　7. A型陶球（T0504④：1）　8. 陶座（G25：
236）　9、10. 有孔残砖（G25：281、H63：1）　11. 陶臼（H38：2）

B型　用灰陶片打制成，标本1件。圆饼状，轮廓已磨成，但还没进一步细致磨修，中孔为对钻而成，两面口大中部小，应该也是没完全钻好。标本T0506③：1，直径4.1、厚0.8厘米（图三〇，2；彩版九）。

陶饼　由残碎陶片或瓦片打磨而成。依磨修与否分2型。

A型　仅打制成形，轮廓粗糙，标本78件。直径2.5~7.4、厚0.5~1.5厘米。标本G25：9，由绳纹瓦片打制而成。直径6、厚1.5厘米（图三〇，3；彩版九）。标本H51：2，由篦点纹陶片打制而成。直径6、厚0.6厘米（图三〇，4；彩版九）。

B型　经加工磨修，轮廓平整，标本31件。直径2.2~4.2、厚0.4~1.2厘米。标本H77：2由弦纹陶片打制而成。直径3.2、厚0.8厘米（图三〇，5；彩版九）。

陶球　依其大小可分2型。

A 型　标本 2 件。球体较小，且较为规整，球面光滑。标本 T0504④：1，直径 2 厘米（图三〇，7；彩版一〇）。

B 型　标本 1 件。球体较大，但不甚规整，球面粗糙。标本 H77：7，直径 5.2 ~ 7 厘米（图三〇，6；彩版一〇）。

其他陶器。

器座　标本 1 件，G25：236，圆体方孔，中部山包状隆起，底部平整。残径 14.8、厚 3.6 厘米（图三〇，8；彩版一〇）。

有孔残砖　标本 2 件。标本 G25：281，长方形残块，残砖的青砖上有一深孔，未穿透到底。长 12、宽 8、厚 5.4 厘米（图三〇，9；彩版一〇）。标本 H63：1，圆形残块，中部有一穿孔。直径 11、厚 5.5、孔径 1.2 ~ 1.8 厘米（图三〇，10）。

陶臼　标本 1 件，H38：2，约呈圆形，中间凹陷成一圆窝。直径 13、厚 5 厘米（图三〇，11）。

瓦　该遗址发现陶瓦残片达 3000 多片，但大多都是残碎严重，形态难辨，采集到的标本仅 300 余件。除零星夹砂陶和泥质红陶外，基本都是泥质灰陶。依形态和用途不同可分筒瓦和板瓦 2 种。其中又是以板瓦占绝对多数，仅有少量筒瓦。

筒瓦　瓦身由筒状陶圈切半而成，一般两侧断面都可见有切割留下的刮面，刮面靠近外壁的多，因此多为外切割成，但也见少量内切割的。能收集到可辨识的筒瓦头残件仅 7 件。其中，瓦头形态有两种，一种向内弧折后向前平展，沿部较长（图三一，1）；一种则向内敛收，沿部短小（图三一，2）。瓦面外壁皆饰绳纹，个别绳纹有粗细之分，内壁则皆饰布纹。

板瓦　从瓦头形态上有直口的（图三一，4）和外侈口的（图三一，3）。瓦体横截面有的呈拱形（图三一，5），有的较为平直（图三一，3、4）。两侧断面可见切割的刮面一般都靠近内壁，因此多为内切割成。由于还保存瓦头的残件不多，能收集到可辨识的板瓦头残件仅 31 件，难以把握板瓦更完整的个体形态，因此我们主要还是从瓦面纹饰上探讨板瓦的一些特点。其中从外壁瓦面来看，可分瓦棱纹类和绳纹类 2 种。瓦棱纹类则有纯瓦棱纹、瓦棱纹夹戳点纹、瓦棱纹夹绳纹等（图三二）。该类内壁瓦面则多为素面或可见有轮制弦痕。绳纹类又有粗绳纹、细绳纹等。该类内壁纹饰更丰富，其中有绳纹、三角突点纹、突点纹（图三三）、涡轮纹、网格纹、方格纹（图三四）、弦纹、窝点纹、布纹＋指甲纹、重菱格纹（图三五）等等，如下表。具体各单位板瓦个体纹饰组合情况可见附表五。

	外壁		内壁
板瓦	瓦棱纹	瓦棱纹	素面、绳纹
		瓦棱纹＋绳纹	素面、突点纹、网格纹
		戳点瓦棱纹	素面、弦纹
		戳点瓦棱纹＋绳纹	素面、突点纹、网格纹
	绳纹	绳纹（＋弦纹）	素面、绳纹、三角突点、突点纹、涡轮纹、网格纹、方格纹、弦纹、窝点纹、布纹＋指甲纹、菱格纹等

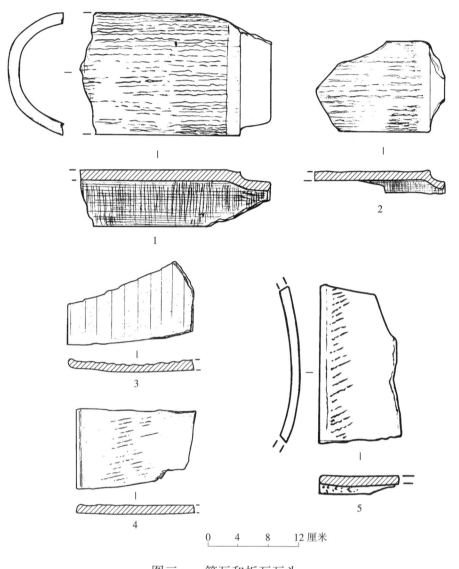

图三一　筒瓦和板瓦瓦头
1、2. 筒瓦（H135：1、H49：3）　　3～5. 板瓦（H79：10、H112：1、H75：25）

　　这些不同的纹饰反映板瓦制作的工艺和不同的工具材质。由于板瓦个体较大，因此轮制成坯后，有的还需要进一步拍打或承托。瓦棱纹类的内壁纹饰相对简单是由于直接轮制成坯后一般没有更多的拍打或承托。而夹杂绳纹后就有了进一步加工，加工工具或承托材质在外壁留下绳纹，在内壁则留下突点纹和网格纹。绳纹类的进一步加工痕迹就更丰富了。

　　2. 夹砂夹云母红陶

　　釜　依口部形态可分为敛口、侈口和直口 3 型。

　　A 型　敛口釜。依沿部大小又可分 2 式。

　　I 式　窄平沿，标本 10 件。沿面较窄，口面内侧横突较短，上腹较直，下腹弧收，底残缺。外壁饰有瓦棱状弦纹。标本 H125：7，窄平沿，口面内侧横突较短，上腹较直，下腹以下残缺。口径不详，残高 7.5 厘米（图三六，1）。标本 G25：143，窄平沿，口面内侧横突较短，上腹较直，下腹弧收，底残缺。口面内侧横突较长，且内唇略有上突，上腹较直，下腹弧收，底残缺。上腹饰有瓦棱状弦纹。

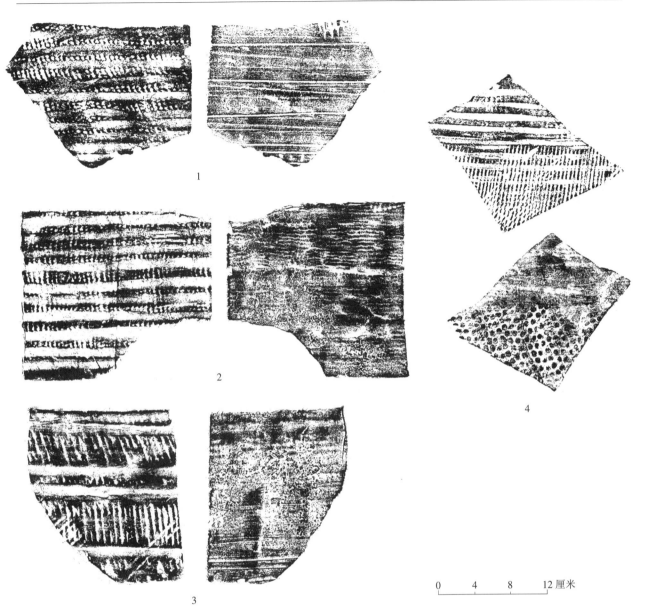

图三二　瓦棱纹类板瓦纹饰拓片

1、2. 戳点瓦棱纹（G25∶301、H53∶3）　3、4. 瓦棱纹＋绳纹（H75∶19、G25∶328）

口径 24.6、残高 23.5 厘米（图三六，2）。标本 H54∶2，窄平沿，沿面一凹槽，呈子母口状，上腹较直，下腹弧收，底残缺。上腹饰有瓦棱状弦纹。口径 24、残高 20 厘米（图三六，3）。

Ⅱ式　宽平沿，标本 16 件。沿面较宽且多有一道浅槽，口面内侧横突较长，上腹较直，下腹弧收，底残缺。上腹多饰有瓦棱状弦纹。口径 24.4～38 厘米。标本 G25∶142，宽平沿，沿面有一道浅槽，口面内侧横突较长，上腹较直，下腹弧收，底残缺。上腹饰有瓦棱状弦纹。口径 33、残高 24.4 厘米（图三六，4）。标本 G25∶144，宽平沿，沿面有一道浅槽，口面内侧横突较长，上腹较直往下斜收，下腹残缺。上腹饰有瓦棱状弦纹。口径 34、残高 20 厘米（图三六，5）。

B 型　侈口釜，钵口状。依沿部大小又可分 3 式。

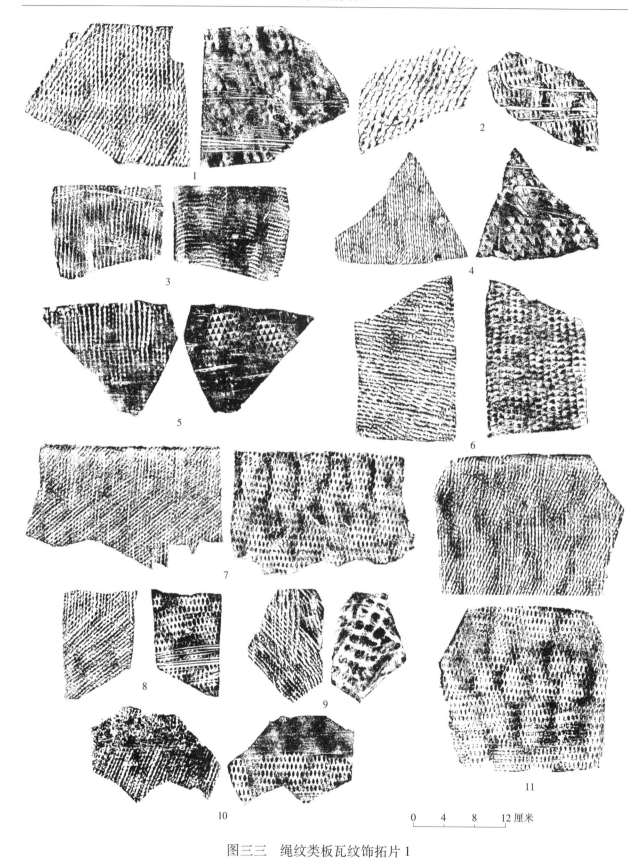

图三三　绳纹类板瓦纹饰拓片 1

1. 弦纹（G25：340）　　2、7～11. 突点纹（H154：2、H68：12、H35：6、G25：327、G25：305、G25：306）　　3. 绳
纹（G25：294）　　4～6. 三角突点纹（H79：10、G25：283、G25：284）

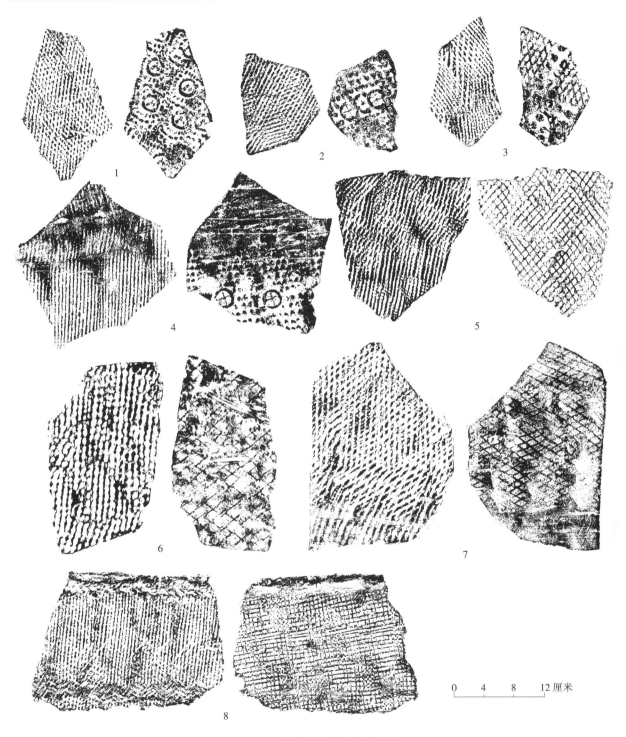

图三四　绳纹类板瓦纹饰拓片 2

1、2、4. 涡轮纹（H145：5、T0306④：1、G25：335）　3、5～7. 网格纹（G25：330、G25：331、G25：332、H75：21）　8. 方格纹（H18：1）

Ⅰ式　钵口不明显，标本 3 件。标本 H75：2，沿面较小，斜口约呈一钵口形状，束颈，弧腹，下腹残缺。上腹饰有瓦棱状弦纹。口径 32、残高 20 厘米（图三六，6）。

Ⅱ式　小钵口，标本 10 件。沿面较宽，但还是相对较小，一般有明显有下凹，钵口形状较明显，

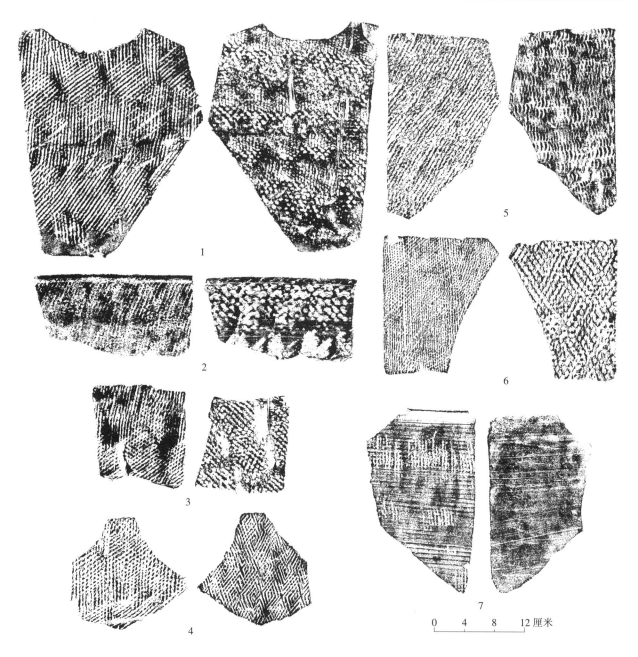

图三五　绳纹类板瓦纹饰拓片 3

1～3. 窝点纹（G25：303、H75：24、G25：304）　4. 菱格纹（H79：8）　5. 布纹＋指甲纹（H28：15）　6. 网纹（H12：24）　7. 素面有制作弦痕（外壁绳纹＋弦纹）（H28：30）

束颈，弧腹，下腹多残缺。上腹多饰瓦棱状弦纹。口径 24～36 厘米。标本 H46：5，沿面较宽，稍有下凹，钵口形状较为明显，束颈，肩部有一道束肩弦纹，弧腹，下腹残缺。下腹布满绳纹。口径 24、残高 21.5 厘米（图三六，7）。H46：6，沿面明显下凹，钵口形状更为明显，束颈，肩部有一道突棱，弧腹，下腹残缺。口径 36、残高 13 厘米（图三六，8）。

　　Ⅲ式　大钵口，标本 15 件。沿面更宽，钵口形状更突出，个别沿面凸起呈卷沿状，束颈，直腹，下腹斜收，底皆残缺。肩部饰瓦棱状弦纹。口径 24～32 厘米，个别 10 厘米。标本 G25：153，沿面较宽，钵口形状更明显，束颈，直腹，下腹斜收，底残缺。肩部饰瓦棱状弦纹，内腹壁有不同程度的划条痕。口

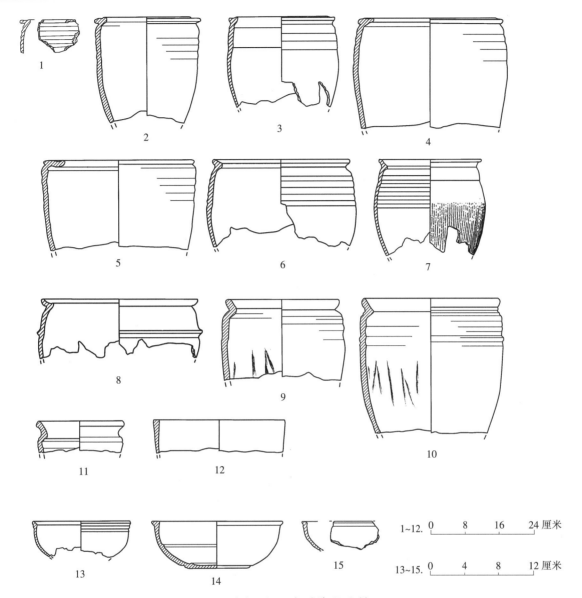

图三六　夹砂陶釜和钵

1~3.A 型 I 式敛口釜（H125：7、G25：143、H54：2）　　4、5.A 型 II 式敛口釜（G25：142、G25：144）　　6.B 型 I
式侈口釜（H75：2）　　7、8.B 型 II 式侈口釜（H46：5、H46：6）　　9~11.B 型 III 式侈口釜（G25：159、G25：153、
G25：160）　　12.C 型直口釜（G25：163）　　13.A 型侈口钵（G25：131）　　14.B 型 II 式直口钵（G25：135）　15.B 型
I 式直口钵（H78：5）

径 32、残高 30 厘米（图三六，10）。标本 G25：159，沿面较平，束颈，直腹，下腹斜收，底残缺。肩部
多饰瓦棱状弦纹，内腹壁有不同程度的划条痕。口径 26、残高 18 厘米（图三六，9）。标本 G25：160，沿
面凸起呈卷沿状，束颈，肩上有一突棱，肩以下残缺。口径较小仅 10、残高 7 厘米（图三六，11）。

C 型　直口釜，标本 1 件，G25：163，器表黑褐，剖面红褐，直口，方唇，颈以下残缺。口径 30、
残高 7.5 厘米（图三六，12）。

钵　多夹云母粉，有的夹些均匀细砂。依口部形态可分 2 型。

A 型　侈口钵，标本 1 件，G25：131，侈口，上尖唇，唇下外壁有两道突棱，弧腹，底残缺。口
径 22、残高 8 厘米（图三六，13；彩版一〇）。

B 型　直口钵。依沿面形态又可分2式。

Ⅰ式　标本3件。直口，外尖唇，沿面圆弧，唇部向外突出，弧腹，底皆残。标本 H78∶5，直口，外尖唇，口面圆弧，弧腹，底残。口径不详，残高6.5厘米（图三六，15）。

Ⅱ式　标本6件，可复原器1件。直口，外尖唇，沿面方平，唇部向外突出，弧腹，平底。标本G25∶135，直口，外尖唇，口面方平，弧腹，平底，底部微起一层。口径30、底径15、高10.4厘米（图三六，14；彩版一○）。

二　石器

石器主要有石饼、磨石、石斧和石刀等。

石饼　标本5件。多是红色砂岩石块打制成圆饼状。直径6.8~10.5、厚1.8~3厘米。标本G25∶4，红色砂岩石块打制而成，基本呈圆形，但饼面和轮廓还比较粗糙，棱角还比较多。直径6.8、厚1.9厘米（图三七，2；彩版一一）。H93∶1，黄色砂岩石块打制而成，基本呈圆形，但饼面和轮廓也是比较粗糙。直径10.5、厚3厘米（图三七，1；彩版一一）。

磨石　标本3件。其中 H28∶10 为不规则七面体，各面都比较平整，应该都是磨面。长12、宽8、通高6厘米（图三七，3；彩版一一）。还有2件为饼状砾石，有一或两个磨面，其他面为原面。标本H29∶18，长7.5~8.5、厚2.4厘米（图三七，4；彩版一一）。

石锛残件　标本1件，H50∶1，黄色砾石磨制而成，仅存长方形局部残件，刃部有使用缺口。残长6、残宽5.7、刃宽5、厚1.2厘米（图三七，5；彩版一一）。

带孔石刀残件　标本1件，H120∶1，青色砾石磨制而成，仅存中部残件，直背尖刃，截面中部较厚。残长6、宽3.7、厚0.6、孔径0.7厘米（图三七，6；彩版一一）。

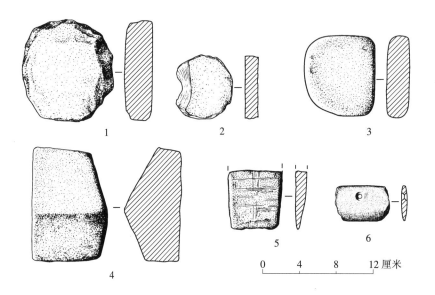

图三七　石器

1、2. 石饼（H93∶1、G25∶4）3、4. 磨石（H28∶10、H29∶18）5. 石锛残件（H50∶1）6. 带孔石刀残件（H120∶1）

三　铁器

铁器仅发现 8 件锈蚀严重的残件，主要有铁刀、铁犁残件、铁削、铁钉、铁镰、铁铲和铁斧。

铁刀　标本 1 件，G25∶282，锈蚀残缺严重，仅存一段刃部。残长 12 厘米（图三八，1）。

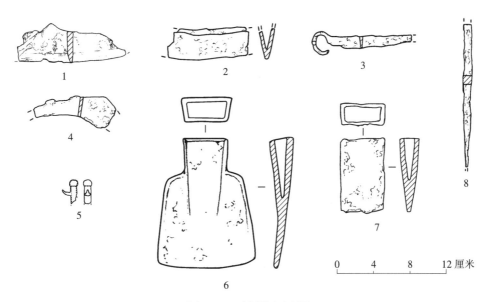

图三八　铁器和铜器

1. 铁刀（G25∶282）　2. 铁犁残件（G26∶2）3. 铁削（G26∶3）4. 铁镰（H79∶1）
5. 铜钩（G25∶7）6. 铁铲（H79∶2）　7. 铁斧（H141∶1）　8. 铁钉（H51∶1）

铁犁残件　标本 2 件，皆仅存翼部一段。标本 G26∶2，残长 8.5、铧口宽 3 厘米（图三八，2）。

铁削　标本 1 件，G26∶3，锈蚀残断，环首，直背尖刃，削尖部残缺。残长 10.5 厘米（图三八，3；彩版一一）。

铁钉　标本 1 件，H51∶1，锈蚀严重，头尾都有残断，方形截面，下部开始渐渐收小成尖部。残长 15 厘米（图三八，8）。

铁镰　标本 1 件，H79∶1，残蚀严重，弧刃，残长 8.5、宽 3.5、厚 0.3 厘米（图三八，4；彩版一一）。

铁铲　标本 1 件，H79∶2，锈蚀严重，器身大致呈梯形，略有弯曲，方銎，圆肩，宽刃。长 14，刃宽 11 厘米（图三八，6；彩版一一）。

铁斧　标本 1 件，H141∶1，锈蚀严重，器身大致呈长方形，截面呈三角形，直身，方銎。长 8，刃宽 5 厘米（图三八，7）。

四　铜器

铜器仅发现铜钩 1 件。标本 G25∶7，圆头，管身，圆头下起一角状钩。残长 2.5 厘米（图三八，5；彩版一一）。

第四章　宋元遗存

第一节　遗迹

根据部分遗迹的层位关系以及出土遗物，确认宋元时期的迹象有 13 个，主要分布在发掘区中部的两排探方。

一　灰坑

共 9 座。

宋元时期的灰坑根据开口形状，也可分成圆形、椭圆形和长方形三大类，然后根据坑壁和坑底形状又可细分筒状、锅底状和袋状几小类（附表三）。大多灰坑形状规整，应该是有一定功能和用途。除了层位年代较晚以及出土少量宋元瓷片等遗物外，形制等大致与西汉时期灰坑相近。

1. A 型圆形坑

共 7 座。

Aa 型圆形筒状坑

2 座。坑壁竖直，底部平整，如筒状。

H19　位于 T0204 西北部，北部进入探方坡道。开口于②层下，被 G4 打破，打破⑤b 层。坑口直径约为 1.1、深 1.05 米。坑壁竖直，底部平整。坑内堆积为褐土，质地疏松黏软。包含物以植物根须为主，尤其发现较多石块，其中有一块长约 0.3、宽 0.2、高 0.2 米的石块置于灰坑中部。但由于该石块质地寻常，无特殊人为加工痕迹，且石块下的填土质地仍疏松黏软，因此未做特别处理。出土有一些陶片瓦片等，未见可复原器。

Ab 型圆形锅底状坑

4 座。坑壁大多弧形或斜直，底部小平底或略有起伏，有的或呈圜底状。

H41　位于 T0504 中部偏东，东部进入探方东隔梁。开口于⑤a 层下打破 H110，叠压 H103。长约 5、宽 4.5、深 0.65 米。坑内堆积为黄褐色花土，土质黏软疏松，包含物有植物根须、石粒、木炭颗粒及红烧土颗粒等。此外，还在坑内发现少量骨头。出土遗物主要以陶片、瓦片为主，还有蚌刀 1 件。另外还有瓷片若干，包括酱釉陶碗、酱釉陶钵、白瓷、天青瓷、白底褐花瓷片及六朝青瓷圈足等。

Ac 型圆形袋状坑

1 座。

H22　位于 T0304 的中部偏东。开口于④层下，打破⑤b 层。坑壁较直，中部略向外弧曲，坑底较平整，整体略呈袋状。开口平面南高北低，北部比南部低约 0.2、直径约 1.14、深 0.5～0.6 米。坑内堆积为黄土，颗粒细小均匀，较松软。出土一些陶片和瓦片，以及黑釉瓷器底部残件 1 件。

2. B 型椭圆形锅底状坑

1 座。

H10　位于 T0403 东半部中间。开口于③层下，打破 H105。长 3.1、宽 1.6、深 0.8 米。坑壁斜直，底部较为平整。坑内堆积为夹杂黑色土的黄褐土，土质疏松，湿度大于周边地层土。出土泥质灰陶片和白瓷片。

3. C 型方形锅底状坑

1 座。

H103　位于 T0504 东北部。开口于 H41 下，打破生土层。长约 2.74、宽 2.28、深 0.60.8 米。坑壁较为斜直，坑底略有起伏。坑内填土为褐色花土，土质黏软疏松，包含物有植物根须、卵石、红烧土颗粒、木炭颗粒和骨头等。出土一些陶片和瓦片，还有酱釉瓷片若干。

二　灰沟

共 4 条。长条形，斜直壁或弧壁，平底。大小不等，长 2.4～2.9 米。

G24　T0306 西南部。开口于①层下，打破⑤b 层。平面呈近东西方向的条带状，直壁，沟底较为平整，自西向东渐深。长约 2.46、宽 0.55、深为 0.16～0.24 米。坑内堆积为黄土，质地松软。出土遗物以陶片为主，亦有少量瓦片。较完整的仅有陶饼 1 件。

第二节　遗物

这时期的遗物除少量晚期瓷片外，主要是些陶饼和打磨规整的小瓷饼，其他陶瓦残片基本与西汉时期大同小异，应该是西汉时期的遗物被扰乱到宋元时期的迹象中或早期迹象被晚期活动所破坏遗留，未发现有其他代表性器物，因此，宋元时期遗物介绍从略。

第五章 明清遗存

第一节 遗迹

根据部分遗迹的层位关系以及出土遗物，确认明清遗迹有 31 个，主要分布在发掘区西部和西南部的探方。迹象排列整齐，尤其是占多数的灰沟，基本平行排列或呈"井"字形交错。

一 灰坑

8 座。形制上与西汉等时期大同小异，只是在层位关系上较晚，或者出土明清遗物。

H2 位于 T0201 北部和 T0202 南部。开口于③层下打破 G3。坑壁竖直，底部平整。直径约 2.75、深 1.3 米。坑内堆积是黄褐色土，土质疏松，含少量的草木灰、炭粒，并伴有黄色粒、礓石粒和卵石等。出土一些陶片和瓦片。较为完整的有陶饼 4 件。

二 灰沟

24 条。主要分布于发掘工地西部。其中又可分东西两部分，东半部分灰沟短而宽，且呈现东北到西南平行分布；西半部分则较为细长，相互且呈"井"字形交错。前者多属于明清明期，后者则更可能是近现代农田耕作扰乱的迹象。

G7 位于 T0203 中部偏南。开口于③层下，打破⑥层。沟由西北向东南延伸，北偏约 70 度。西北方向延伸至邻方 T0103。已发掘部分长 5.8、宽 0.6～0.8、深 0.26～0.44 米。两壁略斜，底较平直，略呈西北低、东南高。沟内堆积为黄土，土质较纯，较细密。底部为黑土，夹杂有少量黄土块。出土遗物有少量泥质灰陶残片、青瓷、白瓷、黄釉瓷及黑釉瓷，另外还出土瓷饼 1 件。

第二节 遗物

这时期遗物时代较晚，除少量较早的西汉时期陶瓦残片外，就是一些明清时期青花残片，而且多残碎不成形，从略。

第六章　初步认识

第一节　西汉遗存

一　遗迹分布特点

从整个发掘区来看，西汉时期遗迹分布相对集中，主要分布在西北九方。其中大部迹象又以 G25 为界，分别集中分布在东西两区。两区迹象皆呈南北走向分布，基本与 G25 平行，且叠压打破关系复杂。

南部还有个别灰坑大小相近，排列较为整齐，如最南一排自西而东有 H30、H104、H25、H24、H81、H113、H130 等，往北还有同样自西而东的 H61、H95、H23、H116、H68 等，再往北各迹象排列不甚明显。

尽管 G25 处于两个分布集中的迹象群之间，但还是与部分迹象有叠压打破关系，但除 H49 打破 G25 外，其余由南而北如 H113、H116、H155、H148、H141、H79、H112 等都是被 G25 打破。由此看来可以推测，G25 挖造前可能有意避开迹象密集区，在两区之间却又难免破坏个别的迹象。

二　遗迹与遗物关系

该遗址出土的陶瓦残片总量可达 15000 多片，但多残碎严重，且分布极其不均。光是西汉时期的各遗迹单位出土遗物多寡就严重不平衡，大概 38 个迹象基本没有或只出土几片碎陶片等，而其中的 26 个迹象出土遗物占这时期总量一半有多（图三九）。而这 26 个迹象中，除 G25 外，还不到十个迹象能采集到超过 10 件合格的标本，其破碎程度由此可知。

各单位出土器类具体情况可见附表六（各单位主要陶器型式统计表）。从该表可见，该遗址 146 个西汉时期迹象中，仅 80 个迹象（包括地层单位）采集到相关的陶器标本，且将近一半还属于 G25。也就是说很多迹象是没有或出土很少遗物，就算出土有一定数量的陶片也很难挑出相当数量合格的标本。附表六中除 G25 外，其他遗迹单位出土的各器类个体数量都基本是 1 到 2 件，而其他器类则就没有了。这对于不同单位间的比对非常困难，更不用说器物组合了。附表六中基本没有稳定的器物组合，只有 G25 出土的遗物中器类是最全的。

从前面地层堆积介绍中各探遗迹单位叠压打破关系图（图五）我们可以见到该遗址迹象间相互关

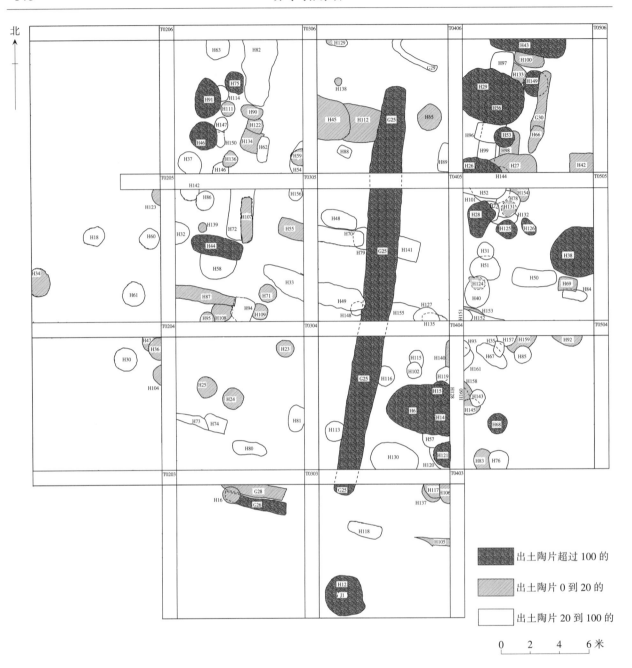

图三九　西汉遗迹陶片总量差异分布示意图

系错综复杂。但结合出土遗物状况来看，在西汉时期这批遗迹单位的相互叠压打破关系中，大多数迹象没有或出土太少的遗物，因此基本没有可以利用作为分期比对的关系。

由此我们从遗物出发，考察各器类在各遗迹单位中的出土情况来讨论其中早晚关系。

三　分期

首先，从整体上看，出土遗物数量最多，器类最全的 G25，无论从挑选的标本还是挑选前的陶片总量计算，都是最多的，几乎占据西汉时期出土遗物总量和挑选出来的标本总量的一半。从附表六上我们还可以看到，个别器类或者某器类的个别器型只见出土于 G25 而不见于其他大多数单位。同时上文已提到在整个发掘工地遗迹分布情况来看，G25 处于两个密集迹象群之间，并打破涉及的多数迹象，显然更可能是挖造时避开原迹象密集区域，因此 G25 相对年代应该更晚。所以，我们可以从 G25 出土遗物出发，根据附表六中各器类遗物在各单位出土情况讨论其中早晚关系。

从各器类在各单位的分布情况（附表六、七），我们再次看到 G25 的特殊性——凡是 G25 出土数量较多较典型的，在其他单位则少见，或没有，而 G25 较少或没有的，在其他单位则相对较多。

盆。A 型大型宽沿盆中，西汉时期 61 件标本中，就有 50 件出于 G25。其他有 9 个单位也有出土，然而其中如 H28∶11、H63∶3、H152∶5 等几件还不算严格的大型盆。B 型中型宽沿盆在 G25 仅出土 1 件，但却普遍见于其他单位。C 型小型宽沿盆及窄沿盆、折腹盆、斜腹盆也都仅见于 G25 等少数遗迹单位。

甑。除 H12、H67 出土的几件 B 型卷沿甑外，其余全出于 G25。

盂。G25 出土的 A 型盂占大多数，B 型盂较少，但同样出土的 B 盂型的单位反而较多。

束颈罐，出土时记录称壶。其口部形态主要有两种，即 Aa 型卷沿罐和 Ab 型盘口罐，各型又可分别再分两式。而两型中的 I 式形态非常接近，分别就像是各型 II 式的早期形态。同样在 G25 出土的该类器物中，两型罐都是以 II 式为主。而其他单位则多出两型 I 式罐。

瓮。也是基本出土于 G25。

泥质钵。数量很少，但从沿部变化上还是可以看到从卷沿或卷平沿发展成弧折沿，再到小折沿甚至是沿部完全退化的大致方向。同样，其他单位出土 G25 所没有的 I 式卷沿或卷平沿泥质钵，而 G25 出土的泥质钵则是 II、III 式沿部退化较甚者。

盘状器、纺轮和陶饼在各单位出土情况差异较小，且先不论。

釜。该器类无论是 A 型敛口釜还是 B 型侈口釜，口部还是有一定的演变规律。A 型敛口釜从 I 式窄平沿到 II 式宽平沿，B 型侈口釜则从 I 式不明显的钵口状形态到 II 式小钵口再到 III 式大钵口。同样 G25 出土的釜中，基本都是 A 型 II 式宽平沿釜和 B 型 III 式大钵口状侈口釜，而缺少其他单位却较为普遍的 A 型 I 式窄平沿釜和钵口不甚明显或较小的 I、II 式侈口釜。

夹砂钵。数量也很少，与上述泥质钵情况相似，G25 出土的夹砂钵也是以沿部退化更明显的 B 型 II 式直口钵为主。

据此我们可以区分接近或偏离 G25 的两组遗迹群，如附表七。前文根据 G25 分布位置和层位关系，以及出土器类较全的遗物等因素推测 G25 相对年代较晚。因此附表七中接近 G25 的器型即是较晚的代表。从逻辑上可以认为出土接近 G25 器型的遗物皆较晚，尽管有些出现偏离 G25 器型的器物。而仅出现偏离 G25 器型的器物者便应该较早。但是应该说明的是以上推导仅是一种演变趋向，个别像属于第⑥层出土的一件陶釜 T0505③∶1，就属于接近 G25 器型中的 B 型 III 式大钵口釜，仅此一例且先忽略。

所以从附表七我们可以得出两组有相对早晚的遗迹群：

较晚：G25、G26、H6、H12、H14、H28、H31、H43、H44、H52、H56、H63、H73、H75、H91、H96、H117、H119、H140、H152、H155，计 21 个遗迹单位；

较早：G28、G29、H24、H26、H29、H35、H36、H37、H46、H47、H51、H53、H54、H61、

H67、H68、H77、H78、H79、H81、H86、H88、H93、H97、H98、H102、H114、H118、H125、H127、H141、H142、H145、H148、H149，计35个遗迹单位。

据此，我们再用前文各探方遗迹层位关系示意图（图五）对这两组遗迹群进行较正和补充。其中与上述两组遗迹相关的叠压打破关系有：

H49→G25，H16→H26，H29→H56，H53→H96，H29→H96→H99，H106→H117，H15→H119，H151→H152，H127→H155；

H26→H27→H144，H26→H27，H26→H27→H99，H35→H157→H159，H46→H147→H150，H51→H124，H54→H59，H78→H101→H154，H78→H131→H132，H93→H161，H97→H133，H102→H115，H125→H132，H127→H135，H145→H58→H160。

从上面的叠压打破关系可发现，有些关系与之前所推导出两组遗迹群的早晚关系有部分相左。主要问题出现在属于较晚遗迹群中的H56、H96、H155三个遗迹单位反而被较早遗迹群中的遗迹中的H29、H53、H127打破。我们回到附表七看这几个单位依据的器型是否足够典型。首先这几个单位出土的遗物都不多，所依据的各器形遗物也就一两件，且都比较孤立，都不具很强的代表性，只是相对更偏向早还是晚而已。像H56中依据的A型Ⅱ式泥质钵，本来总量上就很少，相对G25中的偏向性也不强，因此在明显的层位关系下，该器形对遗迹的早晚关系没有指向意义。而H96和H155依据的是上文提到过的B型Ⅲ式釜，该型釜在较早的第⑥层就已经有出现，因此该型釜也没有早晚关系的指向意义。而H29、H53、H127三者依据的器型个体也少，但相对来说还具有一定的指向性。因此，结合各单位的叠压打破关系，我们倾向于把这几组有疑问的单位都归为早期遗迹群。

至此，经层位关系较正补充，我们可重新得出两组相对早晚的遗迹群：

晚期遗迹：G25、G26、H6、H12、H14、H15、H16、H28、H31、H43、H44、H49、H52、H63、H73、H75、H91、H106、H117、H119、H140、H151、H152，计23个遗迹单位；

早期遗迹：G28、G29、H24、H26、H27、H29、H35、H36、H37、H46、H47、H51、H53、H54、H56、H58、H59、H61、H67、H68、H77、H78、H79、H81、H86、H88、H93、H96、H97、H98、H99、H101、H102、H114、H115、H118、H124、H125、H127、H131、H132、H133、H135、H141、H142、H144、H145、H147、H148、H149、H150、H154、H155、H157、H158、H159、H160、H161，计58个遗迹单位。

四　时代

该遗址与内丘张夺2号遗址①中的西汉遗存极度相似。除未发现窑，临城张家台遗址中大量出土的陶瓦、宽沿盆，还有盂、瓮、束颈罐、盘状器、纺轮以及夹砂夹云母陶釜等等，在张夺2号遗址中都有相应出现。但是张夺遗址发掘报告似乎过于重视遗址区和村南墓地的墓葬，对遗址中的迹象未有更

---

① 南水北调中线干线工程建设管理局、河北省南水北调工程建设委员会办公室、河北省文物局联合编著：《内丘张夺发掘报告》，科学出版社，2011年10月。

详细的介绍。

周边与两者时代相近性质相似的遗址还有永年县榆林遗址①、何庄遗址②。前者也是发现了较多的灰坑、水井、灰沟等，出土大量陶片和砖瓦碎片。其中构件 T28③: 1 与张家台遗址的 C 型套装浅腹盘状器和张夺 2 号遗址中的轮盘形器基本一致；夹砂褐陶筒形深腹釜 T13③: 20 与张家台遗址中的 A 型 I 式窄平沿敛口釜一致。后者汉代遗存中也有相似的遗迹和遗物，也出土大量陶片和砖瓦碎片。其中的 A 型大型盆 T8①: 13 与张家台遗址中的 A 型大型盆和张夺遗址中归为 Cb 型的个别如 Y1∶12、H20∶3、J1∶17 等大型盆，无论规格和形制都非常接近；A 型罐 T13①: 1 与张家台遗址中的夹砂夹云母的 B 型 III 式大钵口陶釜和张夺 2 号遗址出土的陶釜 09 I T20201J1∶7、09 I 20201J1∶10 相近；还有纺轮 F1∶6、环首铁刀 T5①: 1 以及各式陶瓦等与张家台遗址和张夺 2 号遗址出土类似的器物也很接近。

由此来看，上述四个遗址年代应该也较为一致。其中永年榆林遗址和何庄遗址报告确认其时代为西汉时期和西汉中期，内丘张夺报告也认为该遗址属于西汉中期前后。因此，临城张家台遗址无疑也属于西汉时期遗址。

然而，上面提到何庄遗址与张家台遗址关系较为密切的器物类型如大型盆和大钵口陶釜皆为张家台遗址晚期遗迹出土的典型器型。榆林遗址出土的窄平沿敛口釜则属于张家台遗址早期遗迹出土的典型器型。张夺 2 号遗址出土的陶釜则皆为张家台遗址晚期遗迹出土典型器形。而张夺遗址报告刊出的盆类器物类型划分较为繁杂并未进一步分式，但从中还是可以找出对应张家台遗址中 A 型大型盆和 B 型中型盆。其中 B 型罐，即与张家台遗址对应的 Ab 型束颈罐，根据口部变化则明确分成三式。由此来看，这几个遗址还可以进一步细分，张家台遗址中的遗存分为早晚两期还是有意义的。

同期的类似遗址发现不多，而墓葬却非常丰富，尤其难得的是张夺 2 号遗址旁边即是同期墓葬区。该遗址出土器物类型与墓葬遗物差异较大，其中只有 B 型罐能与墓葬出土的 Ab 型罐相对应。张家台遗址中对应的 Ab 型束颈罐正好也是演变规律较为明显的器形。在此以张夺遗址报告对该类型陶罐的分期为基础，比对张家台遗址与张夺 2 号遗址及其墓葬区、村南 1、2 号墓地，以及周边隆尧双碑遗址③，邢台曹演庄汉墓群④、邯郸渚河桥⑤、龙城小区⑥和建设大街⑦相关汉墓出土相关器形（图四十）。该表中此类束颈基本出于墓葬，且不论该器形是否属于墓葬用品，从张家台遗址到张夺 2 号遗址，再到张夺及邢台和邯郸周边相关墓葬，该器形演变规律还是比较明显，而且从遗址到墓葬，从当地到周边墓葬基

① 河北省文物研究所、邯郸市文物管理处、永年县文物保管所：《永年县榆林遗址发掘简报》，《河北省考古文集》，东方出版社，1998 年。

② 邯郸地区文物保管所、永年县文物保管所：《河北省永年县何庄遗址发掘报告》，《华夏考古》，1992 年第 4 期。

③ 河北省文物研究所、隆尧县文物保管所：《隆尧县双碑遗址发掘报告》，《河北省考古文集》，东方出版社，1998 年。

④ 河北省文物研究所、邢台市文物管理处：《邢台曹演庄汉墓群发掘报告》，《文物春秋》，1998 年第 4 期。

⑤ 邯郸市文物保护研究所：《邯郸渚河桥汉墓发掘报告》，《文物春秋》，2004 年第 6 期。

⑥ 邯郸市文物保护研究所：《邯郸市龙城小区墓葬发掘简报》，《文物春秋》，2004 年第 6 期。

⑦ 邯郸市文物保护研究所：《邯郸市建设大街战汉墓葬发掘报告》，《文物春秋》，2004 年第 6 期。

临城张家台遗址及其周边地区出土束颈罐分期表

期别	临城 张家台遗址	临城 2号遗址	内丘（张夺） 2号遗址墓葬区	村南1号墓地	村南2号墓地	隆尧 双碑遗址	邢台市区 曹演庄汉墓	邢台市区	渚河桥汉墓	邯郸市区 市龙城小区墓葬	邯郸市区 市建设大街战汉墓
西汉早期			09ⅡTG3M53:1 09ⅡTG3M28:1 Aa型Ⅰ式 09ⅡTC4M69:1 09ⅡTC4M77:1 Aa型Ⅰ式 09ⅡTC4M75:1 09ⅡTC9M96:1 Aa型Ⅱ式		10NDZ2#MDTG1M4:2 Aa型Ⅰ式 10NDZ2#MDTG1M9:1 Aa型Ⅱ式		M14:3 E型Ⅰ式			M5:1 A型	
西汉中期		09ⅠT20202H12:2 B型Ⅰ式 09ⅠT20202H14:1 B型Ⅱ式	09ⅡTC9M102:2 09ⅡTC9M100:2 Aa型Ⅲ式 09ⅡTC9M95:2 Aa型Ⅳ式	10NDZ1#MDTC4M25:1 TC2M42:1 A型Ⅰ式 10NDZ1#MDTC3M39:1 A型Ⅱ式	10NDZ2#MDTG1M19:1 Aa型Ⅱ式	M11:1 M9:3	M1:8 A型Ⅰ式	M10:3 E型Ⅱ式	M4:4 A型		HNM1:2 Ⅱ式 HNM2:1 Ⅱ式
西汉晚期	G25:185 Ab型Ⅰ式 H91:11 Ab型Ⅱ式 H28:14 Ab型Ⅲ式 H12:14 Ab型Ⅲ式	09ⅠT20202H6:5 B型Ⅲ式									

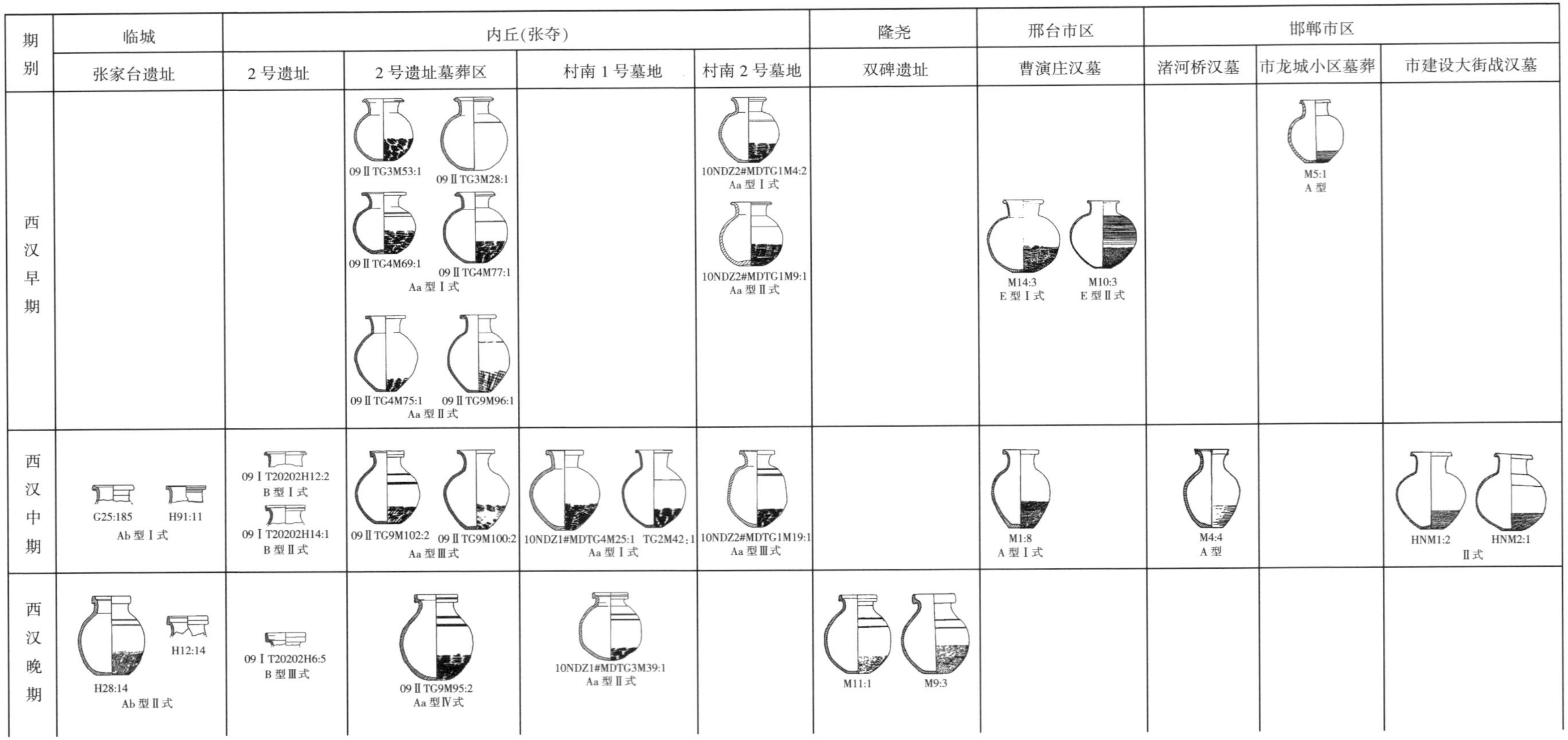

图四十　张家台遗址及周边地区出土束颈罐分期表

本都趋于一致。即"A 型罐，从侈口、球形腹，向口近直、弧腹发展，口部出现盘口，整体变得较瘦高。"① 张家台遗址出土的该器形仅见一件可复原器，余皆仅存口沿，但上述该器形从沿部侈口到向口近直略呈盘口状到出现成形盘口这一演变轨迹也较为明显。据此张家台遗址中出土的 Ab 型 I 式和 II 式束颈罐分别对应于张夺 2 号遗址墓葬区第三期墓葬出土的 Aa 型 III 式罐与第四期的 Aa 型 IV 式罐。也就是说前者大致属于西汉中期，后者属于西汉晚期。

张家台遗址中 Aa 型束颈罐与上述 Ab 型罐同样也有较明显的演变规律，且两型器物早期形态较为接近，理论上很有可能是西汉早期侈口罐往后发展的两种形态，其一发展成如上述的 Ab 型盘口罐，其二即 Aa 型卷沿束颈罐。张家台遗址中的 Aa 型 I 式卷沿束颈罐口沿与邢台曹演庄汉墓中属于西汉早中期的 E 型 I 、 II 式罐 M14：3 和 M10：3 相近，而 Aa 型 II 式罐则与内张夺村南 2 号墓地中属于西汉晚期的 E 型罐 10NDZ2#MDTG1M52：2、3、6，和 B 型罐 10NDZ2#MDTG1M53：2、3 相近。因此张家台遗址中 Aa 型 I 式和 II 式罐也应分别属于西汉早中期和晚期。

此外，张家台遗址出土的陶瓮及其肩腹上的带状纹饰也很有特点。在张夺 2 号遗址也出有相似的瓮口沿，但残碎更为严重，未发现相似的肩腹上的带状纹饰。张夺各墓葬出土的陶瓮与遗址中的瓮差异较大，类似的带状纹饰多见于形制较小的罐类肩部。在唐县高昌墓地②中的西汉晚期墓中出土的 L 型球腹带纹罐，从口沿到肩腹纹饰的装饰风格都与张家台遗址陶瓮都较为相似。因此张家台遗址中的陶瓮也属于西汉晚期。据此，由于 H118、H123、H161 也出土有 B 型瓮，我们认为这三座灰坑以及打破 H161 的 H93 也应属于晚期遗迹。

综上所述，张家台遗址 146 座西汉遗迹中，其中 55 个早期遗迹大致属于西汉中期，27 个晚期遗迹属于西汉晚期，剩余 64 个由于没有标本或过于太残碎而无法确认更具体的年代（图四十一）。

五 遗存性质

尽管根据有限的器物形制变化，把西汉时期大部分遗迹分成两期，但是从整个遗址分布情况来看，这种早晚关系在空间上除 G25 较为明确外，其余在空间并没有较为严格的分布规律。而且，虽然我们认为这批遗迹可分成西汉中、晚两期，但前后两期遗存的连续性很强，其共性一体性特征也很强烈。

从上文可知，图三九可见集中出土遗物总量的一半的遗迹只占少数，而其他大多遗迹却很少或没有遗物出土，不同的遗迹似乎存在功能上的区别。结合附表三、七，大多灰坑挖造规整，虽然遗物较少，但显然有相当的生活或生产活动。至于这些规整的灰坑是窖藏还是取土遗迹，有待进一步研究考证。

前文遗物介绍中，我们可见该遗址出土遗物器类不多，形制变化不大。但个别器类数量不小，可辨器形中盆瓿盂等少数器类占据绝对数量。另外还有相当数量的陶瓦残片，主要以板瓦为主。从附表

---

① 南水北调中线干线工程建设管理局、河北省南水北调工程建设委员会办公室、河北省文物局联合编著：《内丘张夺发掘报告》，科学出版社，2011 年 10 月，第 470～471 页。

② 南水北调中线干线工程建设管理局、河北省南水北调工程建设委员会办公室、河北省文物局联合编著：《唐县高昌墓地发掘报告》，文物出版社，2010 年 10 月。

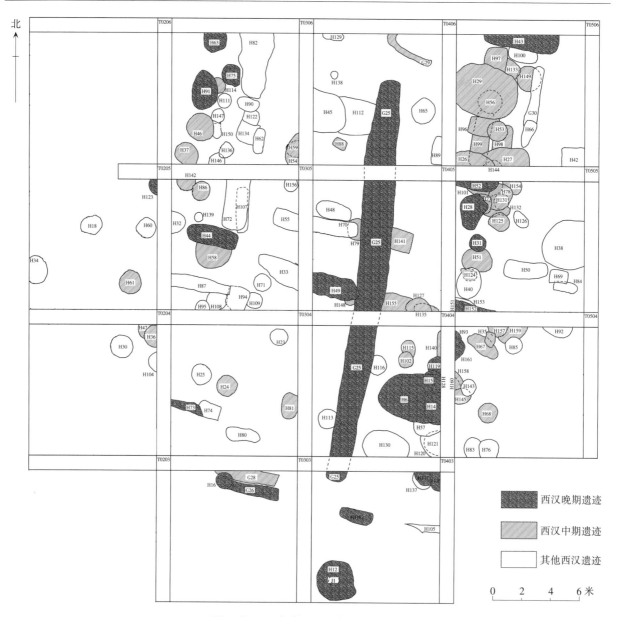

图四十一　各期西汉遗迹分布图

八中各单位的遗物概况可知，除夹砂夹云母红陶和几件陶碗，还有零星的几件铁器外，该遗址居住生活遗物较少，因此这应该不是一处生活遗址。

该遗址出土器类虽然相对单一，但也没有发现与烧窑相关的生产工具等遗留物，且各标本个体品相都比较正常，因此应该不是一处窑址周边的废弃堆积。至于这么多形制规整的灰坑如此的集中，遗物分布也相对集中，肯定与一定的生产功能有关，具体有待日后进一步探索研究。

前面已提到张家台遗址与内丘张夺 2 号遗址和永年县榆林遗址、何庄遗址发现的遗迹和出土遗物都非常相近，关系密切。后两者生活气息较浓，前两者更具生产活动气息。鉴于张夺 2 号遗址出土遗物种类及形制等极度相近，且该遗址发现的两座窑也没见相关的窑具等遗物，因此我们认为张家台遗址应该是一处与陶窑有关的遗址。

第二节　宋元和明清遗存

该遗址发现的宋元时期遗迹不多，而且形制和出土遗物也多与西汉时期遗迹一致，仅见零星的宋元时期陶瓷碎片，因此，很有可能是早期遗迹被后期扰乱所致。

明清遗迹多分布在发掘工地西部和西南部，而且大多都是东西向或南北向的长沟，深浅不一，有些呈十字交错。出土遗物除一些西汉时期陶器残件等外，还有不少宋元到明清的陶瓦片、青瓷片、白瓷片、酱釉瓷片和青花瓷片等等，但多残碎严重。

可见宋元后该遗址主要为农业生产区，其他活动迹象较少。

第三节　结语

前面提到该遗址大量形制规整的灰坑却少有遗物出土，少数几个灰坑，特别是 G25 却聚集了大量陶片。虽然排除不是一处窑址周边的废弃堆积，但是少数器类器形单一且数量巨大，并不是一般普通居民生活形成的废弃堆积，是否还是跟窑有相关还有待探讨。而且，从前文提到的几个遗址可知，张家台遗址出土的形制相似规格相近的盆釜类遗物广泛分布于邢台邯郸地区，若张家台遗址真如张夺2号遗址那样也是窑址的一部分，那么，这些窑址是否存在行业标准化生产，其生产规模、产品流通以及在当时当地聚落社会中的角色和地位又是如何——这就更有待日后更多的发现和研究工作来探明了。

前面提到诸多形制规整的灰坑是否与烧窑制陶取土有关，这就有待日后考古工作跟进了。以后有机会应该着重调查邻近是否存在与该遗址时代一致的窑址或居住区等。有条件应该注意多采集该遗址相关遗迹和遗物样品做测试，求证该区域泥土是否适用于陶器烧造，该遗址出土的陶器是否本地烧造还是与邻近窑址有关等等。

该遗址虽然出土陶片不少，但可挑选的标本不多，可挑选的标本中残碎严重或类型单一变化式样不多。因此，前面器物形制演变趋向基本合理，但个别还值得商榷，还有待以后相关工作的进一步检验完善。该遗址出土的器类中，盘状器比较特别。器体厚重，陶土中掺杂植物梗茎较多，使得器体陶质疏松透水性强。该器类不是首次发现，但其用途却一直众说纷纭。内丘张夺发掘报告称之为"轮盘形器"，并归入与窑相关器物，永年榆林遗址简单称之为"构件"，具体功用也没有进一步考究。前者出土于窑附近的灰坑和地层中，后者出土于地层中，但该遗址未发现窑而有井。据张夺报告发表的图样，本遗址出土的 B 型和 C 型浅腹盘状器有可能是同一类器体的内圈和外圈两个部分。由于本遗址出土的器物过于残碎，也为了分别陈述方便，暂且保留原来两型之分。

该遗址出土大量的陶瓦残片，正背两面纹样丰富（附表五），也正是由于过去残碎，对其形制变化、制作工艺、使用工具等相关认识还很不够，期待日后更多的材料进一步的完善。另外，大多数遗迹或多或少普遍都有瓦片出土。该遗址出土瓦片中，板瓦占绝对多数，仅见个别的筒瓦，而且几乎不见瓦当。大量的板瓦为主的陶瓦残片，在该遗址中有着什么样的作用或意义也值得探讨。

　　该遗址虽然出土遗物种类不多，但也足以进一步丰富该地区汉代遗址材料。在例举的遗物中，尤其附表六对该遗址出土的主要陶器的形制特点，以及部分器形大致演变趋向的介绍，更丰富了我们对西汉时期遗址中现世生活器物的认识。结合张夺 2 号遗址等周边遗址和墓葬，试图对西汉遗址和墓葬出土遗物间联系的进行探讨。近期，学术界对两汉时期的遗址及其与墓葬遗存间的关系探讨，对汉代普通人的现世生活状况的关注也越来越多。希望这批材料对相关研究能有所裨益。

　　虽然这批材料有很重要意义，但其中还有一些问题需要进一步探讨的。显然，此次发掘工作还有很多不能解决的问题，很多工作值得进一步跟进。

河北平原中南部汉代聚落遗址的初步认识

张　潇　中山大学社会学与人类学学院

聚落有广义和狭义之分，广义聚落包括人类生活聚居和活动的所有场所，狭义的聚落则指基层社会组织单位。在秦汉考古学研究中，"聚落"一词特指秦汉时期的乡、聚、亭、里等基层聚落组织。①由于历史文献编写和叙述的选择性和片面性，古代文献对汉代基层社会记载和描述十分有限，从历史文献探讨汉代基层社会存在很大的局限性。聚落遗址材料作为汉代基层民众的生活遗留具有客观性和真实性等特点，从考古发现的聚落材料去探讨汉代基层社会组织对于研究汉代社会有着重要的意义。

一　河北平原中南部汉代聚落的考古发现

河北平原中南部汉代聚落遗址的发现，最早可以上溯到20世纪60年代，河北省内大规模文物普查，发现了一批汉代的聚落遗址，之后经过历次文物普查，在河北平原中南部发现约100处汉代聚落遗址。②但是经过科学的考古发掘的遗址数量很少，主要有以下5处。

1. 永年何庄遗址

该遗址位于河北省永年县临洺关西南约15公里的何庄北，北临通天河，西面是起伏的丘陵地带，遗址面积约3万平方米，发掘面积325平方米。该遗址第①层为汉代遗存，年代为西汉中期到晚期。发掘区内发现的遗迹数量较少，仅有一座房址和一座灰坑，皆破坏较严重，附近断崖处可见汉代灰坑。房址面积约为14平方米，建筑材料包括石块、砖、瓦等。出土遗物以陶器、铁器为主。陶器主要为建筑材料砖瓦、瓦当和日用器皿盆、罐、瓮、豆、甑等，同时也发现纺轮、窑具（陶转盘）等生产工具。铁器包括刀、箭镞各一和十余块形制不明铁块。③

---

① 刘庆柱先生认为"汉代聚落实际上是中国古代社会的基层组织'聚'和'落'，也就是魏晋以后的'村'的概念，这里的'聚'、'落'是与城相对而言的"。见刘庆柱：《汉代城市与聚落研究》，中国社会科学院考古研究所、河南省文物考古研究所编，《汉代城市和聚落考古与汉文化》，科学出版社，2012年，第27页。白云翔先生亦持相同观点，认为"秦汉时期之聚落，即狭义的聚落，主要指一般的乡镇和村落，即秦汉时期县城以下的乡、聚、亭、里等基层聚落"。见白云翔：《秦汉时期聚落的考古发现和初步认识》，中国社会科学院考古研究所、河南省文物考古研究所编，《汉代城市和聚落考古与汉文化》，科学出版社，2012年，第44页。

② 该统计数据来源于《中国文物地图集－河北分册》，国家文物局主编：《中国文物地图集－河北分册》，北京：文物出版社，2013年

③ 邯郸地区文物保管所、永年县文物保管所：《河北省永年县何庄遗址发掘报告》，《华夏考古》，1992年第4期。

2. 永年榆林遗址

该遗址位于永年县城东 7 公里处的榆林村西，地势平坦，遗址南距洺河约 1500 米，遗址面积约 2 万平方米，发掘面积 2000 平方米。遗址②、③层及大量灰坑为汉代遗存，年代主要为西汉时期。该遗址内发现数量较多的遗迹，主要为灰坑、灰沟和井，灰坑的形态主要包括圆形、椭圆形和不规则形三种。出土遗物以陶器为主，包括瓮、罐、盆、釜等日常生活用器以及大量的板瓦、瓦当等建筑材料，同时发现有陶转盘（即报告中建筑构件），铁器主要为铧、镢、铲、凿等生产工具。①

3. 井陉南良都遗址（南良都 2 号遗址）

该遗址位于西北距井陉县城 8 公里金良河南岸舒缓的黄土台地北坡，遗址面积约 2.85 万平方米，发掘面积 175 平方米。汉代遗存以④层及其叠压的 F1、F2 和灰坑为代表，年代为东汉后期。遗址内汉代遗迹包括房址 2 处，灰坑 5 个，道路 1 条。遗物主要为陶器、钱币。陶器器形有碗、豆、盆、罐、钵、釜、灶等，钱币则主要集中发现于房址的窖藏之内，J1 藏钱为群众哄抢，J2 则发现重达 70 公斤的铜钱及极少量铁钱。②

4. 张家台遗址

该遗址位于河北省邢台市临城县县城东南张家台村东北约 100 米的两条冲沟交汇地带，遗址北、东、西部均为冲沟，西南为农田和居民区，发掘面积 2000 平方米。汉代遗存以④、⑤层及其他遗迹堆积为主，年代为西汉中期到晚期。汉代遗迹主要为灰坑、灰沟和井三类，共 149 个，其中灰坑 136 个、沟 12 条、井 1 眼。灰坑有筒状、袋状和不规则形三种，沟则以 G25 最具代表性，长达 26.5、宽 1.8 ~ 2.2、深 1 ~ 1.55 米，出土大量各种陶器残片和瓦片等。汉代遗物主要为陶器，有少量石器、铁器等。陶器以瓦片为最大宗，其他有盆、甑、盂、壶、罐、瓮、釜等日用陶器和纺轮、陶转盘等生产工具，铁器有削、锄等。

5. 方等遗址

该遗址位于河北省邢台市临城县鸭鸽营乡方登村西约 800 米的午河台地之上，发掘面积 2000 平方米。汉代遗存以③层及相关遗迹堆积，年代为西汉时期。遗迹包括院落 1 处、墓葬 5 座、井 2 眼、灰坑 79 座和灰沟 5 条。院落遗迹面积约 450 平方米，包括院墙和三座房屋，院墙墙体用石块和胶泥混筑而成，房屋墙基由黄土夯筑而成，墙体为青砖砌筑，屋顶为筒瓦、板瓦构筑，灰坑有圆形筒形、椭圆形筒形、长方形和不规则形。遗物以陶器为主，另有石器、骨器、蚌器、铜器和铁器等。陶器器形主要为罐、盆、钵、碗等日用器皿和板瓦、筒瓦、瓦当等建筑构件以及陶转盘、陶支钉、陶拍、瓦当模具、纺轮等生产工具，铁器有箭镞、蒺藜、犁铧、铲、刀、斧、马掌等。

二　关于张家台遗址的性质

关于张家台遗址的性质，报告编写者认为"张家台遗址与与内丘张夺 2 号遗址和永年榆林遗址、

---

① 河北省文物研究所、邯郸市文物管理处、永年县文物保管所：《永年县榆林遗址发掘简报》，河北省文物研究所编《河北省考古文集》，北京：东方出版社，1998 年，第 117 ~ 126 页。

② 河北省文物研究所石太考古队：《井陉南良都战国、汉代遗址及元明姆昂发掘报告》，河北省文物研究所编《河北省考古文集》，北京：东方出版社，1998 年，第 202 ~ 238 页。

何庄遗址发现的遗迹和出土遗物都非常相近，关系密切。后两者生活气息较浓，前两者更具生产活动气息。鉴于张夺 2 号遗址出土遗物种类及形制等极度相近，且该遗址发现的两座窑也没见相关的窑具等遗物，因此我们认为张家台遗址应该是一处与陶窑相关的遗址。……若张家台遗址真如张夺 2 号遗址那样也是窑址的一部分，那么，这些窑址是否存在行业标准化生产，其生产规模、产品流通以及在当时当地聚落社会中的角色和地位又是如何——这就更有待日后更多的发现和研究工作来探明了。"可见报告对张家台遗址的性质还存在一定的疑问，笔者就张家台遗址遗物、遗迹的形制和遗址空间形态对张家台遗址的性质做进一步的探讨。

张家台遗址内出土的"盘状器"与郑韩故城制陶作坊遗址[①]、平山灵寿城制陶作坊遗址[②]、咸阳长陵车站制陶遗址[③]、内丘张夺 1 号遗址[④]、雍城豆腐村制陶作坊遗址[⑤]内所出陶转盘形态十分相近，这些遗址性质明确，皆为制陶遗址，陶转盘应与制陶手工业相关。李仰松先生通过对云南省西盟县科来寨佤族、文山县土锅寨彝族、景洪曼斗寨傣族、丽江纳西族等地原始制陶技术的民族学调查，明确了仰韶时代各遗址中出土的"帽式"和"锣式"陶转盘为制陶工具，并指出其使用方法。[⑥] 之后李文杰和付永旭先生[⑦]又根据民族志调查和实验考古等研究对相关认识进行补充。通过以上对比研究可知张家台遗址内所出"盘状器"实为制陶工具—陶转盘。

从张家台遗址发掘区内出土的遗存构成结构来看，遗物和遗迹的构成与一般性的生活类居住址内涵差异较大。首先张家台遗址出土遗址中以瓦片为最大宗，数量多达 15000 多片，且形制简单一致。其他遗物如盆、盂、甑等少数器类在可辨器形中占据绝对数量，形制规格有规律可循，整体形态有模件化生产的迹象，且除釜、碗等外其他器物多未见使用痕迹。其次从遗迹的种类来看，张家台遗址遗迹数量较多，但类型单一，仅见灰坑、灰沟和井三种，共 149 个，其中又以灰坑数量最多，达 136 座，密集分布在约 600 平方米的区域之内。圆形坑 84 座，椭圆形坑 33 座，方形坑 5 座，不规则形 11 座，圆形坑和椭圆形坑多数直径在 100～200 厘米之间，坑壁多较竖直，常见修整痕迹，与雍城豆腐村制陶作坊遗址的在遗迹构成有很大的相似性。

从张家台遗址的遗迹形态和空间分布来看，与雍城豆腐村战国制陶作坊遗址也十分接近。雍城豆腐村制陶作坊遗址遗址中部有两条大沟，G1 开口长方形，长 35.5、宽 2.2～2.8、深 3.3 米，斜直壁，底部不平整，坑壁有挖土时留下的工具痕遗迹沟内打泥时的棒痕。沟内堆积为十余次烧窑后的废弃物

---

① 李德保：《河南郑韩故城制陶作坊遗址发掘简报》，《华夏考古》，1993 年第 3 期

② 河北省文物考古研究所著：《战国中山灵寿城——1975－1993 年考古发掘报告》，北京：文物出版社，2005 年。

③ 陕西省考古研究所著：《秦都咸阳考古发掘报告》，北京：科学出版社，2004 年。

④ 南水北调中线干线工程建设管理局、河北省南水北调工程建设领导小组办公室、河北省文物局编著：《内丘张夺发掘报告》，北京：科学出版社，2011 年。

⑤ 陕西省考古研究院、宝鸡市考古研究所、凤翔县博物馆编著：《秦雍城豆腐村—战国制陶作坊遗址》，北京：科学出版社，2013 年。

⑥ 李仰松：《仰韶文化慢轮制陶技术的研究》，《考古》，1990 年第 12 期。

⑦ 李文杰：《湖北省枝江县现存的快轮制陶技术调查》，《中国历史博物馆馆刊》，1989 年；李文杰：《中国古代的轮轴机械制陶》，《文物春秋》，2007 年第 6 期；付永旭：《广西靖西龙腾中屯壮族的原始制陶技术》，《南方文物》，2011 年第 3 期。

堆积，包括窑灰和大量的烧成次品如板瓦、筒瓦、瓦当、砖块、陶拍、瓦当模具和烧陶工具等，G2 位于 G1 南部约 10 米处，与 G1 平行，残长 32、宽 1.9~2.7、深 1.85 米，堆积与 G1 相同。G1 西端有约 600 平米的场地，场地有厚 2~3 厘米的踩踏面。G1、G2 中间横向排列四座窑址和两眼水井。灰坑围绕排列在两条沟周围。而张家台遗址则是以 G25 为中轴，沟内堆积有大量砖瓦及盆、盂、陶转盘等遗物，灰坑和水井围绕在 G25 周边，并且在 G25 的两侧有一定面积的空地。观察张家台遗址和豆腐村制陶作坊遗址，可知两遗址皆围绕一条大沟展开，周边有大面积空地和水井、陶窑以及数量众多的灰坑，沟内都堆积有大量的砖瓦和陶器残片，在发掘区域内皆未见宅院等日常生活类遗迹。

综上观察研究可知张家台遗址发掘区当为有一定规模的以瓦和盆、盂、甑为主要产品的制陶作坊遗址，且遗址有意识的进行空间和区域的规划，生产区域与生活区有着明显的分界，生产活动脱离生活区，相对独立。

三　河北平原中南部其他汉代聚落遗址的性质

关于河北平原中南部其他聚落遗址的性质，报告编写者认为永年榆林遗址是"一处汉代聚落遗址"；永年何庄遗址性质因发现有限，未做推断；井陉南良都遗址在战国时期"是在赵属郡县管理期间开始移居的一处聚落点"，在东汉时期"应是汉代井陉驿道的一条支路"；方等遗址为汉代"民间村落遗址"。笔者根据遗址内遗迹堆积和相关遗物对以上推测略作补充。

永年榆林遗址报告中并未有遗址平面图，但是从报告中的遗迹种类、形态和遗物来看，在同样大小的发掘面积之内，榆林遗址与张家台遗址存在较多的相似之处。榆林遗址遗迹以灰坑、沟和井为主，灰坑数量众多，形态皆为筒状或者不规则形，未见房址却发现大量的砖瓦残片，并且有陶转盘、纺轮等与制陶相关的生产工具。榆林遗址遗迹和遗物的构成跟张家台遗址基本相同，限于材料发表，我们不能确定榆林遗址的具体面貌，但是根据以上观察推测榆林遗址当是一处存在一定制陶手工业生产活动的汉代聚落遗址。

永年何庄遗址发现的汉代遗迹与遗物呈现明显的不对等，300 余平方米面积内发现一座房址和灰坑，而地层内则有较多的汉代遗物，结合报告中发掘区外"断崖处可见汉代灰坑"可知该遗址发掘区外应还存在其他汉代遗存。何庄遗址同样发现陶转盘、纺轮等手工业生产工具，说明该遗址存在相关的手工业生产活动。该遗址 3 万平方米的面积与河北平原中南部发现的其他汉代聚落面积大小基本相当，房屋、灰坑等遗迹与其他各类生活生产遗物相结合考察，可以确定何庄遗址应为汉代基层聚落遗址。

井陉南良都遗址是依托驿道而发展出来的"工商型聚落"[①]。遗址发现的两座房址紧临一条长近百米、宽 2.65~2.75 米的道路，房址面积不是很大，结构也较简单，房址的两个窖藏内皆发现大量钱币，从半两、五铢到货泉、绖环钱、铁钱等，种类形态差别极大，符合当时驿道交通人流量大、人员构成复杂的贸易活动情况，也与文献中记载汉代商贾"周流天下"，出行和贸易活动十分活跃相符合。结合该遗址约 2.8 万平方米的面积及遗址内多见日用器皿而未见生产活动相关的生产工具和武器等情

---

① 白云翔：《秦汉时期聚落的考古发现和初步认识》，中国社会科学院考古研究所、河南省文物考古研究所编，《汉代城市和聚落考古与汉文化》，科学出版社，2012 年，第 52 页。

况综合考虑，该遗址应为依托驿道而从事商业贸易或服务活动的人群生活的基层聚落遗址。

方等遗址汉代院落遗迹面积达到 450 余平方米，由院墙、三座房屋、灶、水井、灰坑、灰沟等构成，建筑材料和技术讲究，与何庄遗址房址形成强烈对比，相反却与辽阳三道壕聚落遗址和内黄三杨庄聚落遗址的院落结构相似。三道壕院落面积约 200～600 平方米，建筑布局略显凌乱，由房址、窖穴、水井、灶、木构畜栏、厕所土沟、垃圾堆等构成。内黄三杨庄 13 处院落遗迹形态基本相似，从已发表的第二处院落看，面积约 900 平方米，两进院落，院墙封闭，农田、水塘和树林环绕，院门前有水井，院后为厕所。从遗存内涵来看，既有日用生活器皿，也有铁犁铧、铁铲等农具和陶转盘、陶拍、纺轮、瓦当模具等手工业生产工具，同时还有铁蒺藜、铁刀、箭镞等武器，内容丰富，当为该地有一定的权势之人，但结合整体发掘区的遗存内涵来看该遗址整体还应为汉代基层的聚落遗址。

四　从河北平原中南部汉代聚落遗址出发的几点认识

限于汉代聚落遗址的发掘面积和区域等所限，我们未能完整揭露整个聚落遗址，但是我们可以管中窥豹，从局部的聚落遗存得出汉代基层社会的部分认识。

1. 根据对河北平原南部汉代聚落以及城址的统计①，目前发现的约 100 个汉代聚落遗址中，面积从 1500 到 6 万平方米不等，其中 1500～8000 平方米的聚落占总数近三成半，1 万～3 万平方米约占四成半，4 万～6 万平方米的则接近两成。以上聚落遗址皆未见城墙。而该地区已调查发现城址约 40 个，面积从 12 万平方米到十余平方公里不等，大多数为 1－2 平方公里，基本都有城墙遗迹发现。虽然统计数字未必能完全反映汉代聚落的真实情况，但是可以看出面积与聚落、城邑的等级是有密切的联系。汉代基层行政管理单位大体可分为两个层级，即乡和里，城外之“里”或名为“聚”，或为“聚”中之“里”。此外“聚”之外还有“落”，“落”在西汉时可能作为“聚”的下一层级还没有作为社会基层行政管理单位。② 而以上聚落的三个层次或许能与三个不同面积等级的聚落有一定关系。

2. 崔寔在《四民月令》中提及汉代农民在农闲之际也有较多的时间去从事其他非农耕活动，而我们从以上汉代聚落遗址中普遍发现的纺轮、陶转盘等手工业生产工具可知手工业生产在基层民众生活中占据重要的地位，手工业生产活动作为农业经济的重要补充完善着基层群众的经济生态环境，各个遗址内普遍发现的钱币同样为当时基层群众参与到整个社会的商品贸易经济中提供了佐证。张家台遗址大面积的专门化制陶遗址则可能与雍城豆腐村制陶作坊遗址、平山灵寿城制陶作坊遗址、长安城制陶作坊遗址等城邑中的专门手工业生产区域相对应，是在基层聚落中存在的专门化手工业生产作坊。白云翔先生曾提出汉代聚落经济模式有“农业型”、“工商型”、“农工商混合型”三种，张家台遗址和井陉南良都遗址则分别是“工商型”聚落手工业生产和商品交换活动或服务业的两种形态的不同代表。

同时我们可以看出汉代基层聚落宅院结构多样，既有永年何庄“贫人之宅，一以一丈之地为内。

---

① 该统计数据来源于《中国文物地图集－河北分册》，国家文物局主编：《中国文物地图集－河北分册》，北京：文物出版社，2013 年。

② 刘庆柱：《汉代城市与聚落研究》，中国社会科学院考古研究所、河南省文物考古研究所编，《汉代城市和聚落考古与汉文化》，科学出版社，2012 年，第 27～43 页。

内中空虚，徒四壁立"① 的单室型宅第，也有 "一宇二内，各有户，内室皆瓦盖"② 的临城方等两内单进式宅院和三道壕复合式单进宅院，还有内黄三杨庄 "房内在其大内东，比大内，南向有户，内后有小堂……内北有垣"③ 两进式宅院，不同的个体居住条件和物质生活呈现不同的面貌。

3. 河北平原中南部地区经过考古发掘的年代较明确的聚落遗址除井陉南良都遗址外皆为西汉时期，遗址的繁荣与鼎盛时期皆为西汉中期到晚期，西汉晚期之后皆废弃。以上情况与汉代社会整体历史发展过程保持高度的一致。

河北平原中南部地区发现的西汉前期的遗迹和遗物数量较少，从一方面说明在西汉前期人群较少，活动范围有限，另一方面说明当时社会经济萧条，基层人民生活内容简单，物质生活贫乏，故未留下足够多的物质遗存。"西汉初社会经济凋敝……由于秦王朝统治者对人民的过度压榨，早已使社会经济陷入崩溃的境地，加之秦忘后连续数年的战争，到西汉王朝建立时，到处是一片荒凉、残破的景象。据《汉书·食货志》记载：'汉兴、接秦之敝，诸侯并起，民失作业，而大饥馑。凡米石五千，人相食，死者过半。''天下既定，民亡盖臧。'汉初的人口，较之秦代大为减少，大城市人口只剩下十分之二三。"④ 而当时的河北南部与全国其他地方并无两样，特别是基层聚落受长时间战乱的影响，其萧条程度可想而知。

从西汉中期开始，该地区聚落内涵比西汉初期大大丰富，遗迹、遗物种类和数量增多，遗存分布面积增大，反映出来的即人群增多和活动内容多样。这与当时西汉社会的大环境密不可分。西汉前期经历 "文景之治" 之后，社会经济有了很大发展，到西汉中期汉武帝时 "国家无事，非遇水旱之灾，民则人给家足……众庶街巷有马，阡陌之间成群"⑤，后经 "昭宣中兴"，"天下殷富、百姓康乐，其治过于太宗之时"⑥，社会经济更加繁荣。

西汉晚期偏晚到新莽之际，统治阶级骄奢淫逸，社会政治腐朽不堪，赋税徭役的严苛使得 "'卒徒蒙辜，死者连属，毒流众庶，海内怨望'（《汉书·傅常郑甘陈段传》），天灾、赋税、贪官、豪强、苛吏，以及酷刑、严法、疾疫等等，都是致根基脆弱的小农无法活下来的原因。'七亡''七死'逼得劳动人民走投无路……至于'民食榆皮'（《汉书·天文志》）或因贫困'嫁妻卖子'（《汉书·严朱吾丘主父徐严终王贾传》）'父子相弃'（《汉书·隽疏于薛平彭传》）的，更是屡见不鲜。这些贫农最后的结果，不少是'流散冗食，饿死于道'（《汉书·谷永杜邺传》）。至于'死又不葬，为犬猪所食'（《汉书·王贡两龚鲍传》）的悲惨状况，在汉末已不是什么罕见的事了"⑦。这也就可以解释为什么在西汉末年到新莽时期河北南部的聚落遗址逐渐走向衰落，而此段时期大量出现的流民也正是河北平原中南部聚落遗址逐渐废弃的真实写照。

4. 聚落遗址作为基层群众生产生活最直接客观的物质载体与墓葬等遗存有着紧密的联系，而两者

---

① 王充：《论衡》，上海人民出版社，1974 年，第 205 页。

② 睡虎地秦墓竹简整理小组：《睡虎地秦墓竹简》，文物出版社，1978 年，第 249 页。

③ 睡虎地秦墓竹简整理小组：《睡虎地秦墓竹简·封诊式》，文物出版社，1990 年，第 160 页。

④ 林剑鸣：《秦汉史》，上海人民出版社，2003 年，第 267 页。

⑤ 司马迁撰：《史记》卷三〇《平准书》，北京：中华书局，2012 年，第一四二〇页。

⑥ 王利器：《风俗通义校注》卷二《正失·孝文帝》，北京：中华书局，1981 年，第 98 页。

⑦ 林剑鸣：《秦汉史》，上海人民出版社，2003 年，第 579 页。

出土遗物的内涵异同反映了当时群众的物质与精神文化活动。河北平原中南部汉代聚落遗址西汉时期出土的陶器除建筑构件如砖瓦之外，其他以日用陶器为主，主要有盆、碗、甑、瓮、大口罐、小口罐、釜、炉等，而同时期周边地区平民墓葬出土的器物组合则以鼎、盒、壶、瓮、大口罐为主，其中瓮、罐组合最为常见，鼎、盒、壶逐渐减少直到最后消失。鼎、盒、壶作为礼器随葬，而现世生活中却不见此类器物，其在现世生活中作为实用器的意义已经被釜、炉、小口罐、碗等所取代。大口罐、瓮这类器物同见于墓葬和居住址中，形制形同，其实用器的意义也同样存在于死后的世界中。到西汉晚期，模型明器如灶、井等的出现则更加把现世生活照搬到了死后世界中。由此可见，至少在西汉时期，基层群众的丧葬观念已经将礼器的观念淡化甚至摒弃，取而代之的是实用器物在生前和死后的世界扮演同样的角色。这种变化领先于之后的墓葬宅地化等丧葬观念，反映了当时社会思想的重大转变。

5. 目前考古学界对汉代基层聚落研究的重视程度不足，不管是考古调查和发掘还是在考古研究方面深度和广度都有待加深和拓展。首先汉代聚落遗址发现多，但是考古发掘很少，全国范围内的汉代聚落遗址发掘屈指可数；而已发掘的聚落遗址多为聚落局部，少有整体的揭露，除辽阳三道壕、内黄三杨庄遗址外，其他遗址皆为部分揭露，认识较为支离破碎；另外发掘者认识和重视程度不足也限制了考古材料发表的科学性和全面性，很多研究者对已发现的器物、遗迹认识不足，在发掘过程中没有明群的目的性和规划性，报告编写时也无法对材料进行宏观的把握和细致的描述。考古材料的局限性使得研究者很难对汉代聚落进行全面深入的探讨。

2003 年河南内黄三杨庄汉代聚落遗址的发现和发掘引起国内学术界对汉代聚落研究的关注，2010年"汉代城市和聚落考古与汉文化国际学术研讨会"则反映了当前秦汉考古学术界对汉代聚落研究的新动向、新进展和新成果，同时为以后的汉代聚落研究指明了方向。如何通过系统科学的调查、发掘，结合历史学、社会学、建筑学等多学科研究对汉代聚落的形态、结构和基层社会政治、经济生活等进行全方位探讨还有待考古研究者进行更多的尝试和思考。

附 表

附表一　黑沙遗址各探方地层对照表

地层	T0101	T0102	T0103	T0201	T0202	T0203	T0204	T0205	T0206	T0303	T0304	地层土色	T0305	T0306	T0403	T0404	T0405	T0406	T0504	T0505	T0506
①	①	①	①	①	①	①	①	①	①	①	①	浅灰土	①	①	①	①	①	①	①	①	①
②	②	②	②	②	②	②	②	②		②	②	深灰土	②		②	②	②				
③	③	③		③	③	③	③	③		③	③	黄土	③		③	③	③		②	②	②
④							④	④			④	黑褐									
⑤						④	⑤	⑤	②	④a/b	⑤	黄褐（红）	④	②	④	④	④	②	③		
⑥	④	④	③	④	④	⑤	⑥	⑥	③	⑤	⑥	灰褐	⑤	③	⑤	⑤	⑤	③	④	③	③
⑦	⑤	⑤	④	⑤	⑤	⑥	⑦	⑦	④	⑥	⑦	灰白	⑥	④	⑥	⑥	⑥	④	⑤	④	④

注：带下划线为工地东南部⑤a层，与其它处⑤b层没有连接，且颜色偏红。

附表二　各遗迹单位层位关系指示表（一）

	①	②	③	④	⑤	⑥	⑦	生土	类型	时代
① 1			H8 G21 G22 G24					G	G	未元 明清
② 2			H64 H65 H89					G	A	不明
									Aa	西汉
									Bb	西汉
③ 3			H9 G4 G15 G16					A	G	明清 近现
									G	G	明清
④ 4				H1 H4 H7 H19 G6 G17 G18 G20				G	A	明清 未元
									A	A	近现
									Aa	Aa	未元 近现
									G	G	明清
									G	G	明清
⑤ 5					H17 G12 G19 G23 G27			Ab	G	明清 明清
								G	G	明清
								G	G	明清
								G	G	明清
⑥ 6					G11			G	G	明清 明清
⑦ 7					H13 H20 H21 G5 G8 G10			A	A	明清 未元
								A	A	明清
								G	G	明清
								G	G	明清
8					H2 H3			A	A	明清 明清
	①	②	③	④	⑤	⑥	⑦	生土	类型	时代

（三）

	①		②		③		④		⑤		⑥		⑦		生土	类型	时代
H115																Aa	西汉
H102																Aa	西汉
H101																Ab	西汉
H100																Bb	西汉
H99																G	西汉
H98																Bb	西汉
H97																Aa	西汉
H96																Ca	西汉
H93																Ab	西汉
H78																Ab	西汉
H77																Bb	西汉
H67																Db	西汉
H66																Bb	西汉
H57																Bb	西汉
H53						8										Aa	西汉
H52																Db	西汉
H51																Ab	西汉
H50																Bb	西汉
H43																G	西汉
H42																Ca	西汉
H40																Bb	西汉
H38																Ab	西汉
H35																Ab	西汉
H31																Aa	西汉
H29																Ab	西汉
H28																Ba	西汉
H27																Bb	西汉
H26																Bb	西汉
H15																Aa	西汉
H14																Ab	西汉 末元
H11																Ab	西汉
H6																Bb	西汉
H5																A	明清
时代	①		②		③		④		⑤		⑥		⑦		生土	类型	时代

（三）

出土	类型	时代
H60	Aa	西汉
H84	Ba	西汉
H69	Db	西汉
H56	Aa	宋元
H39	Ab	宋元
H10	B	宋元
C30	G	明清
C14	G	明清
C13	G	明清
C9	G	明清
C7	G	明清
C3	G	明清
C2	G	明清
C1	G	明清
H161	Ab	西汉
H160	Ab	西汉
H158	Ab	西汉
H157	Ab	西汉
H154	Aa	西汉
H145	G	西汉
H143	Aa	西汉
H140	Ab	西汉
H135	Bb	西汉
H133	Ab	西汉
H132	Bb	西汉
H131	Ba	西汉
H130	Aa	西汉
H127	Ab	西汉
H126	Aa	西汉
H125	Bb	西汉
H124	Aa	西汉
H120	Ab	西汉
H119	Aa	西汉
H118	Bb	西汉

①　②　③　④　⑤　⑥　⑦
9　8

（四）

单位	类型	时代
H13	Ab	西汉
H59	Aa	西汉
H58	Ab	西汉
H55	Cb	西汉
H54	Bb	西汉
H49	Db	西汉
H48	Bb	西汉
H46	Ab	西汉
H45	Ab	西汉
H44	Bb	西汉
H37	Aa	西汉
H34	Bb	西汉
H33	Ab	西汉
H32	Bb	西汉
H18	Ab	西汉
H16	Aa	西汉
H104	Ab	西汉
H47	Aa	西汉
H36	Ac	西汉
H30	Aa	西汉
H25	Aa	西汉
H24	Ab	西汉
H23	Ac	来元
H22	Ba	西汉
H128	Ba	西汉
H121	Da	西汉
H153	Db	西汉
H152	Aa	西汉
H151	Aa	西汉
H44	Aa	西汉
H37	Ab	西汉
H117		西汉
H106		西汉
H105	G	西汉

分期：①②③④⑤⑥⑦　9　10　11　12　13　生土

（五）

13

	H60	H61	H62	H63	H70	H71	H72	H73	H74	H75	H79	H80	H81	H82	H86	H87	H88	H90	H91	H94	H95	H107	H108	H109	H111	H112	H113	H114	H116	H122	H123	H129	H134
	Aa	Aa	Bb	Aa	G	Ab	Ca	Db	Bb	Aa	Aa	Bb	Ba	G	Aa	G	Ab	Ab	Ba	Ab	Aa	Bb	Aa	Aa	Aa	Da	Aa	Aa	Aa	Ab	Aa	Bb	Bb
	西汉	西汉	西汉	西汉	西汉	西汉	西汉	西汉	西汉	西汉	西汉	西汉	西汉	西汉	西汉	西汉	西汉	西汉	西汉	西汉	西汉	西汉	西汉	西汉	西汉	西汉	西汉	西汉	西汉	西汉	西汉	西汉	西汉

（六）

单位	类型	时代	分期
H136	Ab	西汉	13
H138	Ab	西汉	13
H139	Ca	西汉	13
H141	Ab	西汉	13
H142	Ab	西汉	13
H146	Aa	西汉	13
H147	Aa	西汉	13
H148	Aa	西汉	13
H149	Aa	西汉	13
H150	Da	西汉	13
H155	Aa	未元	13
H156	Aa	西汉	13
G25	G	西汉	13
G26	G	西汉	13
G28	G	西汉	13
G29	G	西汉	13
H85	Aa	西汉	13
H159	Ab	西汉	13
H12	Ac	西汉	14
H41	Ab	未元	15
H68	Ab	西汉	15
H76	Aa	西汉	15
H83	Da	西汉	15
H92	Ab	西汉	15
H103	Aa	未元	16
H110	C	未元	16
J1	J	西汉	16

附表三　遗迹类型统计表

遗迹时代	遗迹类别	开口形状	壁底形状	数量小计	百分比（%）	总百分比（%）
战汉	灰坑	A 圆形	a 筒状	44	30	23
			b 锅底状	38	26	20
			c 袋状	2	1	1
		B 椭圆形	a 筒状	7	5	4
			b 锅底状	26	18	14
		C 长方形	a 筒状	4	3	2
			b 台阶状	1	1	1
		D 不规则形	a 筒状	5	3	3
			b 锅底状	6	4	3
	灰沟	G 长条形	沟状	12	8	6
	水井	J 圆形	筒状	1	1	1
小计				146	100	76
宋元	灰坑	A 圆形	a 筒状	2	15	1
			b 锅底状	4	31	2
			c 袋状	1	8	1
		B 椭圆形	锅底状	1	8	1
		C 长方形	锅底状	1	8	1
	灰沟	G 长条形	沟状	4	31	2
小计				13	100	7
明清	灰坑	A 近圆形或长方形	锅底状	8	76	4
	灰沟	G 长条形	沟状	24	75	13
小计				32	100	17
不明	灰坑	A 圆形	锅底状	1	100	1
总计				192	100	100

附表四　主要陶器器型分类表

陶质陶色	器类	器型		可复原器	标本小计	基本特征
泥质灰陶	盆	宽沿盆	A	0	61	大型盆，器体厚重，宽平沿或卷沿。
			B	1	44	中型盆，器体相对A型盆轻薄，宽平沿或略卷。
			C	2	5	小型盆，也有人称簋或盂，宽平沿。
		窄沿盆		0	7	沿部窄短，方直。
		折腹盆		6	6	窄平沿，上腹折曲，下腹斜收。
		斜腹盆		1	1	平折沿，斜直腹。
	甑	宽平沿甑		2	2	器体厚重，宽平沿，斜直腹，平底，大小不一。
		卷沿甑	A	0	13	器体相对轻薄，平卷沿，沿部与腹壁成交角。
			B	0	9	器体相对轻薄，立卷沿，沿部与腹壁成平角，或甚至成大卷沿，沿面较平，唇部呈卷叠状。
	盂	A		15	24	沿部翘起，唇部立起口部呈浅盘状。
		B		1	27	双折沿，上沿向外平展，唇部下垂，下沿斜直或略弧。
	束颈罐	A	Ⅰ	0	7	大卷沿，唇厚圆而卷曲。
			Ⅱ	0	5	器体相对轻小，方唇或小圆唇，卷曲较轻。
		B	Ⅰ	0	4	仍呈卷沿状，方唇，上唇突起，口部略成一浅腹盘。
			Ⅱ	1	8	直口，圆唇或尖圆唇，口部成一深腹盘。
	大口罐			0	2	大口，略卷沿，短颈，颈以下皆残。
	瓮	A		0	6	敛口，卷沿，束颈，鼓肩或溜肩。
		B		0	9	侈口，卷沿，束颈，鼓肩。

续表

陶质陶色	器类	器型		可复原器	标本小计	基本特征
泥质灰陶	钵	A	I	0	5	卷沿或卷平沿，沿面较平或上翘，斜弧腹或斜腹。
		A	II	2	4	弧折沿，沿面略上翘，弧腹。
		A	III	0	2	小折沿，沿面小日与腹壁几近成平角，弧腹。
		B		1	1	宽平沿，直口，曲腹。
	碗			2	3	器体较小，形态不一。
	盘状器	浅腹	A	2	22	凸底浅腹盘状器。
			B	0	36	凹底浅腹盘状器。
			C	0	11	套装盘状器。
		深腹	A	0	16	方唇，直壁，深腹，外壁饰绳纹。
	纺轮	A		5	11	轮制，宽沿帽状，中部敦起小圆包，四周为宽沿。
		B		1	1	用灰陶片打制成。
	陶饼	A		78	78	仅打制成形，轮廓粗糙。
		B		31	31	经加工磨修，轮廓平整。
	瓦	筒瓦		0	7	筒状陶圈切半而成。瓦面外壁皆饰绳纹，内壁则皆饰布纹。
		板瓦	瓦棱纹类	0	29	瓦面外壁饰各式瓦棱纹，内壁多为素面或可见有轮制弦痕。
			绳纹类	0	240	瓦面外壁皆饰各式瓦棱纹，内壁纹饰丰富，多为各种拍印纹。
夹砂红陶	釜	A	I	0	10	窄平沿，敛口釜，沿面较窄，口面内侧横突较短。
		A	II	0	16	宽平沿，敛口釜，沿面较宽且多有一道浅槽，口面内侧横突较长。
		B	I	0	3	钵口釜，钵口不明显，沿面较小，斜口约成一钵口形状。
		B	II	0	10	小钵口，沿面较宽，但还是相对较小，一般有明显下凹，钵口形状较明显。
		B	III	0	15	大钵口，沿更宽，沿面凸突更突出，钵口形状凸起成卷沿状，个别沿面凸起成卷沿状。
	钵	C		0	1	直口，方唇。
		A		0	1	侈口钵，上尖唇。
		B		1	9	直口钵，外尖唇，口面方平或个别圆弧，唇部向外突出。

附表五　各单位出土板瓦标本纹饰统计表

单位	瓦棱纹类·瓦棱纹·绳纹	瓦棱纹类·瓦棱纹·素面	瓦棱纹类·瓦棱纹+绳纹·网格纹(戳点)	瓦棱纹类·戳点+瓦棱纹·弦纹	瓦棱纹类·戳点+瓦棱纹·素面	戳点+绳纹·绳纹	戳点+绳纹·戳点(圆点)	戳点+绳纹·戳点(长条点)	戳点+绳纹·网格纹	戳点+绳纹·素面	绳纹类·绳纹·绳纹	绳纹类·绳纹·素面	绳纹类·绳纹·窝点	绳纹类·绳纹·三角戳点	绳纹类·绳纹·戳点	绳纹类·绳纹·戳点(大圆点)	绳纹类·绳纹·戳点(长条点)	绳纹类·绳纹·戳点(方点)	绳纹类·绳纹·方格纹	绳纹类·绳纹·网格纹	绳纹类·绳纹·网格纹+戳点	绳纹类·绳纹·涡轮纹	绳纹类·绳纹·弦纹	绳纹类·绳纹·布纹+指甲纹	绳纹类·绳纹·菱格纹	绳纹类·绳纹·重方格纹	绳纹+弦纹·戳点	绳纹+弦纹·绳纹	合计
G25				1			2			2	1	6	2	11	21	1	1			4	1	4	1				1		59
C28															1														1
C29															1														1
H6		1			1																								1
H12															1					5									6
H14																				1									1
H16																							1						1
H18																			1										1
H26												1			1														2
H28						2				2	1	8		2	1								1						17
H29						1		1		1					3			1											7
H35												1			1								1	1				1	5
H37	1																												1
H38												1																	1
H40			1							1		3		1	2					1									9
H43									1					1	3		1	1		1									8
H46			1												1														2
H52												3					2												5

续表

外壁 内壁	合计	绳纹类																		瓦棱纹类									
		绳纹+弦纹		绳纹																戳点 瓦棱纹+绳纹				戳点 瓦棱纹		瓦棱纹+绳纹		瓦棱纹	
		绳纹	突点	重方格纹	菱格纹	布纹+指甲纹	弦纹	涡轮纹	网格纹+突点	网格纹	方格纹	突点(方点)	突点(长条点)	突点(大圆点)	突点	三角突点	窝点	素面	绳纹	突点(圆点)	突点(长条点)	网格纹	素面	弦纹	素面	网格纹	突点	素面	绳纹
H53	3									2															1				
H56	4							1					1		1			1											
H57	7												1		1			4	1										
H58	2								1				1																
H59	1												1																
H62	1																					1							
H63	3					1									1			1											
H68	6					1				2					2				1										
H73	3														1	1		1											
H75	10									3			1		1	1	1	2									1		
H77	2																	1	1										
H78	1																	1											
H79	3				2											1													
H82	2															1		1											
H91	1															1													
H92	1																											1	
H93	1																	1											
H97	9							1		2					3	1		2											

续表

外壁(内壁)	绳纹+弦纹		绳纹																戳点+瓦棱纹+绳纹				戳点+瓦棱纹		瓦棱纹+绳纹		瓦棱纹		合计
内壁	绳纹	突点	重方格纹	菱格纹	布纹+指甲纹	弦纹	涡轮纹	网格纹+突点	网格纹	方格纹	突点(方点)	突点(长条点)	突点(大圆点)	突点	三角突点	窝点	素面	绳纹	突点(圆点)	突点(长条点)	网格纹	素面	弦纹	素面	网格纹	突点	素面	绳纹	合计
H98									1								2												3
H99									1								4												5
H101													1																1
H102						3						1		3			3			1									11
H104																	1												1
H119						2																							2
H120						1			1					3			1	2											8
H124														1															1
H126																		1											1
H127												1			1		1			1									4
H130												2					3												5
H134			1																										1
H137							1							1				1											3
H139																	1												1
H140														1			1												2
H145							1		1					1															3
H146														1			1												2
H149														1							1	2							4

续表

外壁\内壁	瓦棱纹·绳纹	瓦棱纹+绳纹·素面	瓦棱纹+绳纹·窝点	瓦棱纹·网格纹	戳点瓦棱纹·素面	戳点瓦棱纹·弦纹	戳点瓦棱纹+绳纹·素面	戳点瓦棱纹+绳纹·网格纹	戳点瓦棱纹+绳纹·窝点(长条点)	戳点瓦棱纹+绳纹·窝点(圆点)	绳纹·绳纹	绳纹·素面	绳纹·窝点	绳纹·三角窝点	绳纹·窝点	绳纹·窝点(大圆点)	绳纹·窝点(长条点)	绳纹·窝点(方点)	绳纹·方格纹	绳纹·网格纹	绳纹·网格纹+窝点	绳纹·涡轮纹	绳纹·弦纹	绳纹·布纹+指甲纹	绳纹·菱格纹	绳纹·重方格纹	绳纹+弦纹·窝点	绳纹+弦纹·绳纹	合计
H150												1			2							1							4
H152												1								1									2
H154										1		1			1					2									5
H157												3			1					1		1	1						7
合计	1	1	3	1	2	1	8	2	3	3	11	63	3	21	62	2	12	2	1	31	2	10	11	3	2	1	1	1	264

（外壁：瓦棱纹类、绳纹类）

后　记

　　《方等与张家台》是南水北调中线建设工程河北省临城县段文物保护工作的成果之一。该项成果是中国人民大学北方民族考古研究所和中山大学人类学系在分别发掘方等和张家台遗址后，合作编著的田野考古发掘报告。成果包括了方等和张家台两处遗址2009年度的田野考古资料。方等遗址考古发掘领队为中国人民大学魏坚教授，张家台遗址考古发掘领队为中山大学郑君雷教授。

　　方等和张家台两处遗址相距不远，均位于临城县北部区域。本次发掘材料涉及商中晚期、战国至汉和宋金元时期的遗存。其中两处遗址战国至西汉时期文化内涵基本相似，遗迹现象也较为丰富，出土遗物较多，而且一些陶器演变线索较为清楚，是战国至西汉时期聚落遗址研究的重要资料。考虑到配合南水北调建设工程的各自发掘面积有限，因此我们考虑将两处遗址材料一并发表，以供学术界参考。

　　本报告编写工作由魏坚与郑君雷教授策划商定体例，并具体指导了报告的编写工作。其中，方等遗址发掘报告由曾祥江执笔完成初稿，任冠等修改最后定稿；张家台遗址发掘报告由肖达顺执笔完成。虽然在编写体例和材料处理等方面双方尽可能沟通统一，但毕竟是两所高校的初次合作成果，加之对材料的消化和认识能力有限，难免在报告中会有疏漏错误之处，敬请专家学者和广大读者批评指正。

　　田野发掘和报告编写期间，得到河北省文物局、邢台市文物管理处、临城县文物管理所等单位的通力支持。感谢河北省文物局张立方局长、谢飞副局长、张文瑞处长对田野发掘和报告编写工作的指导，感谢河北省文物保护中心任亚珊主任、邢台市文物管理处李恩玮处长、石丛枝副处长和临城县文物管理所张志忠所长、索丽霞副所长等诸多同仁在田野发掘和报告编写期间的无私帮助，感谢来自全国各地的多名技工师傅洒下的辛勤汗水。河北省文物局南水北调办公室为报告出版提供了经费支持。

　　报告付梓之际，思绪不禁回到2009年夏秋时节的田野，中国人民大学北方民族考古研究所、中山大学人类学系的数十名学生参加了本次田野发掘、资料整理和报告编写工作，今天的一渠清水，映衬着他们的历练与成长。

编　者

2017 年 5 月

图版

1. 发掘前地表植被（由北至南）

2. 清理后工地全景（由北至南）

图版一　张家台遗址发掘全景

1. 勘探现场

2. 开方场景（由北至南）

图版二　工地工作场景

1. 中山大学人类学系张家台遗址考古发掘人员现场合影

2. 河北省相关领导到发掘现场慰问并留影

图版三　工地现场合影

1.T0504 中的灰坑 H68 清理中

2.G25 清理中

3.发掘现场实习教学

4.发掘期间与中国人民大学师生交流互动

5.陶片整理现场

6.室内修复部分成果

图版四　发掘整理工作剪影

1. 专家检查组现场验收指导

2. 专家检查组现场验收工作后与现场工作人员留影

3. 山西监理现场检查指导

4. 山西监理检查工作后与现场工作人员留影

5.2011 年暑期整理工作人员在临城住地合影

6.2011 年暑期整理工作人员在临城县文物管理所合影

图版五　专家来访和室内整理工作人员合影

1.Aa 型圆形筒状坑 H75（由南向北）

2.Aa 型圆形筒状坑 H125（由南向北）

3.Ab 型圆形锅底状坑 H46（由西北向东南）

4.Ab 型圆形锅底状坑 H68（由北向南）

5.Ac 型圆形袋状坑 H30（由东向西）

6.Ba 椭圆形筒状坑 H91（由东南向西北）

图版六　张家台遗址灰坑

1. Bb 椭圆形锅底状坑 H118（由东北向西南）

2. Ca 型长方形筒状坑 H96（由西向东）

3. Ca 型长方形筒状坑 H141（由东向西）

4. Cb 型长方形台阶状坑 H55（由西北向东南）

5. G25（由北向南）

6. J1（由西南向东北）

图版七　张家台遗址灰坑、灰沟及水井

1.B 型中型盆 G25：52

2.C 型小型盆 G25：14

3.C 型小型盆 G25：15

4. 斜腹盆 G25：19

5.折腹盆 G25：43

6.折腹盆 G25：50

图版八　陶盆

1. 宽平沿甑 G25：106

2. 宽平沿甑 G25：107

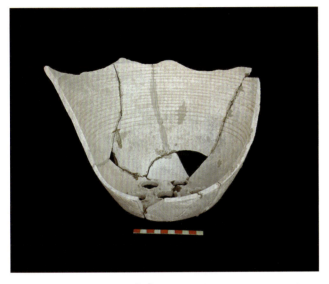

3. 甑底 G25：342

4. A 型盂 G25：25

5. A 型盂 G25：26

6. B 型盂 G25：20

图版九　陶甑和陶盂

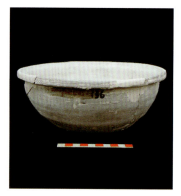

2.A 型 Ⅱ 式浅腹钵 G25：136

3.A 型 Ⅱ 式浅腹钵 H56：1

1.Ab 型 Ⅱ 式卷沿罐 H28：14

4. 碗 G25：139

5. 碗 G25：140

6.A 型浅腹盘状器 G25：186

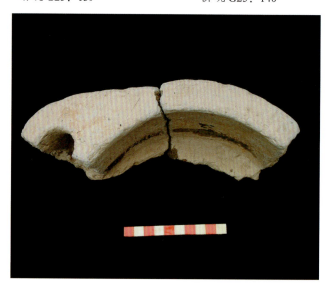

7.C 型浅腹盘状器 -T0505 ③：2

8.A 型纺轮 H73：6

9.B 型纺轮 T0506 ③：1

10.A 型陶饼 G25：9

11.A 型陶饼 H51：2

12.B 型陶饼 H77：2

图版一〇 陶罐、钵、碗、盘状器纺轮和陶饼

1. A 型 II 式釜 G25：142

2. 型 III 式釜 G25：153

3. A 型侈口钵 G25：131

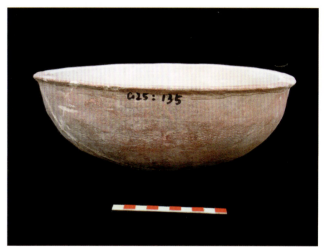

4. B 型直口钵 G25：135

5. 器座 G25：236

6. 有孔残砖 G25：281

7. B 型陶球 H77：7

8. A 型陶球 T0504 ④：1

图版一一　其他泥质陶器和夹砂陶

1. 石饼 G25：4   2. 石饼 H93：1   3. 磨石 H28：10

4. 磨石 H29：18   5. 石锛 H50：1   6. 石刀 H120：1

7. 铁削 G26：3   8. 铁镰 -H79：1   9. 铜钩 -G25：7

10. 铁铲 H79：2   11. 烧结土块 H43：1

图版一二　石器、铁器和铜器等